いつも心に寅さんを!

「男はつらいよ」を100倍楽しむ完全DATA FILE

町田てつ 著

私《わたくし》、生まれも育ちも東京葛飾柴又《かつしかしばまた》です。帝釈天《たいしゃくてん》で産《うぶ》湯《ゆ》を使い姓は車、名は寅次郎。人呼んでフーテンの寅と発します。

銀幕の世界で皆様にお披露目させていただいて以来、早半世紀以上の歳月が流れております。山あり谷あり、波瀾万丈の渡世ではありますが、おかげ様を持ちまして、現在に至りましても元気に旅の空にある毎日でございます。

半生を旅に過ごしておりますと、諸処にて千緒万端《せんしょばんたん》が出来いたします。森羅万象、人の営みがあるかぎり、喜びがあり悲しみもありますが、決して嫌なことばかりではございません。

そんな百人百様の幸福を落ち穂拾いの

左の仁義写真は、第1作「男はつらいよ」(1969年)のポスターより。背景は江戸川の右岸、金町浄水場の「第三取水塔」。上流に「とんがり帽子の取水塔」がある。この河川敷は、シリーズの重要な舞台の一つである。

ように探して歩いておりますと、晩節を生きる勇気が湧いてくるのでございます。
残る人生、西に行きましても東に行きましても、とかく土地土地のおあにいさん、おあねえさんに御厄介かけがちなる若造でござんす。以後、見苦しき面体お見知りおかれまして、恐惶万端《きょうこうばんたん》引き立って、よろしくお頼み申します。

＊

というわけで、これまでの旅の「恥ずかしき振る舞いの数々」が1冊の本にまとまりました。ご笑覧いただけますと、幸いでございます。

はじめに

「男はつらいよ」をどう鑑賞するのか――。このシリーズは、全50作85時間近いサーガである。基本1話完結なので、どの作品から見ても楽しめる。それでも、より深く鑑賞するためには、最初に物語世界を構築する諸要素について概観しておくのが望ましい。というのも、ストーリー自体は極めて単純で予定調和の世界にあるが、主人公の車寅次郎という男が、かなり複雑な人物だからである。

第1作で寅さんが柴又に帰って来たのが35歳。第48作「寅次郎紅の花」(1995年)の舞台となった加《か》計呂麻《けろま》島で、リリーと〝同棲〟していたのが約60歳である。ファンの多くはこの〝25年間〟で、寅さんの性格や性行が変化していることに気づく。初期作ではかなり粗野に描かれ、行動も粗暴を極める。しかし、回数を重ねるにつれ、一定の分別が生まれ、物事に対しても寛容の度合いを増してゆく。家族愛はもともと強いが、その発露の変化も著しい。

このため、最初に初期作を見るのと、中期作以降を見るのとでは、印象と評価が作品の本質から乖離《かいり》しかねない。なので寅さんの人品骨柄を理解しておくのは、心の準備としては有用なのである。この点、

初体験の方はぜひ、寅さんが分かる第4章の「寅さんの人間学」を最初に読んでいただきたい。

若い方々には、時代背景を理解するために、第1章「いつまでも、どこまでも〈寅さんの世界〉」の一読をお勧めする。寅さん映画は、昭和・平成を貫き、日本の発展と轍《わだち》を一《いつ》にする。常に時代感を意識して鑑賞すれば、理解はより深まるに違いない。

シリーズは十人十色の感じ方、捉え方ができる映画である。作品によって思い入れが異なり、マドンナやゲストの好みもさまざまである。加えてファンは他人の感想に刺激を受け、見方が変わることが多い。第3章「全作品完全ガイド」は、この点を考慮してまとめたものだ。筆者が感銘を受けた〝推し〟を読めば、新しい発見が期待できるかもしれない。

寅さんのロケ地に興味がある方は、第5章「昭和・平成を歩いた寅さんの聖地」を参考にされたい。筆者が寅さん本の編集過程(6冊ある)で、徐々にまとめ上げた資料だ。まだまだ改訂の余地が残るが、聖地探訪の際には役立つ資料となるだろう。

本書は入門書的な味付けが濃いが、いろいろな使い方・読み方ができるように工夫を凝らしている。鑑賞の手引きとしてお使いいただければ幸いである。「いつも心に寅さんを!」。寅さんは永遠に不滅なのである。

いつも心に寅さんを！――目次

編集……………北村光
編集協力…………荒川さとし
カバーデザイン……雉田哲馬
本文デザイン……熊谷尚次
校閲……………藤田晋也
写真提供…………松竹株式会社
特別協力…………飯田桂介・岡﨑匡（松竹）

第1章

いつまでも、どこまでも
「寅さんの世界」

風来坊が巻き起こす愛と希望の「国民的映画」

いつまでも、どこまでも「寅さんの世界」

風来坊が巻き起こす 愛と希望の「国民的映画」

渡世人の
つれえ
ところよ

天才喜劇役者・渥美清と、「家族」という永遠のテーマに挑み続ける映画監督・山田洋次の感性のぶつかり合いによって生まれた唯一無二の物語世界――。それが「男はつらいよ」シリーズの魅力である。令和を生きる多くの日本人にとって、シリーズは〝もう一つの故郷〟。故に何回見直しても新しい発見があり、これを鑑賞することは日本人の原点回帰、自分探しの旅になる。

（濫《らん》觴《しょう》――ドラマ「泣いてたまるか」から始まった）

「超」が付くロングシリーズに足を運んだ観客は８０００万人以上

「男はつらいよ」シリーズは、一人の俳優が演じた最も長い映画シリーズとしてギネス世界記録に登録されている（第30作公開時に認定）。その記録は今も破られていない。制作期間は足かけ27年。特別篇を入れると29年、令和元（２０１９）年に公開された第50作を含めると、50年という「超」が付くロングシリーズである。長らく「国民的映画」として親しまれ、現在までの劇場動員数は８０００万人以上。これにテレビ放映やＤＶＤなどの映像データ鑑賞を加えると、総観客数は天文学的数字となる。

シリーズが成功した最大の理由は、渥美《あつみ》清《きよし》という不世出の天才喜劇役者と、「家族」「家」という永遠の命題を一種の悲喜劇的にドラマ化してきた山田洋次《やまだようじ》という映画監督の出会いにある。渥美清は山田監督の「馬鹿まるだし」（１９６４年）や「運が良けりゃ」（１９６６年）などに出演し、監督は早くからその才能に注目していた。

その頃、すでに渥美清はテレビの世界でレギュラーを持ち、ＴＢＳ系列で昭和41（１９６６）年から同43（１９６８）年まで放映された1話完結形式のテレビドラマ「泣いてたまるか」シリーズで人気者となっていた。渥美清・青島幸男《あおしまゆきお》・中村嘉津雄《なかむらかつお》が交代で主演を務めた作品で、三人の中では渥美清の主演回が最も多い。

この「泣いてたまるか」シリーズで山田監督は2本の脚本を担当。それが渥美清主演の「子はかすがい」「男はつらい」で、脚

「男はつらい」が収録されたDVDマガジン。現在でもアマゾンなどで手に入る。デアゴスティーニから発行（2005年）された「渥美清の泣いてたまるか DVDコレクション」の１冊である。

第49作「寅次郎ハイビスカスの花 特別篇」(1997年)。元になった第25作は群馬県の上荷付場《かみにつけば》バス停で、寅さんとリリーが再会するシーンで終わった。写真は特別篇のラストシーンを撮影する山田洋次監督とスタッフたち。出張から帰った満男が、参道を歩いて家へ帰るシーンの撮影である。

本執筆を通じて、ますますその才能に惚れ込み、渥美清も企画段階にあった次のテレビドラマ出演では、山田監督に脚本を頼みたいと考えていたという。

TBS「泣いてたまるか」人気で準備されたテレビ版「男はつらいよ」

実はこの「泣いてたまるか〈男はつらい〉」には、「男はつらいよ」のエッセンスが詰まっている。

――主人公の源吉《げんきち》は、昔気質《かたぎ》の義理人情を重んじるトラック運転手。運転中に助けた女性・弘子《ひろこ》(川口恵子《かわぐちけいこ》)にほれるが、コックをしている若い友人・一郎《いちろう》(小坂一也《こさかかずや》)が自分の恋敵となったことを知ると、「よし!俺も男だ。お前がその気だったらがっちり応援するぞ」。この言葉に勇気をもらい、一郎は弘子に告白するが、弘子は一郎を避け連絡がとれなくなってしまう。実は弘子の意中の人は源吉。源吉は弘子から気持ちを打ち明けられると、一郎との約束を守るため、泣く泣く身を引いた。やがて1年、弘子から一郎の元に手紙が届く。「結婚することになりました。いい家庭を作れそうです。源さんにもよろしく」——

これはまさに寅さんの世界。ちなみに運送会社の同僚はトラ(高品格《たかしなかく》)。源吉の助手は前田吟《まえだぎん》が演じる稔《みのる》。「男はつらいよ」で寅さんの相棒を務める関敬六《せきけいろく》も運転手役で登場する。劇中、源吉は「男はつらいぜ」というセリフを連発するなど、ファンが見たらゾクゾクするようなドラマなのである。

この頃、フジテレビでは「泣いてたまるか」人気にあやかるように、渥美清主演で連続ドラマを制作すべく準備を進めており、ディレクターの小林俊一《こばやししゅんいち》は脚本家として、山田監督に白羽の矢を立てた。

執筆依頼をすると、ぜひ渥美清にも話を聞きたいということで、小林俊一は渥美清を伴って、山田監督が執筆に使っていた赤坂の旅館を訪れた。すると監督は渥美清に、大衆演芸の舞台経験や銀幕での演技論、さらには香具師《やし》の日常などについて話を聞き、啖呵売《たんかばい》にも耳を傾けた。

「彼の話を聞いていると、自分の眼の前にふつふつとイメージがわいてきて、それがぐんぐんふくらんで、いつの間にか自分がその話を実際に見たような気持ちになってしまった」(山田洋次『映画をつくる』より)。二人の話し合いは、数日に及び、山田監督の中で渥美清主演の連続ドラマの構想が徐々に固まっていった。

(ついに映画化——テーマは家族愛・恋愛・望郷)

寅さんがハブに噛まれて死亡すると
フジテレビに抗議の電話が殺到した

かくして、昭和43(1968)年10月3日~同44(1969)年3月27日まで、26回放映されたのがテレビ版の「男はつらいよ」である。

物語は家出したまま音信不通だった寅さんが、柴又に帰ってくるところから始まる。だんご屋の「とらや」は、妹・さくら(長《なが》山藍子《やまあいこ》)、それにおいちゃん(森川信《もりかわしん》)とおばちゃん(杉山《すぎやま》とく子《こ》)が店を切り盛りしている。寅さんは半年ばかり店に居つくが、破天荒なトラブルメーカー。回を重ねるごとに問題を起こすが、さくらと博《ひろし》(井川比《いがわひ》佐志《さし》)は結婚。葛飾商業高校の恩師・坪内《つぼうち》散歩《さんぽ》(東野英治郎《とうのえいじろう》)との交流を深めると、その娘・冬子《ふゆこ》(佐藤《さとう》オリエ)にほれ、寅さんのボルテージは上がっていく。やがて、冬子に結婚相手が現れて失恋。寅さんは一獲千金を夢見て奄美大島《あまみおおしま》に渡ったものの、最終回でハブに噛まれて亡くなってしまう。

すると、最終回の放映が終了したとたん

旅先で思いを馳せる、帰る家があるってのはうれしいぜ

に「なぜ寅を殺した」「てめえの局の競馬は二度と見ねえ！」などと抗議の電話が殺到した。それほどファンが増えていたのである。このテレビ番組はマスターテープが第1回と最終回しか残っておらず、今や伝説となっている（第1回と最終回は販売されている／右）。

テレビドラマ版「男はつらいよ」の第1回と最終回が収録されたDVD。失われた途中の24話分も残された写真で再現され、貴重な特典映像も楽しめる（販売元：松竹／4,180円税込）。

鑑賞した人々は日常のしがらみを忘れ心が解き放たれるのを感じた

意を強くした山田監督は、渥美清主演で松竹映画化を目論んだ（当時は「喜劇列車」シリーズなど東映の主演作が多かった）。テーマは「家族愛」「恋愛」「望郷」の三つ。「家族愛」とはおいちゃん（森川信・松村達《まつむらたつ》雄《お》・下條正巳《しもじょうまさみ》）、おばちゃん（三崎千恵子《みさきちえこ》）、博（前田吟《まえだぎん》）、さくら（倍賞千恵子《ばいしょうちえこ》）、満男《みつお》

第16作「葛飾立志篇」（1975年）。大学で考古学を専攻する礼子《れいこ》（マドンナの樫山文枝《かしやまふみえ》）にほれた寅さん。少しでも賢く見えるようにと伊達眼鏡をかけた。この宣伝用写真からは、情けないとは思いながらも温かい目で寅さんを見守る一家の愛情が伝わってくる。おばちゃんは「どうしょうもないねえ」、さくらは「なによ、それ」という気持ちだろうか。実はこの関係性こそがシリーズの肝。おいちゃんはすっかり諦めた表情である。

(中村《なかむら》はやと・吉岡秀隆《よしおかひでたか》)への愛。「恋愛」は寅さんのマドンナに対する一目ぼれで、「望郷」とは旅先で思う葛飾柴又である。

映画版の第1作「男はつらいよ」の公開は昭和44(1969)年。縁日で巧みな啖《たん》呵《か》売《ばい》を行うどこか浮世離れした男を銀幕《ぎんまく》に見いだした人々は、経済を最優先するがあまり、がんじがらめとなった管理社会の息苦しさから解放され、心が解き放たれる思いがした。ここで改めて第1作の啖呵売を見てもらいたい。

所は巣鴨の縁日。寅さんの熱を帯びた言葉は、上昇気流のように舞い上がり、「もってけ泥棒!」と爆発する。商品(本)をぶちまけながら、速射砲のように繰り出される言葉は、「さあ畜生、どうだこの乞食」「帰れ!ババア」「畜生、火付けちゃうぞ」と放送禁止用語のオンパレード。猛烈な破壊力である。現在のカリスマ実演販売人など、足元にも及ばない。誰も真似できない渥美清の独壇場である。

売《ばい》の前後や帰京時の江戸川土手を、寅さんは肩で風を切って歩く。啖呵売に酔った鑑賞者は、そんな寅さんの姿に自分の潜在願望を重ね合わせて陶酔し、人気が沸騰した。高倉健に憧れる心境と似た、一種の自己同一化である。

観客動員数はウナギ上り 早くも第12作で242万人に迫った

あまりの高評価にスタッフたちは驚いた。次作を制作しないわけにはいかず、だれも予想しなかったシリーズ化が実現したのである。その後、第1作で54万人強だった観客動員数はどんどんと増え、第10作「寅次郎夢枕」(1972年)に至って200万人を超えた。第12作「私の寅さん」(1973年)では、242万人に迫る記録を打ち立てている(シリーズ最多の観客動員数)。

第22作「噂の寅次郎」(1978年)が掛かる大阪・新世界の公楽座。大阪などでは寅さんとマドンナのシーンで、客席から「いてまえ、寅!」などの声援が飛んだ。併映は吉幾三の「俺は上野のプレスリー」であった(提供／朝日新聞社)。

こうなると、盆暮れ2回の公開は歳時記のように生活に溶け込んでくる。観客は銀幕に映し出される寅さんの一挙手一投足《いっきょしゅいっとうそく》に、笑い、涙した。実際、筆者も高校2年生の時に第9作「柴又慕情」(1972年)を見て、あまりの面白さ・可笑しさに呆然としてしまい、以降は「今度は何をやらかしてくれるのか」と期待しながら次作の公開が楽しみになった。

シリーズが進むと作品に円熟味が増し、渥美清の話術やカリスマ性にますます磨きがかかっていった。「とらや」の面々や仲間たちのキャスティングも、余人をもって代え難いほどシリーズに溶け込んだ。まるで「寅さん一家」である。これに毎回変わるマドンナ役の人気女優陣が渾然一体となり、他に類を見ない広がりを持つ寅さんワールドが展開していったのである。

（予定調和の世界——だからこそ観客は酔った）

最大のハイライトはマドンナとの再会
寅さんの心はパニック状態となる

ストーリーの構造はパターン化している。お馴染みの富士山のオープニングロゴ（10秒）の次に、アバンタイトルの夢か導入シークエンス（柴又に思いを馳せるエピソードなど）が続き、江戸川河川敷のミニコントを背景にタイトルバックとクレジットが流れる（第31作まで）。次頁「男はつらいよ・黄金の方程式」の❶❷である。夢などについては145頁を参照されたい。

以降、最初の見どころは、寅さんが「とらや」に帰り、茶の間で旅の話や近況報告をしていると、けんかに発展してしまう「黄金の方程式」の❸❹である（左に写真）。発端は晩ご飯のおかずの数や種類、理想の女性像、タコ社長の悪口などと些細《ささい》な話にある。その中で寅さんの極端なこだわり（108頁参照）が顔を出し始めるや、周囲は「また、始まった」と、寅さんを否定するような失言を発してしまう。すると寅さんは、怒り心頭に発し、「それを言っちゃあ、おしまいよ！」「さくら！　止めるなよ」とお決まりの捨て台詞《ぜりふ》を残し、「とらや」を飛び出してしまうのだ。

「とらや」を飛び出した寅さんは、旅先でマドンナと出会う。「黄金の方程式」の❺である。天真爛漫《てんしんらんまん》な少女、女医、アマチュア写真家、人妻、出戻り娘、ドサ回りの歌手、売れっ子歌手、芸者、セールスレディなど、さまざまなマドンナが登場するが、寅さんはすぐに意気投合して旅を語り、人生を語る。出会いのシーンにおけるしみじみとした〝寅さん節〟は一興である。この段階の一目ぼれは少ない（一目ぼれは柴又で出会った女性のほうが多い）。

そして別れ際《ぎわ》、「東京へ出てくるようなことがあったらな、葛飾柴又帝釈天の〈とらや〉という店へ寄りな。俺がいなくってもな、俺の身内がきっとおまえのことを親切にしてくれるからな」（第37作「幸福《しあわせ》の青い鳥」1986年）と言い残して去っていく。

このあたりの物言いはとにかく格好いい。しかし、後日、マドンナが「とらや」を訪れて再会した寅さんは、別れた時の格好良

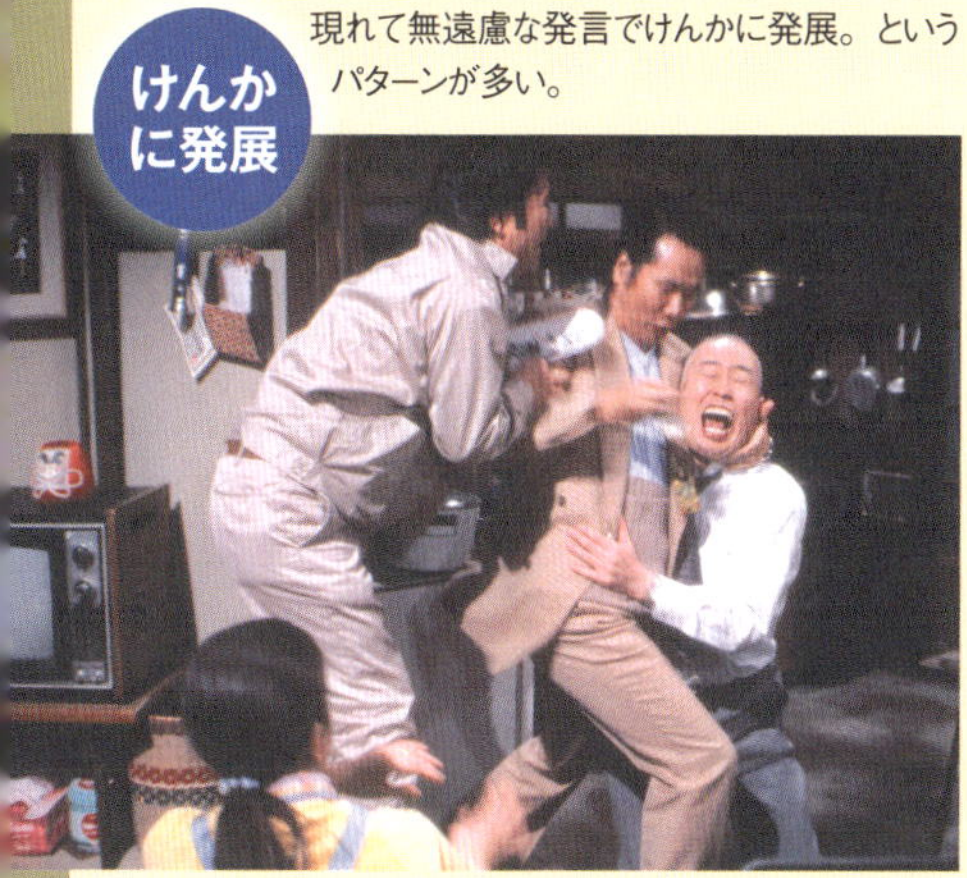

㊤第9作「柴又慕情」（1972年）。故郷が恋しくなった寅さんが「とらや」へ帰ると、軒先に「貸間あり」の札。どういうことだと詰め寄る寅さん。博とさくら夫婦を援助しようという、おいちゃん、おばちゃんの考えだったが、タコ社長の失言がきっかけで大げんか。㊦第26作「寅次郎かもめ歌」（1980年）。博とさくら夫婦の新築祝いを巡って、タコ社長が失言（これはタコ社長が悪い）。寅さんは烈火の如く怒り出す。通常、寅さんへの気遣いから緊張感が漂う茶の間に、ノー天気なタコ社長が現れて無遠慮な発言でけんかに発展。というパターンが多い。

男はつらいよ・黄金の方程式

物語の基本パターン / お決まりのシークエンス

❶寅さんの夢（もしくは導入シークエンス）。駅のベンチ、神社の軒下などで目覚めると、タイトルバックが流れ始める。
→ 第2作、第5作、第9〜37作、第39作、第43作、第45作、第49作、第50作の計36作品が夢から始まる。他は導入シークエンス(柴又に思いを馳せるエピソードなど)。

❷寅さんが久しぶりに旅から帰ってくる（江戸川の土手を歩いて帰ってくることが多い）。
→ クレジットが流れると、河川敷でカップルの邪魔をしたり、野球の試合を台なしにしたり、雑誌のグラビア撮影をかき回したり…、ミニコントが展開する。

❸「とらや」の暖簾をくぐる。家族の面々は大喜び。茶の間で、旅先の話などに花が咲く。
→ 暖簾をくぐる前、寅さんは入りづらそうに行きつ戻りつし、珍妙にして絶妙なコントがここでも展開される。

❹しばらくすると、話がこじれて茶の間や庭先で大げんかを始める。寅さんは帰ったばかりだが、再び旅へ。
→ けんかするのはおいちゃん、タコ社長、博など。おばちゃんやさくらが泣き出して、寅さんは去って行く。さくらが追いかけて、お金を渡すことも。

❺旅先で思い悩むマドンナと出会い相談にのる。別れ際、「困ったことがあったら、俺の実家、葛飾柴又の〈とらや〉を訪ねてみなよ。親切にしてくれるぜ」と声をかける。

❻旅先で出会ったマドンナが「とらや」を訪ねて来る。「寅は今、仕事で旅に出ております」と答えると、そこへ寅さんが帰って来る。あるいは寅さんが帰ったあとにマドンナが訪ねて来る。

→ ここではマドンナの心情に、おおむね下記のような3つのパターンが生じる。
ⓐ面白い　ⓑ頼れる　ⓒ共感できる

❼この段階で寅さんは、マドンナにほれてしまい挙動不審に。「とらや」の家族は、「病気が出たか?」と気が気でない。
→ ここで寅さんに淡い恋心を抱き始めるマドンナが出てくる。多くがⓑⓒのパターンから始まる。

恋心を抱くのは、全作品中で10人程度。最終的に寅さんへの思いは下記の4種類に分かれる(第2章参照)。

①寅さんを人間として好きになったマドンナ
②寅さんを父的・兄的に敬慕したマドンナ
③寅さんを友達として好きになったマドンナ
④寅さんと所帯を持ってもいいと思ったマドンナ

❽寅さんはマドンナの将来を心配する。こまごまと世話を焼くうちに、恋の妄想が大きくふくらみ、自分とマドンナの将来設計を思い描くようになる。

❾ここに至り「とらや」一家は、恋の病の不幸な結末を危惧するようになる。さくらや博は心配でならない。

ⓐの感情を持つ場合。寅さんの恋心を分かっていながらも去って行く。

❿"恋敵"的な人物が現れ、マドンナはその人の元へ去って行く。
⓫傷心の寅さんは、置き手紙などをして静かに旅に出る。

❿マドンナが寅さんに対して、遠回しに愛を告白する。
⓫渡世人の俺が?　とマドンナの愛を重荷に感じて旅に出る。

この❿⓫が運命の分かれ道。リリーの場合は、いったん去るが、何度か再会するうちに寅さんに惚れてしまう特別のケースだ。

⓬マドンナが「とらや」で近況報告をしている。「寅さんどうしてるのかしらね。会いたいわ」。そこに手紙が届くことも。
→ 正月や盛夏に訪れ、「とらや」の茶の間やさくらと博の家で寅さんの噂話をしながら談笑する。

⓭ラストシーンはにぎわう夏祭り。あるいは初詣。寅さんの啖呵売の口上が、青空に吸い込まれていく。
→ 縁日の花火がパパン、パンと上がり(あるいは正月の初詣の喧噪の中)、寅さんは香具師仲間とともに屈託なく商売に励む。マドンナのことなど忘れたかのように。

END

赤バックの部分がハイライト。

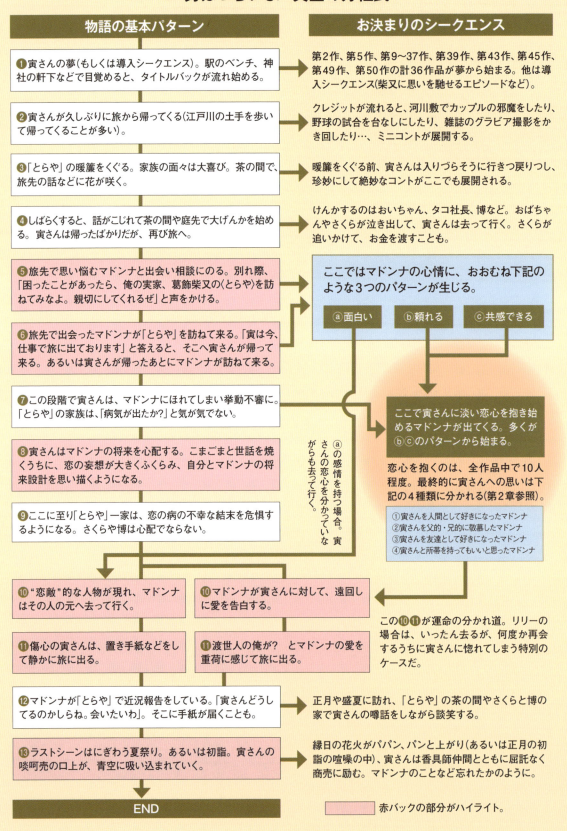

さは一体どこへ？　心ここにあらずのパニック状態となる。「黄金の方程式」の❻❼である。挙動不審に陥り、マドンナとの会話はまるでトンチンカン。やがて「とらや」一家が、恐れに恐れた恋愛騒動が勃発する。このあたりが毎回のハイライトだ。寅さんは再会した瞬間にマドンナにほれ、生活はすべてマドンナを中心に回るようになってしまい、一家は大迷惑。重度の恋煩いは柴又中の噂となり、物語はエンディングに向かっていく。

寅さんにほれるマドンナはいるものの渡世人では幸せにできない!?

ストーリーに大きな違いがあるのは、「黄金の方程式」の❽❿⓫部分。通常、マドンナは寅さんに好意を持ってはいるが、「年長で人生経験豊かな頼れる友人」といった感情であり、けっして恋心ではない。しかし、このあたりを寅さんは一人合点《がてん》してしまい、よせばいいのに二人の将来設計まで思い描き、こまごまと世話を焼くのである。

しかし、こうした寅さんの一途《いちず》な愛情に最初から気づくマドンナはそう多くはない。寅さんに意中の人や大切な人のことを他意《たい》なく報告してしまうと、突然、寅さんは奈落の底に突き落とされてしまう。こうなると、引き際は恐ろしく早い。マドンナの心が別の男性に向いていると知るや、「とらや」からもマドンナからも静かに去って行くのだ。

第28作「寅次郎紙風船」（1981年）。東京で働くことになった光枝《みつえ》（マドンナの音無《おとなし》美紀子《みきこ》）が挨拶に来た。寅さんは何もかもが普通でなくなる。自意識過剰の権化である。

ただ、寅さんは振られているばかりではない。逆に〝愛の告白〟を受けることも多い（028頁参照）。しかし、マドンナの気持ちを知って寅さんは「渡世人《とせいにん》の俺がこの女性を幸せにできるだろうか」「渡世人のつれえところよ」と自問自答し、これまた静かに去って行くのである。

（家族とは何——答えは「昭和」という時代にある）

みんな真っすぐに前を向き「労働者諸君！」が頑張っていた時代

恋愛騒動の他にもシリーズには大きな魅力がある。全国を旅して啖呵売を行うので、津々浦々の名所が舞台になっていることだ。「男はつらいよ」は一種のロードムービーで、立ち寄り先にはしっとりとした城下町あり、郷愁の港町あり、ひなびた温泉ありと、古き良き時代の「日本」が活写されている。綿々と受け継がれてきた祭りや風俗も丁寧に描かれている。これは大きなアドバンテージであろう。

そして全体として感じられる、「昭和」という時代の空気がいい。新幹線は0系《ゼロ》しかなく、超高層ビルもほとんどない。道路は渋滞して、工場からは排煙が出ているが、みんな堂々として真っすぐに前を向いて歩いている。路地には子供たちの明るい声が飛び交い、繁華街はカップルであふれ返る。組織に縛られ汲々としているものの、寅さんの言う「労働者諸君！」は、明日を夢見て頑張っていた。山田監督は底抜けに前向きな寅さんを通して、日本という国の根源的な活力を描いたのである。

第50作を除くシリーズ全49作のうち、平成時代の作品は第41作「寅次郎心の旅路」（1989年）以降の9作で、残る40作は昭和に公開されている。この時代の日本は明治維新を除けば、近・現代史の中で最も激しく変化した時代であった。終戦から10年、ようやく混乱期を脱して、「もはや戦後ではない」（『経済白書』）という言葉が流行語になったのが昭和31（1956）年。工業生産は戦前の2倍に達し、その後の10年、つまりシリーズ公開時にはさらにその数倍の発展を果たしている。

第1作の公開は、今からちょうど55年前の昭和44（1969）年。高度経済成長の真っただ中にあり、東名高速道路が全線開通し、アポロ11号が人類史上初の月面着陸に成功した年である。人々は上昇気流に浮かれ、浮き立つような時代であった。

自分流を貫く男を包む温かい目線 その先には「昭和」という時代がある

それから平成9（1997）年まで、シリーズは変わりゆく日本を的確に記録している。昭和20年代、30年代生まれのファンは、寅さんを通して昭和を追体験し、今を生きる鏡としてきた。「寅さん＝昭和」という図式が生まれる所以《ゆえん》である。

諏訪満男先生様。香具師の物語、楽しみにしてるぞ！

もっとも、変化する世相とは裏腹に「とらや」の面々は、分《ぶん》を守ってつつましやかに暮らし続けた。寅さん自身も自分流を貫き通し、変化に背を向けて生きている。世間の常識では推し量れぬ風来坊《ふうらいぼう》で、車の免許も持たず、懐は常に寂しく、女房もいない。不器用で名誉や権力とは無縁の存在。ないない尽くしの男は、発展を続ける昭和の落ちこぼれであった。

しかし、そんな男を温かく包み込むのが「とらや」の家族、柴又の人々、そして旅先で出会ったマドンナなのである。その温かい目線の先には、遠くに過ぎ去った「昭和」という時代がある。シリーズのテーマは家族愛・恋愛・望郷だが、「昭和」もまたシリーズを深めるカギとなっている。

第50作。小説家となった満男は、伯父の生業《なりわい》である香具師をテーマに次作を物しようと思い立った。長い間会っていない伯父への思慕が創作の原動力だが、その根底には伯父との思い出が残る、そして自分を育ててくれた昭和時代へのオマージュがあるのではないだろうか——。

寅さんを愛した人々

「とらや」一家とご近所さん 帝釈天参道の仲間たち

狭いが密度が高いコミュニティ

寅さんが帝釈天参道を歩けば、「よっ、寅」「兄貴〜」「寅さん、お久しぶり」「まだ嫁さんもらわねえのか？」などとにぎやかな挨拶が続く。江戸時代から続く「とらや」の跡取りの寅さんは、界隈で知らぬ者がない。そんな名物男の家族と交友関係を整理してみた。それぞれが物語の中で重要な役割を担っている。

物語を推し進めるのは、車家・諏訪家・朝日印刷の面々

「とらや」は江戸時代から続く老舗だんご屋で、「おいちゃん」こと車竜造《くるまりゅうぞう》が6代主人である。苦労を共にする女将は車つね。物語では「おばちゃん」と呼ばれている。竜造には兄・車平造《くるまへいぞう》がいて、正妻との間にさくら、芸者・菊との間に寅さん（寅次郎）の、2人の子がいた。早くに亡くなった平造は、死に際に竜造の夢枕に立ち「寅とさくらのことはよろしく頼む。特に寅は生まれつきバカだから心配でならねえ」と言い遺した。すでにこのとき寅さんは勘当の身で、15歳で家を出たきり行方知れず。竜造とつねは子を成さなかったため、幼いさくら（本名は櫻《さくら》）をわが子のように育て上げた。寅さんが35歳の時、20年ぶりに「とらや」に帰ってくると、さくらは丸の内で働くオフィスレディとなっていた。

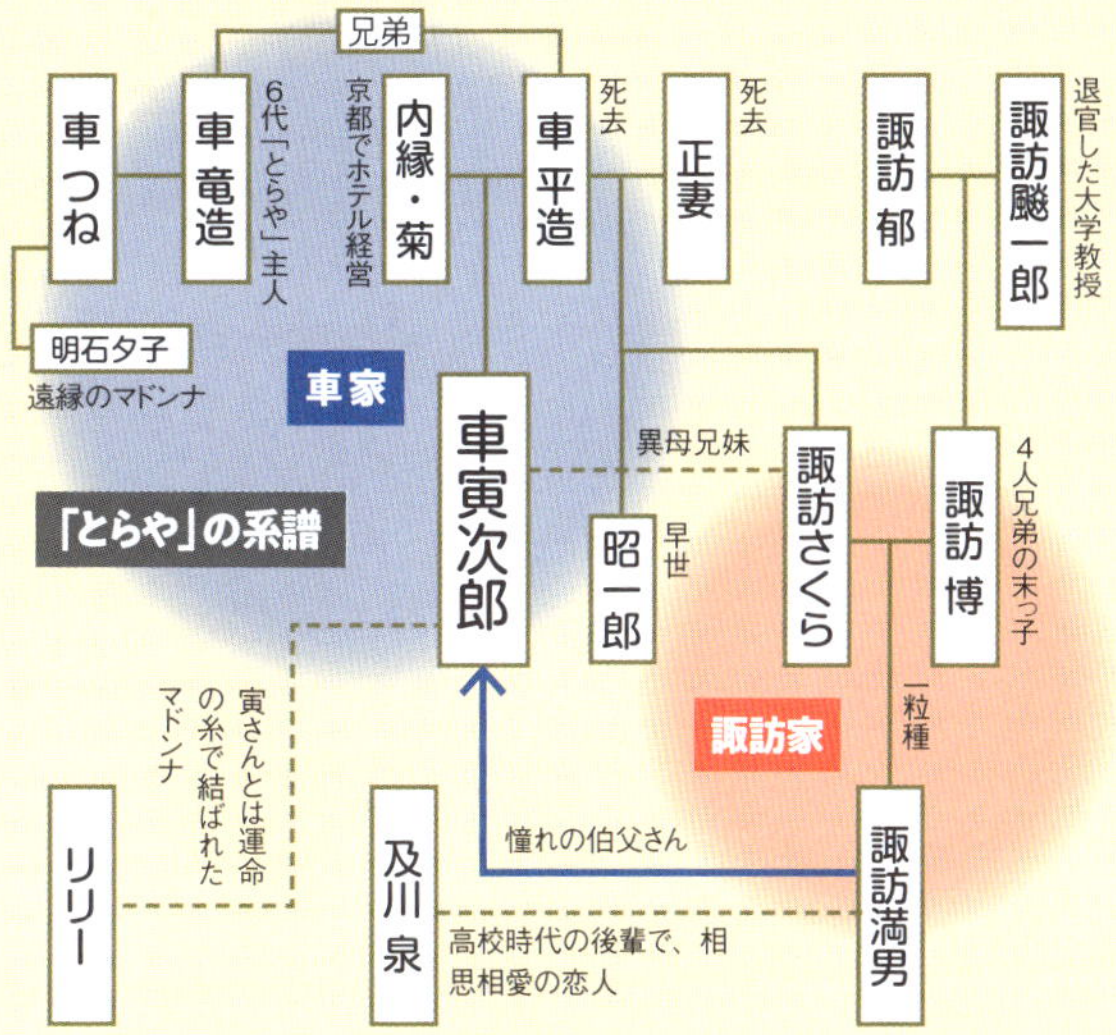

「とらや」の裏庭に面した土地には、桂梅太郎《かつらうめたろう》（太宰久雄《だざいひさお》）、通称「タコ社長」が経営する朝日印刷の社屋兼社長の家がある。業態は活版印刷所である（オフセットの導入は第32作）。ここに勤める諏訪博《すわひろし》が、社員寮からさくらを見初め、すったもんだの末に結婚（第1作）。生まれたのが一粒種の満男《みつお》である。博は4人兄弟の末っ子で、父・飈一郎《ひょういちろう》（志村喬《しむらたかし》）は退官した大学教授。博は

第6作「望郷篇」（1970年）。「とらや」が取り上げられたテレビ番組「ふるさとの川 江戸川」を見る面々。さくらが登場する。全国放送で、旅先の寅さんもこれを見て涙した。

菊《きく》「寅！」

ミヤコ蝶々《ちょうちょう》　寅さんの実母。芸者だった頃に平造と知り合い、寅さんを産む。その直後、幼子を残して出奔《しゅっぽん》。現在は京都でラブホテルを経営。寅さんからは「産みっぱなしにしやがって」と罵《ののし》られるが、バカな息子を心配し続ける。

車《くるま》つね「寅ちゃん」

三崎千恵子《みさきちえこ》　竜造の糟糠の妻。通称「おばちゃん」。寅さんの家出後、さくらを、わが子のように育て上げた。だんご屋を切り盛りする働き者で、情にもろく、涙もろい。世話好きである。サトイモの煮っ転がしなどの家庭料理が絶品。

車《くるま》 竜《りゅう》造《ぞう》（14～49作）「寅」

車《くるま》 竜《りゅう》造《ぞう》（9～13作）「寅」

車《くるま》 竜《りゅう》造《ぞう》（1～8作）「寅さんよ」

森川信《もりかわしん》・松村達雄《まつむらたつお》・下條正巳《しもじょうまさみ》
森川信が第1作～第8作、松村達雄が第9作～第13作、下條正巳が第14作～第49作に出演。だんご屋「とらや」の6代目。第40作「寅次郎サラダ記念日」（1988年）から屋号は「くるまや」に。寅さんの父・平造の弟で、寅さんとさくらの叔父《おじ》。通称「おいちゃん」。寅さんが戻ってくると、必ずぶつかるが、気性はやさしい。少年時代の夢は馬賊《ばぞく》。心臓病、神経痛などの持病を抱える。初代・森川の「バカだねぇ～」「おい枕、さくら取ってくれ」。3代・下條の「オラ、知らねえよ～」は絶品。

車《くるま》寅《とら》次《じ》郎《ろう》「俺、ぼく、わたくし」

渥美《あつみ》 清《きよし》　本来はだんご屋「とらや」の7代目。だが、家出をして20年間も柴又に戻らず、香具師を続ける。さくらの結婚前に姿を現し、以後は毎年数回ほど柴又に戻る。若い頃は気性が激しかったが、年を取るにつれて分別が生まれる。長所はおばちゃん同様の世話焼き、欠点は惚《ほ》れっぽいこと。これは一種の病気である。

父とけんかして上京。タコ社長に拾われて印刷工となった。桂家には2男2女があり、長女・あけみはシリーズ後半にたびたび登場する。桂家と車家は親戚同様の付き合いを続けてきた。

「とらや」が店を構えるのは帝釈天《たいしゃくてん》参道で、ご近所さんには寅さんと幼なじみの備後屋《びんご》（露木幸次《つゆきゆきつぐ》）と麒麟堂《きりん》（桜井《さくらい》センリ・人見明《ひとみあきら》）があり、向かいの江戸屋には桃枝《ももえ》（朝丘雪路《あさおかゆきじ》）がいる。蓬莱屋《ほうらい》（佐山俊二《さやましゅんじ》）、弁天屋《べんてん》（二見忠雄《ふたみただお》）、上海《シャンハイ》軒（桜井センリ）とも長い付き合いになり、マドンナの千代《ちよ》、りつ子、冬子《ふゆこ》、夏子《なつこ》とも幼なじみである。

帝釈天参道のご意見番的な存在が、近在の住民から「御前様《ごぜんさま》」と呼ばれる帝釈天の住職（ルンビニー幼稚園の園長）。法名は日《にっ》奏上人《そうしょうにん》。名字は坪内である。「困った、本当に困った～」が口癖で、帝釈天にはかつて寅さんの舎弟だった源公《げんこう》（源ちゃん）が寺男として住み込んでいる。「とらや」に足繁く訪れたのが、リリー（マドンナの浅丘《あさおか》ルリ子）と泉《いずみ》（同・後藤久美子《ごとうくみこ》）の二人。寅さんを巡る物語世界に深く関わっている。

※名前の後のカギ括弧は、寅さんの呼び方を記しています。

諏訪《すわ》飈一郎《ひょういちろう》「寅次郎くん」

志村喬《しむらたかし》　元大学教授。第1作の博とさくらの結婚式で、8年ぶりに息子と再会。第8作で妻を亡くす。第22作では旅先で寅さんと偶然に出会い、酒を酌みかわした。第32作では三回忌の法要が営まれた。夫人は大塚君代《おおつかきみよ》が演じた。

諏訪《すわ》博《ひろし》「兄さん」

前田 吟《まえだぎん》　大学教授の父に反発、家出。タコ社長に出会い、朝日印刷へ勤める。寮の窓からさくらを見初《みそ》め結婚。堅実派だが、父・飈一郎の遺産を元手に独立を志したこともある。大変な勉強家で、寅さんの良き理解者である。

諏訪《すわ》さくら「お兄ちゃん」

倍賞千恵子《ばいしょうちえこ》　車平造の長女で、寅さんの腹違いの妹。本名は櫻《さくら》。高校卒業後、オリエンタル電機に勤務していたが、博と恋愛結婚。翌年、満男が誕生。寅さんのことを心配してばかり。同母の子で秀才の兄がいたが早逝《そうせい》した。

御前様《ごぜんさま》「寅!」

笠智衆《りゅうちしゅう》　柴又《しばまた》の帝釈天題経寺《だいきょうじ》（通称・帝釈天）の住職。親しみを込めて御前様《ごぜんさま》と呼ばれる。題経寺は車家の菩提寺《ぼだいじ》で、八方やぶれの寅さんも、御前様には頭が上がらない。

タコ社長「寅さん」

太宰久雄《だざいひさお》　朝日印刷社長。本名は桂梅太郎だが、通称「タコ」「タコ社長」。「とらや」の裏に社屋兼住居を持ち、常に金策に走り回る。あけみら2男2女の父。妻は小春。

諏訪《すわ》満男《みつお》「伯父さん」

中村《なかむら》はやと・吉岡秀隆《よしおかひでたか》　中村はやとが第2作～第26作、吉岡秀隆が第27作～第50作に出演。さくらと博の一粒種。とらやの期待の星。堅実でシャイ。夢は音楽家だったが、大卒後、靴メーカーに就職。成長するにつれ、行動様式が寅さんに似てくる。第50作では小説家となっている。

源公《げんこう》「兄貴～」

佐藤蛾次郎《さとうがじろう》　帝釈天の寺男。通称「源《げん》ちゃん」。関西生まれだが、生後すぐに母と離別、寅さんの一番の舎弟だが、御前様に諭《さと》されて寺男に。寅さんを兄貴と慕う。

あけみ「寅さ～ん」

美保 純《みほじゅん》　タコ社長の娘。第33作「夜霧にむせぶ寅次郎」（1984年）で初登場。結婚したものの夫との仲がしっくりいかず、たびたび実家に帰り、家出騒動も起こす。

リリー「寅さん」

浅丘《あさおか》ルリ子　旅回りのキャバレー歌手。本名・松岡清子《まつおかきよこ》。第11作「寅次郎忘れな草」（1973年）で、網走行きの夜汽車の車中、寅さんと出会う。同じ旅暮らしで意気投合する。以後、シリーズではマドンナ最多の5作（第49作を入れると6作）に登場。寅さんと運命の糸で結ばれた女性で、寅さんと2回も“同棲”したことがある。

及川泉《おいかわいずみ》「おじちゃま～」

後藤久美子《ごとうくみこ》　満男の高校の後輩でのち恋人。両親が離婚したため名古屋住まいとなったが、母と反りが合わず佐賀の叔母の元に。その後、上京して就職。結婚が決まるが式を満男がぶち壊わし、加計呂麻島《かけろまじま》で愛を誓う。だが、結局は結ばれない。第50作で満男と再会を果たす。現在は国連難民高等弁務官事務所の職員で海外在住。

江戸川と「とらや」

江戸川は重要な"舞台装置" 「とらや」は物語の揺り籠

江戸川の流れは永久に滔々と

江戸川の天然ウナギ。

車竜造で6代目となる「とらや」は、寅さんの帰るべき"巣"である。けんかして家を出る時、「夏になったら、鳴きながら、必ず帰ってくるあの燕《つばくろ》さえも、何かを境にぱったり姿を見せなくなることもあるんだぜ」とうそぶくが、寅さんは何事もなかったように巣に帰る。なぜならば、寅さんにとって「とらや」は心の揺籃《ようらん》であり、道筋の江戸川は心を浄化してくれる"聖なる川"だからである。

江戸川で繰り広げられるエピソード それは物語の重要なピースである

帰郷の際に「とらや」に向かう道筋は多くの場合、江戸川の土手。上野駅で常磐線《じょうばん》に乗り換えて金町《かなまち》駅で下車し、右岸を南下する。京成《けいせい》本線・京成金町《けいせいかなまち》線で柴又駅下車のルートもあるが、柴又駅はもっぱら旅立ちのシーンの舞台で使われる。なぜ土手道を歩くのか。それは寅さんにとって江戸川は心の川、故郷・葛飾柴又の象徴的存在だからだ。

河川敷はアバンタイトルが終わると、クレジットのバックに毎回のように登場する。ここではテーマ曲が流れる間に、ミニコントが繰り広げられるが、物語の途中でも重要な舞台背景・舞台装置となってきた。第1作「男はつらいよ」(1969年)で、寅さんと博《ひろし》が対決したのは江戸川に浮かぶ川船の中。第2作「続 男はつらいよ」(1969年)では恩師・坪内《つぼうち》散歩《さんぽ》先生のためにウナギを釣った。第30作「花も嵐も寅次郎」(1982年)で、初心《うぶ》な三郎青年に恋愛指南したのも江戸川土手である。

第9作「柴又慕情」(1972年)。手土産を携え、矢切の渡しから江戸川右岸の柴又に帰ってきた寅さん。心に期すものがあるのだろう。旅のしがらみを背に、決然とした表情である。

帝釈天《たいしゃくてん》の裏手にある渡し舟が矢切《やきり》の渡《わた》し。対岸の松戸市へ、船頭が漕《こ》ぐ小舟に乗って渡ることができる。第1作では、大人30円、子供20円だったが、今は片道大人200円、子供100円である。

5章でも触れるが、江戸川は旅と故郷を分かつ一種の結界。寅さんは旅の重荷を断ち切るために矢切の渡しを使う。あるいは故郷のしがらみを振り払うために江戸川を渡る。「お兄ちゃ〜ん！」と叫ぶさくらの声にも振り向かず、船頭に「かまわねえ、どんと行ってくれえ！」という寅さんは粋である。シリーズが公開されて以降、利用客が急増し、演歌「矢切《やぎり》の渡《わた》し」が発売されて、人気に拍車をかけた。その演歌歌

㊨第46作「寅次郎の縁談」(1993年)。常磐線の金町駅から江戸川土手を下ってきた寅さん。源公と愛犬を土手下に発見し、小石を投げるシーンのメイキング写真。右には江戸川のシンボルとなっている三角帽子の金町浄水場取水塔が見える。

㊧第28作「寅次郎紙風船」(1981年)。クレジットが流れる江戸川のシーンでは、「サッカーとカップル」のミニコントが演じられた。第2作も同様のミニコントで幕が開いた。㊤現在の矢切の渡し。観光地化しているが風情がある。「矢切」は千葉県側の地名で、伊藤左千夫の小説『野菊の墓』の舞台となった。

手・細川《ほそかわ》たかしも第31作「旅と女と寅次郎」(1983年)で矢切の渡しのミニコントに友情出演している。

江戸川の右岸、金町駅の北側に広がるのが水元《みずもと》公園。シリーズでは馴染み深い水郷公園で、第1作の冒頭、寅さんのナレーションにも、「ガキの時分、洟垂《はなた》れ仲間を相手に暴れ回った水元公園」と紹介される。

第1作の中盤で、寅さんと幼なじみの冬子《ふゆこ》(マドンナの光本幸子《みつもとさちこ》)はボート遊びを楽しんだ。この後、第4作、第7作、第18作にも登場。第18作「寅次郎純情詩集」(1976年)では、源公《げんこう》を連れて綾《あや》(マドンナの京《きょう》マチ子《こ》)とピクニックを楽しんでいる。江戸川で繰り広げられたエピソードは物語の重要なピースなのである。

定着した店員は三平と佳代
一時期、マドンナの荒川早苗も働いた

物語の揺籃、そして求心点となるのが「とらや」だ。江戸時代から続く老舗で、寅さんが店を継ぐなら7代主人となる。住居兼用店舗で、老朽化してはいるものの天井は高く造りはしっかりしている。寅さん

「とらや」平面図

寅さんが帰ってくると、茶の間が物語の舞台となる。おばちゃんの手料理を囲んでの食事である。下掲のように座る場所はおおむね決まっていて、寅さんはテレビの左横。タコ社長は、土間の上がり框《がまち》で話の輪に加わる。けんかはこの体勢で始まることが多い。マドンナは仏壇を背にして寅さんの左隣りに座る。

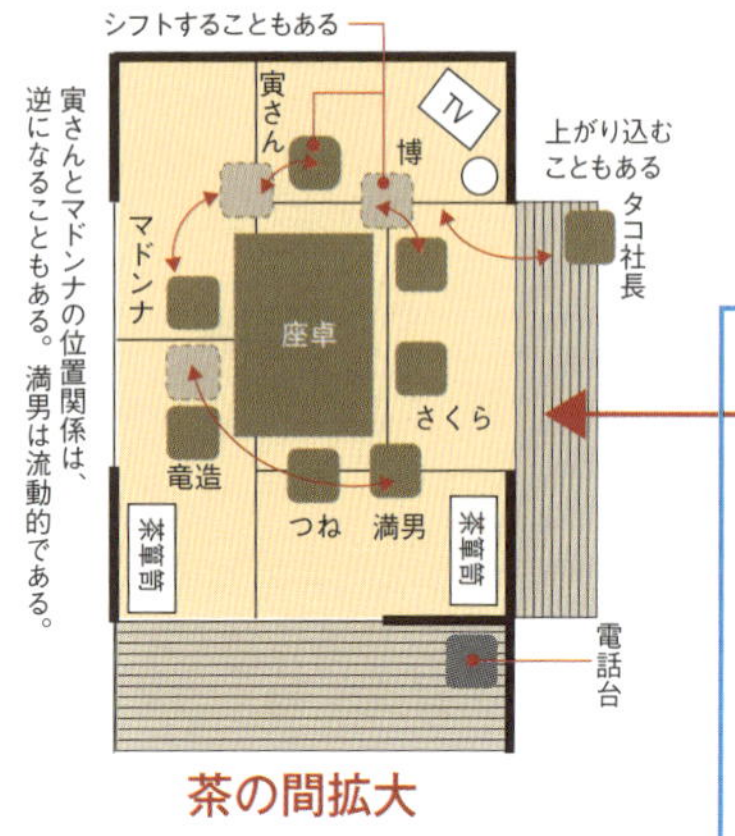

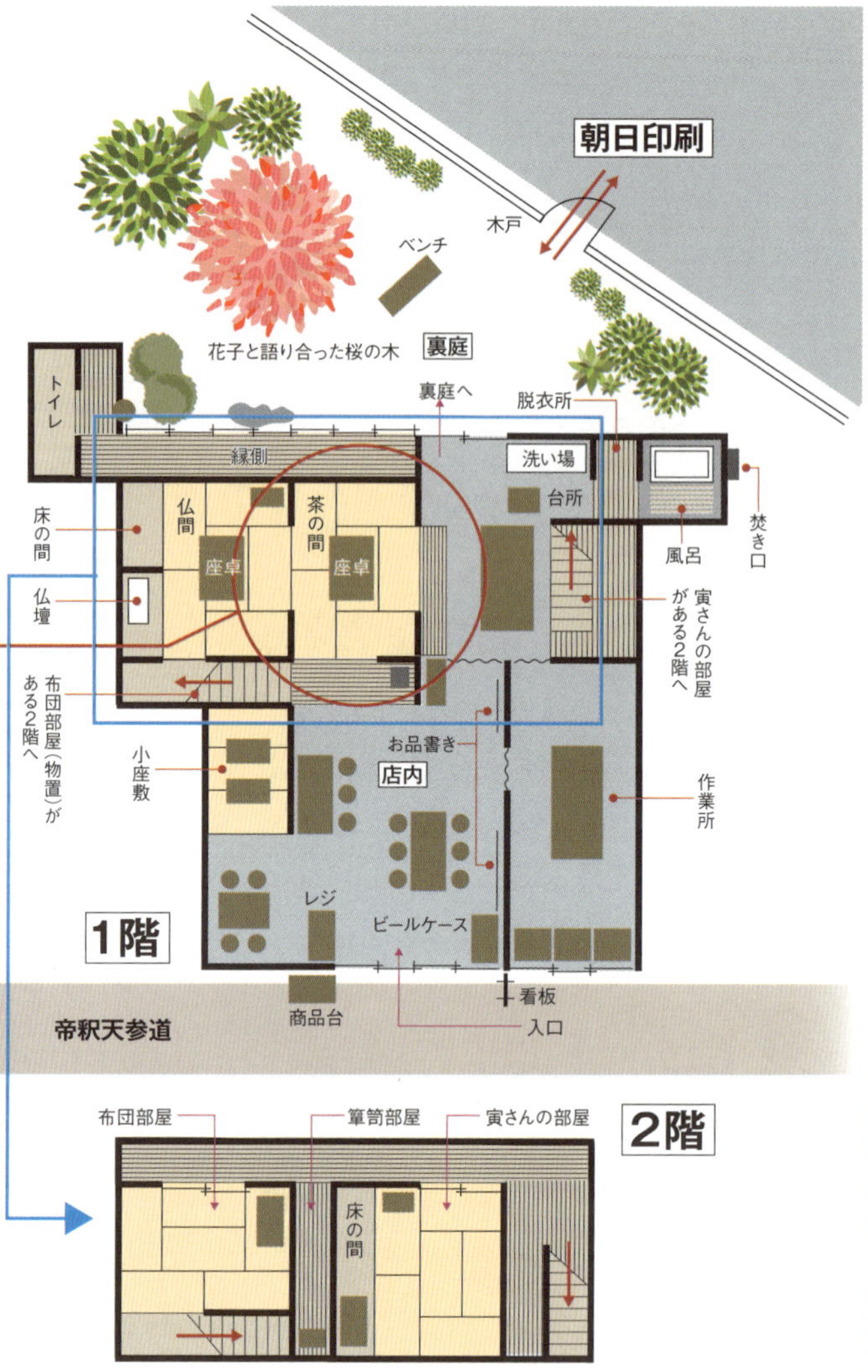

「とらや」の茶の間は小さな劇場。寅さんのドラマはここから始まる

の部屋は2階。居候がいるときは、茶の間横から2階に上がる布団部屋を利用する(「とらや」平面図参照)。

最初の店員は、寅さんの舎弟《しゃてい》・登《のぼる》であった。帝釈天の寺男・源公《げんこう》も、配達などを手伝っている。第40作以降、定着したのが関西訛《なま》りの三平《さんぺい》ちゃん(北山雅康《きたやままさやす》)。第46〜48作には佳代《かよ》(鈴木美恵《すずきみえ》)も加わった。第46作では寅さんを見て、無愛想に「お、おじさん誰よ?」。第47作でも同じやりとりを繰り返している。また、第22作では、マドンナも店員として登場する。職安の求人募集を見てやってきた荒川早苗《あらかわさなえ》(マドンナの大《おお》原麗子《はられいこ》)である。当然、旅から帰ってきた寅さんは、一目ぼれしてしまった。

㊤第46作「寅次郎の休日」(1990年)。三平ちゃん、佳代とのスリーショット。㊦第22作「噂の寅次郎」(1978年)では、しばらく荒川早苗(マドンナの大原麗子)が勤務していた。

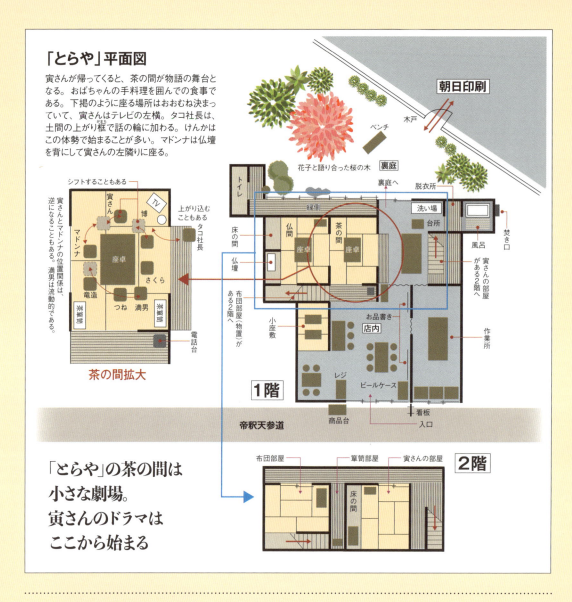

第2章

寅さんを巡る人々

寅さんが愛した45人の女性と旅する香具師仲間

寅さんを巡る人々

寅さんが愛した45人の女性と旅する香具師《やし》仲間

寅さんを愛した役者たち

「男はつらいよ」シリーズは、事件やアクションとは無縁の家族ドラマ、人間ドラマである。寅さんの人間模様は「とらや」一家とご近所さん、恋愛相手のマドンナにとどまらない。全国を旅する香具師仲間や、寅さんに共感した老若男女によって物語は繰り広げられる。ここではマドンナと香具師仲間を中心に広がる「寅さんの輪」を見ていこう。

（マドンナ――渡世人にほれちゃいけねえよ）

マドンナに必要なのは、〝とんでも男〟と対峙できる強烈な「存在理由」

言わずもがなマドンナはシリーズの華であり、寅さんと共に喜怒哀楽を分かち合うドラマツルギーの源泉である。このため新作公開後は、常に「次のマドンナは誰か」が巷間《こうかん》を賑《にぎ》わせていた。

マドンナは単なる人気女優やタレントでは務まらない。演技力もさることながら、日本映画史上最強の〝とんでも男〟〝面倒くさい男〟である車寅次郎と対峙できるだけの「存在理由」が必要となる。

それは例えば、第17作「寅次郎夕焼け小焼け」（1976年）の太地喜和子《たいちきわこ》や第21作「寅次郎わが道をゆく」（1978年）の木《き》の実《み》ナナのように、烈日に咲くヒマワリのような向日性である。あるいは弥勒菩薩のように全方向に母性を放射する、第10作「寅次郎夢枕」（1972年）の八千草薫《やちぐさかおる》の持つ包容力である。さらにはリリー（マドンナの浅丘《あさおか》ルリ子）のように、寅さんを引っ張っていく大姐御的な性格である。

これらのマドンナは、いわば「陽」の存在で、寅さんの陽性との相乗効果で物語が明るく展開するのに対し、根っ子のどこかに「陰」を背負うマドンナもいる。第7作「奮闘篇」の榊原《さかきばら》るみや第26作「寅次郎かもめ歌」（1980年）の伊藤蘭《いとうらん》、第29作「寅次郎あじさいの恋」（1982年）のいしだあゆみなどで、この場合は「陰」「陽」のぶつかり合いで、物語が進行するところに「存在理由」が見いだせる。

他の歴代マドンナも性格・個性・志向は異なり、「陰」「陽」（あるいは中庸）の設定もそれぞれだが、いずれも強烈な「存在理由」が感じられる。

最多出演はリリーに扮した浅丘ルリ子 続くのは朋子などを演じた竹下景子

ではシリーズにマドンナは何人登場するのか――。答えは「マドンナの役名・役柄

マドンナの役名・役柄一覧

作数	マドンナ	役名／役柄	作品名	公開年
第1作	光本幸子	冬子／寅さんの幼なじみで御前様の娘	男はつらいよ	1969年
第2作	佐藤オリエ	夏子／寅さんの幼なじみで散歩先生の娘	続 男はつらいよ	1969年
第3作	新珠三千代	志津／湯の山温泉の温泉旅館の女主人	男はつらいよ　フーテンの寅	1970年
第4作	栗原小巻	春子／帝釈天経営のルンビニー幼稚園の先生	新 男はつらいよ	1970年
第5作	長山藍子	節子／美容師で、浦安の豆腐屋の娘	男はつらいよ　望郷篇	1970年
第6作	若尾文子	夕子／おばちゃんの遠縁に当たる主婦	男はつらいよ　純情篇	1971年
第7作	榊原るみ	花子／知的障害者で元紡績工場勤務	男はつらいよ　奮闘篇	1971年
第8作	池内淳子	貴子／柴又に開店した喫茶店の女主人	男はつらいよ　寅次郎恋歌	1971年
第9作	吉永小百合	歌子／小説家の娘	男はつらいよ　柴又慕情	1972年
第10作	八千草薫	千代／寅さんの幼なじみで美容院の主人	男はつらいよ　寅次郎夢枕	1972年
第11作	浅丘ルリ子	リリー／旅回りのレコード歌手	男はつらいよ　寅次郎忘れな草	1973年
第12作	岸惠子	りつ子／寅さんの幼なじみの妹で画家	男はつらいよ　私の寅さん	1973年
第13作	吉永小百合	歌子／亡夫の郷里、津和野の図書館員	男はつらいよ　寅次郎恋やつれ	1974年
第14作	十朱幸代	京子／足立区の総合病院の看護師	男はつらいよ　寅次郎子守唄	1974年
第15作	浅丘ルリ子	リリー／旅回りのレコード歌手	男はつらいよ　寅次郎相合い傘	1975年
第16作	樫山文枝	礼子／大学の考古学研究室助手	男はつらいよ　葛飾立志篇	1975年
第17作	太地喜和子	ぼたん／龍野の芸者	男はつらいよ　寅次郎夕焼け小焼け	1976年
第18作	京マチ子	綾／満男の小学校の先生である雅子の母	男はつらいよ　寅次郎純情詩集	1976年
第19作	真野響子	鞠子／運送会社の事務員で未亡人	男はつらいよ　寅次郎と殿様	1977年
第20作	藤村志保	藤子／平戸の土産物店の女主人	男はつらいよ　寅次郎頑張れ！	1977年
第21作	木の実ナナ	奈々子／さくらの幼なじみでSKDのスター	男はつらいよ　寅次郎わが道をゆく	1978年
第22作	大原麗子	早苗／「とらや」の店員で離婚したばかり	男はつらいよ　噂の寅次郎	1978年
第23作	桃井かおり	ひとみ／田園調布の富豪のお嬢様	男はつらいよ　翔んでる寅次郎	1979年
第24作	香川京子	圭子／アメリカ帰りの翻訳家で未亡人	男はつらいよ　寅次郎春の夢	1979年
第25作	浅丘ルリ子	リリー／旅回りのレコード歌手	男はつらいよ　寅次郎ハイビスカスの花	1980年
第26作	伊藤蘭	すみれ／奥尻島のスルメ工場従業員→学生	男はつらいよ　寅次郎かもめ歌	1980年
第27作	松坂慶子	ふみ／大阪の芸者	男はつらいよ　浪花の恋の寅次郎	1981年
第28作	音無美紀子	光枝／テキ屋の女房→旅館の仲居	男はつらいよ　寅次郎紙風船	1981年
第29作	いしだあゆみ	かがり／人間国宝の陶芸家の家政婦	男はつらいよ　寅次郎あじさいの恋	1982年
第30作	田中裕子	螢子／大手デパート店員	男はつらいよ　花も嵐も寅次郎	1982年
第31作	都はるみ	はるみ／大物演歌歌手	男はつらいよ　旅と女と寅次郎	1983年
第32作	竹下景子	朋子／博の実家の菩提寺の娘	男はつらいよ　口笛を吹く寅次郎	1983年
第33作	中原理恵	風子／釧路で出会った理容師	男はつらいよ　夜霧にむせぶ寅次郎	1984年
第34作	大原麗子	ふじ子／牛久在住の会社員の主婦	男はつらいよ　寅次郎真実一路	1984年
第35作	樋口可南子	若菜／印刷会社の写植オペレーター	男はつらいよ　寅次郎恋愛塾	1985年
第36作	栗原小巻	真知子／式根島の小学校教師	男はつらいよ　柴又より愛をこめて	1985年
第37作	志穂美悦子	美保（大空小百合）／旅館のコンパニオン	男はつらいよ　幸福の青い鳥	1986年
第38作	竹下景子	りん子／獣医師の娘で離婚したばかり	男はつらいよ　知床慕情	1987年
第39作	秋吉久美子	隆子／化粧品のセールスレディ	男はつらいよ　寅次郎物語	1987年
第40作	三田佳子	真知子／小諸の総合病院の女医で未亡人	男はつらいよ　寅次郎サラダ記念日	1988年
第41作	竹下景子	久美子／ウィーンの観光ガイド	男はつらいよ　寅次郎心の旅路	1989年
第42作	檀ふみ／後藤久美子	寿子／泉の叔母　泉／満男の恋人	男はつらいよ　ぼくの伯父さん	1989年
第43作	夏木マリ／後藤久美子	礼子／泉の母でクラブ勤め　泉／満男の恋人	男はつらいよ　寅次郎の休日	1990年
第44作	吉田日出子／後藤久美子	聖子／料亭の女主人　泉／満男の恋人	男はつらいよ　寅次郎の告白	1991年
第45作	風吹ジュン／後藤久美子	蝶子／理髪店の女主人　泉／満男の恋人	男はつらいよ　寅次郎の青春	1992年
第46作	松坂慶子	葉子／休業中の料理店経営者	男はつらいよ　寅次郎の縁談	1993年
第47作	かたせ梨乃	典子／写真が趣味の鎌倉在住の主婦	男はつらいよ　拝啓 車寅次郎様	1994年
第48作	浅丘ルリ子／後藤久美子	リリー／旅回りのキャバレー歌手　泉／満男の恋人	男はつらいよ　寅次郎 紅の花	1995年
第49作	浅丘ルリ子	リリー／旅回りのキャバレー歌手	男はつらいよ　寅次郎ハイビスカスの花 特別篇	1997年

マドンナを演じた女優一覧

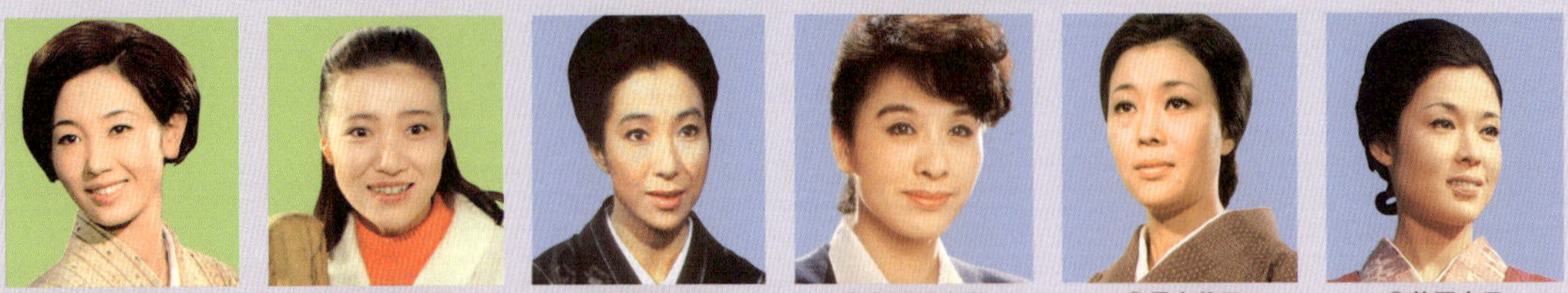

①光本幸子　②佐藤オリエ　③新珠三千代　④㊱栗原小巻　⑤長山藍子　⑥若尾文子

⑦榊原るみ　⑧池内淳子　⑨⑬吉永小百合　⑩八千草薫　⑪⑮㉕㊽㊾㊿浅丘ルリ子　⑫岸惠子

⑭十朱幸代　⑯樫山文枝　⑰太地喜和子　⑱京マチ子　⑲真野響子　⑳藤村志保

㉑木の実ナナ　㉒㉞大原麗子　㉓桃井かおり　㉔香川京子　㉖伊藤蘭　㉗㊻松坂慶子

㉘音無美紀子　㉙いしだあゆみ　㉚田中裕子　㉛都はるみ　㉜㊳㊶竹下景子　㉝中原理恵

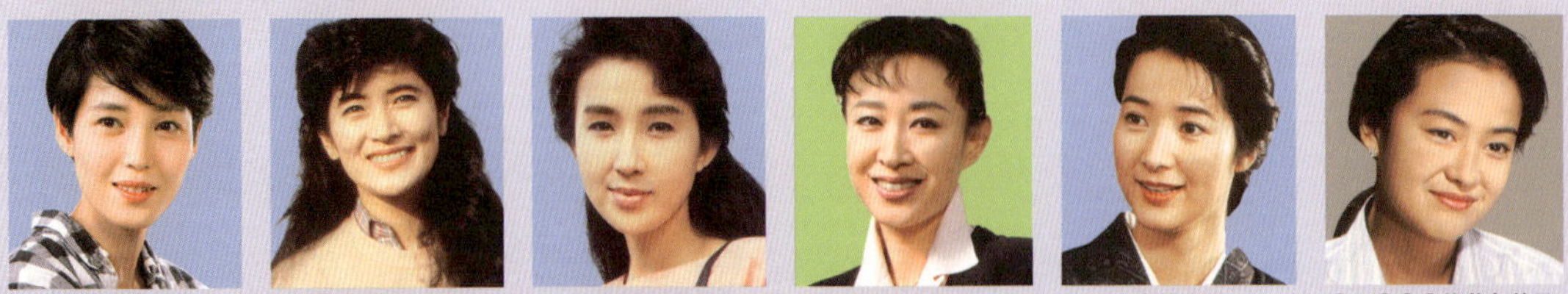

㉟樋口可南子　㊲志穂美悦子　㊴秋吉久美子　㊵三田佳子　㊷檀ふみ　㊷〜㊺㊽㊿後藤久美子

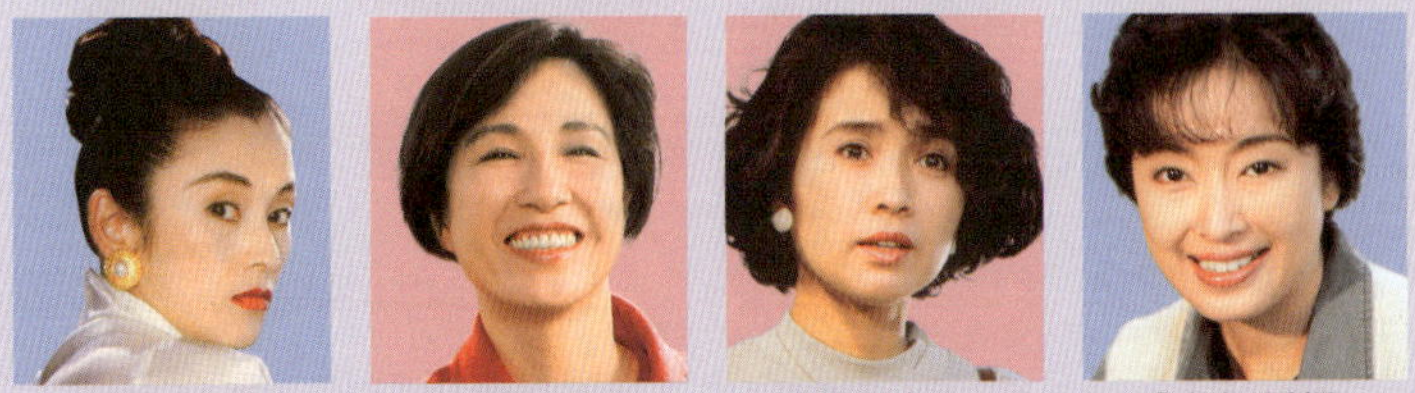

㊸夏木マリ　㊹吉田日出子　㊺風吹ジュン　㊼かたせ梨乃

※丸数字は作数番号。丸数字が複数あるマドンナは複数回登場した女優です。
※第50作では回想シーンを除く本編ドラマには、浅丘ルリ子と後藤久美子が登場します。

＝寅さんを人間として好きになったマドンナ
＝寅さんを父的・兄的に敬慕したマドンナ
＝寅さんを友達として好きになったマドンナ
＝寅さんと所帯を持ってもいいと思ったマドンナ

一覧」のように全作で45人である（女優は右頁のように40人）。全50作なのに45人？と思われるかもしれないが、①複数回登場するマドンナがいる、②泉《いずみ》（後藤久美子《ごとうくみこ》）もマドンナに数えている、ためである。

①に該当するのは、浅丘ルリ子の5回（リリー）、竹下景子《たけしたけいこ》の3回（朋子《ともこ》・りん子・久美子）、吉永小百合《よしながさゆり》の2回（歌子《うたこ》）、松坂《まつざか》慶子《けいこ》の2回（ふみ・葉子《ようこ》）、栗原小巻《くりはらこまき》の2回（春子《はるこ》・真知子《まちこ》）、大原麗子《おおはられいこ》の2回（早苗《さなえ》・ふじ子）だ。ちなみに同名（リリー・歌子）で複数回登場するのは、浅丘ルリ子と吉永小百合の両名だけである。

②の泉は第42作以降6回登場するが、満《みつ》男《お》と相思相愛で、寅さんが恋心を抱いているわけではないので、寅さんが恋したマドンナで最多出演は5回の浅丘ルリ子となる。第49作「寅次郎ハイビスカスの花　特別篇」（1997年）を数えると6回である。実は本来の第49作は、「寅次郎花へんろ」のタイトルで、初の高知ロケを行う予定だったが、渥美清《あつみきよし》の体調を考えて中止となった。この時もマドンナは誰か？　が話題となったことは言うまでもない（田中裕子《たなかゆうこ》や吉永小百合という噂が流れた）。

何回もほれられはするものの強い責任感から自ら引いてしまう

さて、寅さんがマドンナにほれるのは「お約束」として、対するマドンナはどうなのか。寅さんに対する気持ちは、次の4つのパターンに分かれる。まずは、①人間として好きになる（生き方に共感）、②父的・兄的に敬慕する、③友達として好きになる、そして④所帯を持ってもいい（男として好き）、である。寅さんは振られてばかりのイメージが浸透しているが、「マドンナ一覧①」の色分けの通り、実は何人ものマドンナが寅さんにほれているのだ。

例えば、第10作の千代《ちよ》（八千草薫）、第29作のかがり（いしだあゆみ）、第45作の蝶子《ちょうこ》（風吹《ふぶき》ジュン）などで、リリーにいたっては、第25作と第48作で〝同棲《どうせい》〟までしている仲である。しかし、相思相愛の恋は常に成就《じょうじゅ》できない。それは「もしかして俺にほれている？→うれしい→が、浮き草稼業で生活力がない→責任を持って幸せにでき

浮き草の旅暮らし。ほれられたとしたって所帯は持てねーよ

第33作「夜霧にむせぶ寅次郎」（1984年）。理容師の風子《ふうこ》（中原理恵《なかはらりえ》）と寅さんは、旅を続けるうちに、強い信頼感が芽生えた。別れ際、風子は「寅さんがもう少し若かったら、寅さんと結婚するのに」と告げたが、サーカスのオートバイ乗りにほれてしまい捨てられる。窮地を支えたのは寅さんであった。

第45作「寅次郎の青春」（1992年）。宮崎県日南市油津の理容師・蝶子《ちょうこ》（風吹《ふぶき》ジュン）の家へ居候した寅さん。蝶子は二人の暮らしが続くと思ったのだが…。

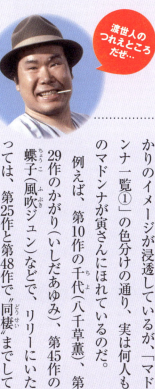

ない→所帯は持てない」という心の働きが邪魔して、自ら身を引いてしまうのだ。

観客は誰でも「叔父《おじ》夫婦を楽隠居させて〈とらや〉を継げば、所帯は持てる」と思うのだが、寅さんは根っからの渡世人。足を洗おうと何度か挑戦したことはあるが、毎回挫折してしまう。冒頭に書いた史上最強の〝とんでも男〟の心は常人では推し量ることができない。結局、〝面倒くさい男〟の本性が自ら墓穴を掘るのである。

(香具師仲間――渡世の義理で結ばれた男たち)

登「一緒に連れてってくれよ」
寅「ばかやろう、甘ったれるない!」

第1作「男はつらいよ」(1969年)で、登場するのが舎弟の登(秋野太作《あきのたいさく》/公開当時は津坂匡章《つさかまさあき》)である。所は東京都豊島区巣鴨のとげぬき地蔵の縁日。まるでやる気が感じられない低ボルテージで古本を売《ばい》していたところ、寅さんにどやされる。久しぶりの再会で登は「兄貴、寅の兄貴じゃねえか」と抱きつかんばかりに喜ぶが、寅さんは「てめえみたいな愚図はな。田舎に帰って肥だめでも担いで、親孝行しろっつったのがわかんねえのかよ」とにべもない。

登を脇へ押しやるや、「どけ! さあ畜生、さあどうだい。もうヤケだ。もう捨てちゃうぞこんなもの!』『やけのやんぱち日焼けのナスビ…」と放送禁止用語連発の啖呵売《たんかばい》を始めると、参拝客がどんどん集まってきた。登とは異なる桁違いの高等販売テクニックで、心底ほれぼれする。

登は青森県八戸《はちのへ》出身で、兄弟盃《きょうだいさかずき》を交わした仲だが、寅さんはかわいい登を堅気《かたぎ》にさせようとしている。第1作では巣鴨から「とらや」に登を連れて帰ると、しばらく店で働かせていた。しかし、旅立つ寅さんを追いかけて、上野駅構内の食堂で「一緒に連れてってくれよ」とせがむと、寅さんは「ばかやろう、甘ったれるない!」と張り手を食らわせた。登は第10作「寅次郎夢枕」(1972年)までたびたび登場。その間、第4作「新 男はつらいよ」(1970年)では、旅行代理店の社員に。第11作以

ポンシュウ(関敬六《せきけいろく》)と寅さんは名コンビ。コンピュータ占いや縫いぐるみなどを売していた。板前の経験もある。

第42作「ぼくの伯父さん」(1989年)。佐賀市の佐嘉《さが》神社の縁日で売をする寅さんとポンシュウ(関敬六)。香具師仲間のキュウシュウ(不破《ふわ》万作《まんさく》)から目玉の安が死んだと告げられ、酒を持つ手が止まってしまった。

小樽の町を闊歩する寅さんと登。寅さんたちは第5作「望郷篇」(1970年)で、かつて北海道で世話になった政吉《まさきち》親分(木《き》田《だ》三《み》千《ち》雄《お》)の病床を見舞った。もう長いことはないらしく、最後に息子に一目会いたいと頼まれる。二人は息子が勤める小樽築港機関区へ向かった。

降、音信不通だったが、盛岡で結婚し、第33作「夜霧にむせぶ寅次郎」(1984年)では、今川焼屋の親父として元気な姿を見せた。寅さんの願いはかなったのである。

永遠の相棒ポンシュウは女好き 二人の珍道中は箸休めとして楽しめる

寅さんのテキ屋仲間として最も頻繁《ひんぱん》に登場するのが、酒と女が大好きなポンシュウ(1代目・小島三児《こじまさんじ》／2代目・関敬六《せきけいろく》)である。ポンシュウはずぼらで売もうまくはないが、裏表のない人柄から香具師仲間に慕われている。第24作「寅次郎春の夢」(1979年)で初登場(小島三児)、第26作「寅次郎かもめ歌」(1980年)から関敬六が演じた。結婚して子もいるが、その後離婚して若い女房をもらうなど、女性にまめな一面を見せる(3回結婚している)。

ポンシュウは、物語で珍道中を繰り返した。ある種、ストーリーの箸休め的な存在である。ポンシュウは第35作「寅次郎恋愛塾」(1985年)で、長崎県新上五島《しんかみごとう》町の青砂ヶ浦天主堂《あおさがうらてんしゅどう》の燭台を盗もうとしたところを牧師に見つかり、罪滅ぼしに下働きをしていたこともある。第48作「寅次郎 紅の花」(1995年)では、岡山県真庭市勝山の造り酒屋の試飲コーナーで飲み過ぎで酔っ払ってしまった。寅さんとポンシュウの二人の旅はほとんどコントである。

一方、腸閉塞で死んだすみれ(マドンナの伊藤蘭)の父・シッピンの常《つね》、癌に倒れた光枝《みつえ》(マドンナの音無美紀子《おとなしみきこ》)の夫・カラスの常三郎《つねさぶろう》(小沢昭一《おざわしょういち》)など、渡世人の哀愁を感じさせる香具師もいる。

この他、九州で売をすることが多いキュウシュウは、不破万作《ふわまんさく》が演じていい味を出していた。寅さんの弟子となるが足を洗い、真面目に工場に勤めて幸せになったサブ(渡部夏樹《わたべなつき》)もいる。また、寅さんによくからかわれる長万部の熊《おしゃまんべのくま》(佐山俊二《さやましゅんじ》)、出川《でがわ》哲朗《てつろう》がテキ屋の若衆役として登場したこともあった。多士済々の仲間たちである。

第44作「寅次郎の告白」(1991年)。寅さんの弟子・サブ(渡部夏樹《わたべなつき》)がさくらをやるが、周りに客が誰もいないのに「よっしゃ買った!」。これで寅さんにどやされる。鳥取しゃんしゃん祭りでの売である。

全国津々浦々に広がる香具師のネットワーク。仲間は大事にしようぜ

次頁から040頁まで、心に残る役柄を演じた主なゲストや脇役陣を紹介します。

寅さんを支えた名優 男優

SUPPORTING CHARACTER

シリーズはメインキャストやマドンナ、助演陣だけでは成り立たない。脇役やゲストたちが演じたほんの数分、あるいは数十秒のカットが、モザイク画のようにちりばめられて輝きを増す。ここでは独自の存在感で、作品にスパイスを効かせた名優を紹介しよう(数字は生没年)。

イッセー尾形《おがた》◉1952～

80年代後半の作品にたびたび出演。独自の間やセリフ回しで異彩を放つ。第37作「幸福の青い鳥」では寅さんのチップ攻撃に怒り、車掌室に閉じこもる列車の車掌、第42作「ぼくの伯父さん」では水郡線の列車内で寅さんと大げんかする狷介《けんかい》な老人、第41作「寅次郎心の旅路」では、ウィーン行きの航空券を手配した海外ツアー会社のせわしない営業マンを演じた。

犬塚弘《いぬづかひろし》◉1929～2023

元クレージーキャッツのメンバー。第24作「寅次郎春の夢」で、寅さんに弱みを握られている柴又小学校同級生の大工(第28作「寅次郎紙風船」でも同じ大工役)に扮した他、第7作「奮闘篇」では沼津駅前交番の警官、第48作「寅次郎 紅の花」ではタクシー運転手として登場。第21作「寅次郎わが道をゆく」では、寅さんに心酔する熊本県の田の原温泉大朗館の主人も演じた。長身を持て余すような動きと朴訥な人柄が光る。合計6作品に登場する。

柄本明《えもとあきら》◉1948～

いずれの作でも、寅さんとのコンビネーションが絶妙である。第29作「寅次郎あじさいの恋」で演じた陶芸家の内弟子は、人間国宝の陶芸家を〝じいさん〟扱いする寅さんに憤慨。第41作「寅次郎心の旅路」では、列車への飛び込み自殺未遂で寅さんと知り会う心身症のサラリーマン・兵馬《ひょうま》を演じた。一晩、同宿した朝、兵馬が「あなたはどういう方？」と問うと、寅さんが答えた。「一言で言って旅人。稼業で言うと渡世人」。これで兵馬は寅さんにほれた。

大滝秀治《おおたきひでじ》◉1925～2012

第16作「葛飾立志篇」では寒河江《さがえ》の寺の住職、第17作「寅次郎夕焼け小焼け」ではちょっぴり強欲な神保町の古書店主、第22作「噂の寅次郎」では寅さんに「女難の相」を告げる雲水役で登場している。出色なのは神保町の古書店主。寅さんとの値段の駆け引きが笑える。

第36作「柴又より愛をこめて」(1985年)。失踪したあけみの居所を、旧知の友人で、ちょっぴり与太る下田の顔役・長八《ちょうはち》(笹野高史《ささのたかし》)が探し当てた。

桜井センリ《さくらい》◉1936～2012

帝釈天参道商店街の備後《びんご》屋に扮した他、出演回数は多い。犬塚弘と同じクレージーキャッツのメンバーだった。第30作「花も嵐も寅次郎」の遊園地の観覧車係員、第37作「幸福の青い鳥」で美保《みほ》(マドンナの志穂美悦子《しほみえつこ》)が勤めた柴又のラーメン屋亭主、第48作「寅次郎 紅の花」の因美《いんび》線美作滝尾《みまさかたきお》駅の駅員など、好人物を全身から放射するような演技を披露。極め付きは第20作「寅次郎頑張れ！」の牧師役。「ほれとるばい」のセリフが忘れられない。

後半の12作品に登場、存在感を高めた笹野高史

笹野高史《ささのたかし》◉1948～

おそらく最も登場回数が多いバイプレーヤーだろう。伊豆・下田のチンピラに扮した第36作「柴又より愛をこめて」で初登場。以降、毎回のように顔を見せる。ゲイのバイクライダーを演じた第42作「ぼくの伯父さん」の豹変ぶり。島の駐在さんを演じた第46作「寅次郎の縁談」や、花婿の親族を演じた第48作「寅次郎 紅の花」など、毎回の怪演が楽しみな俳優である。合計12作品に登場する。第50作「お帰り寅さん」では2代目の御前様を演じた。

佐野浅夫《さのあさお》◉1925～2022

第17作「寅次郎夕焼け小焼け」で、兵庫県龍野市(現・たつの市)の芸者ぼたん(マドンナの太地喜和子《たいちきわこ》)から200万円を騙《かた》り取った、詐欺師ぶりが堂に入る。シリーズに登場する正真の悪人はこの詐欺師だけ(財津一郎《ざいついちろう》の空き巣や笹野高史のこそ泥などは除く)。

志村喬《しむらたかし》◉1905～1982

初期作で諏訪家の物語の要となる博の父親・飈一郎《ひょういちろう》を演じた。退官した大学教授という設定である。博との関係を猛省し、

第22作「噂の寅次郎」(1978年)。寅さんは飈一郎《ひょういちろう》が語る『今昔物語』の一節に人生の無情を感じて反省した。

わが子への愛を切々と語る第1作「男はつらいよ」の結婚式スピーチは泣かされた。第8作「寅次郎恋歌」のリンドウの花幸福論、第22作「噂の寅次郎」の『今昔物語』講義にも心打たれる。家族とマドンナ以外では寅さんの最大の理解者で、なぜか一目置いていた。第8作では、寅さんとの別れを惜しむように「大人物は反省して去ったか…」とつぶやく。第32作「口笛を吹く寅次郎」では飈一郎の三回忌が営まれた。

じん弘《ひろし》◉1928〜2008

第37作「幸福の青い鳥」。健吾《けんご》(長渕剛《ながぶちつよし》)が勤める看板屋の親父役が印象に残る。多少のわがままは見て見ぬ振りをする、懐の広い人柄が伝わってきた。第41作「寅次郎心の旅路」ではトイレットペーパーに書かれた寅さんの手紙をウィーンから届ける東北弁の男役、第39作「寅次郎物語」、第42作「ぼくの伯父さん」にも出演している。

すまけい◉1935〜2013

第38作「知床慕情」、第39作「寅次郎物語」で演じた船長ははまり役。第37作「幸福の青い鳥」では、嘉穂《かほ》劇場の掃除夫役、モップを持って六方を見せる。とりわけ印象に残るのは、第40作「寅次郎サラダ記念日」。女医・真知子《まちこ》(マドンナの三田佳子《みたよしこ》)が勤める小諸病院の人間くさい院長を演じた。第46作「寅次郎の縁談」冒頭では花嫁の父親役で、娘を嫁がせる父親の喜びを全身で表現。人情に厚い〝親方〟的人物を演じさせたら右に出る役者は少ない。見る人を安心させる包容力を持っていた。山田洋次監督「キネマの天地」(1986年)でブルーリボン賞助演男優賞などを受賞。

第39作「寅次郎物語」(1987年)。伊勢志摩観光汽船の船長役のすまけい(右)。作品の最後で秀吉《ひでよし》(左)と再会した母と結婚する。

第7作「純情篇」(1971年)。青森県の鰺ケ沢から花子を迎えに来た福士《ふくし》先生(田中邦衛《たなかくにえ》)。教育に心血を注ぐ熱血漢である。

田中邦衛《たなかくにえ》◉1932〜2021

第7作「奮闘篇」で花子《はなこ》(マドンナの榊原《さかきばら》るみ)の教師・福士《ふくし》役で出演。津軽弁丸出しの好人物だが、幼い頃から花子を教導してきた設定で、おいちゃんとさくらの前で障害児教育論を説く。「花子、先生迎えに来たど」と、青森県へ連れ帰った。一途なところは、テレビドラマ「北の国から」の父親・黒板五郎役を彷彿させた。

出川哲朗《でがわてつろう》◉1964〜

第37作「幸福の青い鳥」など、何作かでセリフのないエキストラ出演。第50作では小説家になった満男の本を出版する大手出版社の社員役。セリフも付いている。

露木幸次《つゆきゆきつぐ》◉1940〜

帝釈天参道の「とらや」並びで店を構える備後《びんご》屋の主人役。寅さんの幼なじみの悪友で、自転車で配達をしていると、「よぉ、相変わらずバカか」と寅さんにからかわれていた。柴又界隈の情報通で、源公とともに寅さんの新しい恋愛相手や失敗などを近所に触れ回る。露木幸次は役者ではなく、小道具のベテラン裏方であった。

中井貴一《なかいきいち》◉1961〜

第32作「口笛を吹く寅次郎」で、朋子《ともこ》(マドンナの竹下景子《たけしたけいこ》)の弟・一通《かずみち》役で出演。寺の跡継ぎだが、カメラマンを志望して上京する。一通は寺を継ぐ気がない。なので寅さんは養子となって住職を目指し、朋子と結婚できるのでは、と儚い夢を見る。

永瀬正敏《ながせまさとし》◉1966〜

第45作「寅次郎の青春」で、寅さんといい仲になった理容師・蝶子《ちょうこ》(マドンナの風吹《ふぶき》ジュン)の弟・竜介《りゅうすけ》役で出演。第45作のラストシーン。下呂《げろ》温泉に新婚旅行で訪れると、寅さんが売《ばい》をしていた。「姉ちゃん、突然結婚したんだ」と告げると驚く寅さん。竜介は続けて「おれはよ、寅さんと結婚するかとおもうちょったつよ」。すると慌てたように「一応、俺もそのつもりだったんだけどな」と、後悔しきり。寅さんは「時

人情に厚い〝親方〟的人物を好演した すまけい

間あるか」と竜介をお茶に誘う。蝶子の相手が気になるのである。永瀬は山田洋次監督「息子」で三國連太郎《みくにれんたろう》と共演、映画賞を総ナメした。同じ山田監督の時代劇「隠し剣鬼の爪」でも好演している。

中本賢《なかもとけん》◉1956～

第36作「柴又より愛をこめて」で、式根《しきね》島小学校教諭・真知子《まちこ》(マドンナの栗原小《くりはらこ》巻《まき》)の教え子の一人として出演。後年、西《にし》田《だ》敏行《としゆき》主演の「釣りバカ日誌」で釣り船の船頭・八郎に扮した。自然遊びの達人としても知られる。当時の芸名はアパッチけん。

西田敏行《にしだとしゆき》◉1947～2024

第46作「寅次郎の縁談」にノークレジットで友情出演。すでに6作目が公開されていた「釣りバカ日誌」の浜ちゃんスタイルで、雨が降る「とらや」の前を通りかかる。西田が「こんちわ! 全然だめ。雨の日は釣れるんだけどね。こんなでかいのが」。すると、おばちゃん「気楽でいいね。あんたは」、おいちゃん「ろくなもんじゃねえや」。どうやらご近所さんの設定らしい。

尾藤《びとう》イサオ◉1943～

第42作「ぼくの伯父さん」で泉の叔母・寿子《ひさこ》(マドンナの檀《だん》ふみ)の夫役として出演。役柄は厳格でやや冷たい感じの高校教師。寅さんは満男を批判するこの夫に言、「慣れない土地へ来て、寂しい思いをしているお嬢さんを慰めようと、両親にも内緒ではるばるオートバイでやってきた満男を、私はむしろよくやったと褒めてやりたいと思います」。すると「思想の違いですな」と捨て台詞を吐かれる。人を見下したようないやな教師を好演していた。

人見明《ひとみあきら》◉1922～

第36作「柴又より愛をこめて」では、帝釈天参道の「とらや」並びで店を構える麒《き》麟《りん》堂の主人役。備後《びんご》屋と一緒に式根《しきね》島に釣りに行こうとする。ところが、式根島の小学校の先生に恋した寅さんも同道しようとして聞かず、粗末な釣り道具でフラフラと参道をさまよい歩く。笑えるエピソードである。人見明はクレージー映画常連の喜劇役者で、独特の節回しの「～バカん」で笑いを誘った。今で言えば流行語大賞もののフレーズである(一種の瞬間芸)。シリーズでは食堂の親父、柴又駅員、理髪店店主などを演じ、合計7作品に登場する。

松村達雄《まつむらたつお》◉1914～2005

森川信《もりかわしん》の後を継ぎ、第9作から第13作までおいちゃんに扮した。シリーズでは他に、第6作「純情篇」と第39作「寅次郎物語」で飄々《ひょうひょう》とした町医者を演じ、第26作「寅次郎かもめ歌」では、濱口國雄《はまぐちくにお》の近代詩「便所掃除」を朗読する夜間高校の教師を好演した。おいちゃん役以外の作品で、おいちゃんのイメージをまったく感じさせない存在感はさすがである。

第39作「寅次郎物語」(1987年)。旅の疲れで高熱を発した秀吉は町医者(松村達雄《まつむらたつお》)の診察を受ける。演技の幅が広い役者である。

三木《みき》のり平《へい》◉1924～1999

昭和の名喜劇役者である。森繁久彌《もりしげひさや》主演の映画「社長シリーズ」で〝宴会部長〟を演じ、そのセリフ「パアーッといきましょう」は流行語となった。シリーズでは第19作「寅次郎と殿様」で、嵐寛壽郎《あらしかんじゅうろう》扮する殿様に仕える執事役で好演。「お出合い召され!」「殿中でござるぞ」などと、寅さんとの掛け合いで観客を爆笑の渦に巻き込んだ。

三國一朗《みくにいちろう》◉1921～2000

昭和27(1952)年のラジオ「イングリッシュ・アワー」で人気を博した、ラジオ全盛期のパーソナリティの一人。第40作「寅次郎サラダ記念日」で早大教授に扮し、教室に紛れ込んだ寅さんと産業革命論を戦わせる。三國が「そもそもインダストリアルレボリューションという用語は…」と始めると、寅さんは「インドのとうりゃんせって言うの? それ分かんない」。これに真面目に答える三國もなかなかの役者であった。

宮口精二《みやぐちせいじ》◉1913～1985

第9作「柴又慕情」、第13作「寅次郎恋やつれ」に出演。狷介固陋《けんかいころう》の小説家という役柄で、歌子《うたこ》(マドンナの吉永小百合《よしながさゆり》)の父親役を演じた。まさにはまり役で、不器用な男が娘との関係修復に腐心する様子に心打たれる。宮口精二といえば志村喬《しむらたかし》と同様、黒澤明《くろさわあきら》監督「七人の侍」の剣豪が想起される。有言実行、寡黙な男を演じさせたら右に出る俳優は少ない。野村芳太郎監督「張込み」の刑事役も良かった。

森繁久彌《もりしげひさや》◉1913～2009

第6作「純情篇」に出演。五島列島福江《ふくえ》島で旅館を経営する男やもめ役である。寅さんが長崎港で助けた赤ん坊連れの女(宮本信子《みやもとのぶこ》)の父親という設定で、亭主の暴力に耐えかねて故郷に逃げ帰ってきた娘を、情感たっぷりに諭す。この話に寅さんの心も揺れ動き、里心を起こして連絡船の最終便に飛び乗った。

森本毅郎《もりもとたけろう》◉1939～

第36作「柴又より愛をこめて」でお茶の間のテレビにキャスター役で映る。タコ社長の娘のあけみ(美保純《みほじゅん》)は、夫婦仲がこじれて家出。「テレビ伝言板」のコーナーがある森本キャスターのワイドショーで、タコ社長があけみに帰宅を呼び掛けたのである。森本キャスターは、ただ泣くばかりのタコ社長に、「泣いてらしては分かりませんから、どうぞ、カメラに向かってもう少しお話し下さい」と助け船を出す。森本はNHKを退職した直後の出演。番組は「森本毅郎さわやかワイド」(TBS)の設定ではないか。

柳家小《やなぎやこ》さん◉1915～2002

第7作「奮闘篇」に出演した5代目・柳家小さん。静岡県沼津市のラーメン店主人に扮した。落語家として初の人間国宝に認定された名人。一人ラーメンをする花《はな》子《こ》(マドンナの榊原《さかきばら》るみ)の境涯を寅さんに語るくだりは、まるで高座のようだ。劇中、ラーメンは80円(公開は1971年)と現在の10分の1以下。「落語作家じゃ食えないから監督になったんだよ」というほど落語好きの山田監督は、小さんのために新作落語「真二《まぷた》つ」などを書き下ろしている。

吉田義夫《よしだよしお》◉1911～1986

時代劇の悪役や、テレビ「悪魔くん」(NET)のメフィスト役で知られる名優。シリーズでは、夢に登場する奴隷商人や悪漢を演じ、10作以上の夢に現れて寅さんに殺されている。一方、旅芝居の坂東鶴八郎一座の座長としてもしばしば姿を見せる。こちらは悪人ではなく寅さんを「先生」と仰ぐ善人。シリーズには欠かせない配役であった。

第20作「寅次郎頑張れ!」(1977年)。ラストで坂東鶴八郎一座と巡り会う。「お教えを守りまして日夜精進いたしております」と座長の鶴八郎(吉田義夫《よしだよしお》/寅さんの隣り)。

米倉斉加年《よねくらまさかね》◉1934～2014

第10作「寅次郎夢枕」、第34作「寅次郎真実一路」に物語のキーとなる役柄で出演。第10作では、千代《ちよ》(マドンナの八千草《やちぐさ》薫《かおる》)にのぼせ上がる大学助教授、第34作では、ふじ子(マドンナの大原麗子《おおはられいこ》)の亭主役で、失踪サラリーマンを演じた。初期作品では警察官として複数回登場している。

＊

この他、赤塚真人《あかつかまこと》、芦屋雁之助《あしやがんのすけ》、東八《あずまはち》郎《ろう》、嵐寛壽郎《あらしかんじゅうろう》、石井均《いしいきん》、石倉三郎《いしくらさぶろう》、宇野《うの》重吉《じゅうきち》、内田朝雄《うちだあさお》、梅津栄《うめづさかえ》、梅野泰靖《うめのやすきよ》、大村崑《おおむらこん》、尾美《おみ》としのり、笠井一彦《かさいかずひこ》、桂文《かつらぶん》治《じ》、加藤武《かとうたけし》、上條恒彦《かみじょうつねひこ》、河原崎國太郎《かわらさきくにたろう》、河原崎建三《かわらさきけんぞう》、神戸浩《かんべひろし》、木田三千雄《きだみちお》、久米《くめ》明《あきら》、小島三児《こじまさんじ》、小林桂樹《こばやしけいじゅ》、斎藤洋介《さいとうようすけ》、財《ざい》津一郎《ついちろう》、沢田研二《さわだけんじ》、笑福亭松鶴《しょうふくていしょかく》、武田鉄《たけだてつ》矢《や》、辰巳柳太郎《たつみりゅうたろう》、谷幹一《たにかんいち》、谷村昌彦《たにむらまさひこ》、地《ち》井武男《いたけお》、津嘉山正種《つかやままさね》、寺尾聰《てらおあきら》、左卜全《ひだりぼくぜん》、平田昭彦《ひらたあきひこ》、船越英二《ふなこしえいじ》、ベンガル、穂積隆《ほづみたか》信《のぶ》、前田武彦《まえだたけひこ》、松山省二《まつやましょうじ》、三船敏郎《みふねとしろう》、宮《みや》川大助《がわだいすけ》・花子《はなこ》、山崎努《やまざきつとむ》、由井昌由樹《ゆいまさゆき》、湯《ゆ》原昌幸《はらまさゆき》、レオナルド熊《くま》らが出演している。

寅さんを支えた名優 SUPPORTING CHARACTER

女優

あき竹城《たけじょう》◉1947～2022

第26作「寅次郎かもめ歌」、第32作「口笛を吹く寅次郎」に出演。第26作では、すみれ(マドンナの伊藤蘭《いとうらん》)が働く奥尻《おくしり》島のスルメ工場の同僚役。ラストシーン、マイクロバスで四国を社員旅行中に寅さんと再会して意気投合、「男いなくて退屈してたとこだったんだよ。うひゃひゃっ」と寅さんを便乗させて旅立った。山形弁を武器に、大地に根を張るような力強い演技が魅力。第32作のラストでは、寅さんが再会する作業員(レオナルド熊《くま》)の女房に収まった。

第26作「寅次郎かもめ歌」(1980年)で、スルメ工場の作業員役を演じたあき竹城《たけじょう》。胴長を履いて姉さんかぶり。島の女が良く似合う。

淡路恵子《あわじけいこ》◉1933～2014

松竹歌劇団の養成学校に在学中、黒澤《くろさわ》明《あきら》監督「野良犬」でデビュー。1960年代には、東宝の「社長」「駅前」両シリーズにレギュラー出演していた。第38作「知床慕情」、第41作「寅次郎心の旅路」に出演。第38作は獣医(三船敏郎《みふねとしろう》)に思いを寄せるスナックのママを演じた。第41作「寅次郎心の旅路」では、ウィーン在住の有閑マダムに扮している(亡き旦那はスパイ!)。

大竹《おおたけ》しのぶ◉1957～

第20作「寅次郎頑張れ!」で、柴又の食堂「ふるさと亭」で働く幸子《さちこ》に扮した。秋田県から上京した純粋無垢な娘役で、カツ丼ばかり注文している電気工のワット君(中村雅俊《なかむらまさとし》)と恋に落ちた。朴訥な大男と純情可憐な娘は相思相愛だったが、初心《うぶ》な

「寅せんせい！」でファンの心を掴んだ岡本茉莉

二人はすれ違いばかり。そこで寅さんが一肌脱ぎ、愛の告白を指南する。

岡《おか》田《だ》嘉《よし》子《こ》◉1902〜1992

戦前から映画や舞台を支えた大女優。コミュニストの演出家と恋に落ちてロシアへ亡命。波瀾万丈の人生を送った。一時は強制収容所に収監されていたことも。昭和47（1972）年、35年ぶりの一時帰国時に第17作「寅次郎夕焼け小焼け」に出演した。役柄は日本画壇の大家・池《いけ》ノ《の》内《うち》青《せい》観《かん》（宇《う》野《の》重《じゅう》吉《きち》）の若き日の恋人という設定である。

岡《おか》本《もと》茉《ま》莉《り》◉1954〜

旅芝居の坂東鶴八郎一座の花形スター・大《おお》空《ぞら》小《さ》百《ゆ》合《り》に扮して登場する。鶴八郎の娘という設定である。成長した小百合は、第37作「幸福の青い鳥」でマドンナとなる（小百合役は志《し》穂《ほ》美《み》悦《えつ》子《こ》）。寅さんとの出会いは第8作「寅次郎恋歌」で、イントロとラストシーンは大輪の花のようだ。小百合の「寅せんせい！」という掛け声が忘れられないファンは多い。小百合役以外でもお手伝いさん役などでたびたび顔を見せる。

風《かざ》見《み》章《あき》子《こ》◉1921〜2016

優しくて包容力のある日本の母のイメージを持つ女優である。第2作「続 男はつらいよ」で、寅さんの実母・菊《きく》（ミヤコ蝶《ちょう》々《ちょう》）が経営するラブホテルの従業員に扮し、菊に間違えられる。同作では冒頭の夢シーンにも登場して〝瞼の母〟を演じた。第34作「寅次郎真実一路」では、ふじ子（マドンナの大《おお》原《はら》麗《れい》子《こ》）の母親役で登場する。

樹《き》木《き》希《き》林《りん》◉1943〜2018

第3作「フーテンの寅」の冒頭。風邪をこじらせ、線路脇の布団部屋で寝込む寅さんを心配する宿屋の仲居を演じた。寅さんが柴又と家族のことを自慢気に語ると、天涯孤独の仲居は寂しがる。すると寅さん、「おめえ、きっといい婿さんめっけて幸せになれるぞ」「めっかるかな」「めっかんなかったら、おれが婿さんになってやるよ」と励ました。当時の芸名は悠《ゆう》木《き》千《ち》帆《ほ》。

第3作「フーテンの寅」（1970年）。さくらと満男の写真を見て仲居（樹《き》木《き》希《き》林《りん》）は、「このきれいな人、奥さんけ」。

岸《きし》本《もと》加《か》世《よ》子《こ》◉1960〜

第28作「寅次郎紙風船」で家出娘の愛子を演じた。出会いは日《ひ》田《た》市の夜《よ》明《あけ》薬《やく》湯《とう》温泉の宿。やむなく寅さんと相部屋になって以降、なぜか寅さんにべったりで、売《ばい》を手伝ったりと女弟子のような存在となる。弾けるように溌剌とした演技が光った。とりわけ相部屋での二人のやり取りは、何度見ても吹き出してしまう（080頁参照）。

北《きた》林《ばやし》谷《たに》栄《え》◉1911〜2010

第31作「旅と女と寅次郎」に出演。佐渡の宿《しゅく》根《ね》木《ぎ》の民宿の女将に扮した。北林谷栄らしい、少しばかりとぼけた語りと表情が作品に生きている。女将は寅さんに京《きょう》はるみ（マドンナの都《みや》はる《こ》み）のサインを頼んだ。そこで寅さんは同宿した女性が、大物演歌歌手・京はるみと知るのである。筆者は北林谷栄の出演作では、金《かね》子《こ》修《しゅう》介《すけ》監督「山田村ワルツ」（1988年）が忘れられない。これも飄々とした老婆役であった。

第28作「寅次郎紙風船」（1981年）の宣伝用写真。跳ねっ返りのフーテン娘の愛《あい》子《こ》（岸《きし》本《もと》加《か》世《よ》子《こ》）は、寅さんの生き様に共鳴する。

五《さ》月《つき》みどり◉1939〜

五月みどりはお色気女優のイメージが強いが、元々は「おひまなら来てね」「温泉芸者」などのヒット曲を持つ歌手。昭和30年代後半には3回連続で紅白歌合戦にも出場している。出演作は第39作「寅次郎物語」。寅さんのテキヤ仲間である般《はん》若《にゃ》の政《まさ》から逃げるため、幼い息子・秀《ひで》吉《よし》を残して出奔《しゅっぽん》するふで役を熱演。寅さんと隆《たか》子《こ》（マドンナの秋《あき》吉《よし》久《く》美《み》子《こ》）の尽力で秀吉と再会し、伊勢志摩観光汽船の船長と再婚する。

杉《すぎ》山《やま》とく子《こ》◉1926〜2014

第5作「望郷篇」では、節《せっ》子《こ》（マドンナの長《なが》山《やま》藍《あい》子《こ》）の母親役。第44作「寅次郎の告白」では、駄菓子屋の主《あるじ》を演じた。テレビ版「男はつらいよ」ではつね役をこなすなど、家族劇で真価を発揮する女優である。

千《せん》石《ごく》規《のり》子《こ》◉1922〜2012

第48作「寅次郎 紅の花」で、東京郊外の施設に入所しているリリーの母親役を演

満男と青春を共有した城山美佳子・牧瀬里穂

じた。リリーが一緒に島で暮らそうと誘うが拒絶する。「野良犬」「七人の侍」など黒澤明《くろさわあきら》作品に最も多く出演した女優とされる。第11作「寅次郎忘れな草」の母親には、利根《とね》はる恵《え》が扮している。

城山美佳子《しろやまみかこ》◉1969〜

第46作「寅次郎の縁談」。満男がほれる看護師・亜矢《あや》を演じた。家出をした満男。追いかけた寅さんは、満男が世話になっている家の葉子《ようこ》(松坂慶子《まつざかけいこ》)にほれ、ミイラ取りがミイラに。所は瀬戸内海の琴島《ことじま》。ここで二つの恋が進行するが、満男は柴又に帰った。結果的に亜矢は満男に振られるが、そこは現代っ子。ラストシーンでは新しい恋人を連れて寅さんと邂逅《かいこう》する。

田中絹代《たなかきぬよ》◉1909〜1977

小津安二郎《おづやすじろう》、溝口健二《みぞぐちけんじ》、木下恵介《きのしたけいすけ》らの大物監督に重用された、日本映画界を代表する大女優。代表作は「愛染《あいぜん》かつら」「雨月物語」「流れる」など。シリーズでは第10作「寅次郎夢枕」に出演。甲州の旧家で暮らし、寅さんのテキヤ仲間・伊賀《いが》の為三郎《ためさぶろう》の死を看取った老婆を演じた。

第10作「寅次郎夢枕」(1972年)。為三郎の墓に老婆(田中絹代《たなかきぬよ》)とともに詣でる寅さん。晩秋の甲州路である。

谷《たに》よしの◉1917〜2006

多くの松竹作品を支え、シリーズの出演作も30作以上。ノンクレジットの作品もある。寅さんファンの間では広く知られ、一種の〝アイコン化〟している女優である。宿の仲居や行商人など、出演時間も短いが、作品のリアリティを高める面で貢献度が高い。筆者が好きなのは第35作「寅次郎恋愛塾」の冒頭、夢から覚めるシーン(160頁参照)。つくづく行商人のおばちゃんが似合う女優である(花の行商役もあった)。

春川《はるかわ》ますみ◉1935〜

昭和30年代、浅草ロック座や日劇ミュージックホールなどのダンサーとして活躍した後、映画界に進出。テレビ「赤かぶ検事奮戦記」の主人公(フランキー堺《さかい》)の女房役で注目を集めた。庶民的で人情味あふれるキャラクターを演じることが多い。シリーズでは、第3作「フーテンの寅」と第14作「寅次郎子守唄」に出演。第3作では寅さんの見合い相手となったが、会ってみれば旧知の仲。これが寅さんとおいちゃんの大喧嘩の引き金となる(051頁参照)。第14作では佐賀県呼子《よぶこ》のヌードダンサー役。前向きに生きる芯の強い女性を演じた。

第14作「寅次郎子守唄」(1974年)のラストシーン。寅さんが一時預かった子供は、春川《はるかわ》ますみが演じるヌードダンサーが育てることに。父親のダメ男とも一緒に暮らしているという。励ます寅さんの顔には、柔らかい笑みが浮かんだ。

牧瀬里穂《まきせりほ》◉1971〜

第47作「拝啓車寅次郎様」に出演。滋賀県長浜市に住む満男の大学の先輩の妹・菜穂《なほ》を演じた。男勝りの性格で満男を翻弄するも、いつのまにか満男の心には恋が芽生える。菜穂もまんざらではない。だが、先輩の言動が元で恋に暗雲が立ちこめる。満男の青春の一頁を飾る物語である。

マキノ佐代子《さよこ》◉1958〜

タコ社長の朝日印刷の従業員・ゆかりに扮した。明るい現代っ子で従業員の間で人気が高く、まるで娘のようにタコ社長をサポートする。第27作「浪花の恋の寅次郎」では、ふみ(マドンナの松坂慶子《まつざかけいこ》)の弟の婚約者として登場。名匠・マキノ雅弘《まさひろ》監督と女優の鳳弓子《おおとりゆみこ》の長女である。

宮崎美子《みやざきよしこ》◉1958〜

昭和55(1980)年、ミノルタカメラのテレビCMで水着姿を披露してお茶の間の人気者に。「今のキミはピカピカに光って〜」のCMソングもヒットした。シリーズでは第43作「寅次郎の休日」に出演。泉の父親(寺尾聰《てらおあきら》)と大分県日田《ひた》市で同棲する薬剤師の女性を演じた。

宮本信子《みやもとのぶこ》◉1945〜

第6作「純情篇」に出演。亭主の暴力から逃げて、五島列島の福江《ふくえ》島で旅館を営む父(森繁久彌《もりしげひさや》)の元に子連れで帰る途上で金欠に。そこを寅さんに助けられて一緒に実家へ。当時、宮本信子は20代。演技が瑞々しく、仕草がかわいらしい。

＊

この他、朝丘雪路《あさおかゆきじ》、泉《いずみ》ピン子《こ》、岩崎加根子《いわさきかねこ》、浦辺粂子《うらべくめこ》、香山美子《かやまよしこ》、河内桃子《こうちももこ》、木暮実千代《こぐれみちよ》、桜田淳子《さくらだじゅんこ》、杉田《すぎた》かおる、鈴《すず》木光枝《きみつえ》、武智豊子《たけちとよこ》、津島恵子《つしまけいこ》、利根《とね》はる恵《え》、水木涼子《みずきりょうこ》、三田寛子《みたひろこ》、八木昌子《やぎまさこ》らが出演している。

第3章

全作品完全ガイド

全50作・計84時間49分、見るのにルールはいらない

50周年で発売された「復刻 "寅んく" 4Kデジタル修復版ブルーレイ全巻ボックス」(完売) のポスター。

全作品完全ガイド

葛飾柴又がもう一つの故郷になる

全50作・計84時間49分 見るのにルールはいらない

舞台は葛飾柴又を中心に日本全国520カ所以上。
1969(昭和44)年から50作も続いた長寿シリーズだけに、
じっくり鑑賞したことがない人は、何から見ればいいのか迷ってしまうのでは?
だが、「男はつらいよ」は主な登場人物が10人程度の家族劇で、
寅さんを巡る物語の構造も極めてシンプル。
迷う前にとにかく扉を開けてみよう。そこには素晴らしい世界が待っている。

普遍的なテーマに貫かれるため時代が古くてもまったく色褪せない

「男はつらいよ」シリーズは、「一人の俳優が演じた最も長い映画シリーズ」としてギネス世界記録に認定されている(それも第30作までで認定)。上映時間は、全50作トータルで84時間49分。寝ないで鑑賞しても、4日近くかかる計算となる。

それだけに、この上映時間は寅さん入門者にとって、高くそびえる壁と感じられるかもしれない。加えて今から55年前の昭和44(1969)年にスタートした古い映画である。未見の人は「ヤクザ映画なんでしょ』『ファンは年配の人だけでは?』『映像が見にくくない?』『音も悪いのでは?」などと、〃セピアな色眼鏡〃で見がちである。

これらは寅さんの世界を知らない人が抱きがちな疑問だが、すべて的外《まとはず》れ。確かに製作された年代は、昭和40年代から平成時代初期までで、古い映画には違いない(第50作の公開は2019年)。で

㊤右が講談社から隔週で刊行(2011〜12年)された『男はつらいよ 寅さんDVDマガジン』(全50巻)。シリーズ初のパートワークとなった。左は現在、デアゴスティーニから刊行されている『男はつらいよDVDコレクション』(全50巻/2013〜15年)。これは高画質HDリマスター版である。㊨松竹から発売されている「男はつらいよ 全50作 DVDボックス」。2019年、「男はつらいよ」50周年事業として4Kデジタル修復も行われた(次頁参照)。これはブルーレイで発売されており、ブルーレイボックスは人気が高い。

4Kデジタル修復版ブルーレイは、異次元の映像体験。映画館の空気が蘇る！

㊤「男はつらいよ」シリーズのスタート50周年事業として、平成31（2019）年に行われた4Kデジタル修復は、35㎜のオリジナルネガを精細にスキャン。1作品当たり200〜500時間以上かけて、1コマずつ傷や褪色、劣化などを補正して公開当時の状態に復元している。復元精度は上掲シーンを比較しても劇的である（画像提供／松竹）。音声もネガのサウンドトラックからダイレクトにデジタル化。これまでのDVDなどでは聞こえにくかった部分もクリアに、そして全体として深く厚みのある音声となった。㊧この4Kデジタル修復のデータは、ブルーレイで全50巻が発売されている。掲出したのは第1作のパッケージである。

も、内容は「家族」「愛」「友情」といった普遍的なテーマに貫かれたドメスティックドラマである。ロードムービー的な側面も強いため、親しみやすく色褪せない。

すべての寅さんファンに見て欲しい4Kデジタル修復のブルーレイ映像

実際、日本だけでなくアジアやヨーロッパにも多くのファンがいて、ファン層は厚い。最近は20代、30代の新たなファンも増えているため、鑑賞するメディアもどんどん最新規格となり、映像自体も映画館上映に迫る勢いで美しくなっている。

シリーズのメディアは他の映像コンテンツと同様に、平成時代初期まではレーザーディスクやビデオテープが中心で、画質はいわゆるSD画質（ピクセル数は現在の地上波放送の5分の1以下）であった。その後、DVDやDVDのHDリマスターの時代を経て現在は、多くのファンがハイビジョン画質で見ている。古い映画だからといって、決して見にくくはないのである。

そればかりか、平成31（2019）年、シリーズ50周年記念事業として4Kデジタル

観客動員数の推移

■＝100万人以下
■＝100～200 万人
■＝200万人以上

作数	作品名	マドンナ	公開年	動員数
第１作	男はつらいよ	光本幸子	69年	543,000
第２作	続 男はつらいよ	佐藤オリエ	69年	489,000
第３作	フーテンの寅	新珠三千代	70年	526,000
第４作	新 男はつらいよ	栗原小巻	70年	485,000
第５作	望郷篇	長山藍子	70年	727,000
第６作	純情篇	若尾文子	71年	852,000
第７作	奮闘篇	榊原るみ	71年	926,000
第８作	寅次郎恋歌	池内淳子	71年	1,481,000
第９作	柴又慕情	吉永小百合	72年	1,889,000
第10作	寅次郎夢枕	八千草薫	72年	2,111,000
第11作	寅次郎忘れな草	浅丘ルリ子	73年	2,395,000
第12作	私の寅さん	岸惠子	73年	2,419,000
第13作	寅次郎恋やつれ	吉永小百合	74年	1,944,000
第14作	寅次郎子守唄	十朱幸代	74年	2,267,000
第15作	寅次郎相合い傘	浅丘ルリ子	75年	2,000,000
第16作	葛飾立志篇	樫山文枝	75年	2,131,000
第17作	寅次郎夕焼け小焼け	太地喜和子	76年	1,685,000
第18作	寅次郎純情詩集	京マチ子	76年	1,726,000
第19作	寅次郎と殿様	真野響子	77年	1,402,000
第20作	寅次郎頑張れ！	藤村志保	77年	1,881,000
第21作	寅次郎わが道をゆく	木の実ナナ	78年	1,897,000
第22作	噂の寅次郎	大原麗子	78年	1,915,000
第23作	翔んでる寅次郎	桃井かおり	79年	1,726,000
第24作	寅次郎春の夢	香川京子	79年	1,841,000
第25作	寅次郎ハイビスカスの花	浅丘ルリ子	80年	2,063,000
第26作	寅次郎かもめ歌	伊藤蘭	80年	1,889,000
第27作	浪花の恋の寅次郎	松坂慶子	81年	1,821,000
第28作	寅次郎紙風船	音無美紀子	81年	1,448,000
第29作	寅次郎あじさいの恋	いしだあゆみ	82年	1,393,000
第30作	花も嵐も寅次郎	田中裕子	82年	2,282,000
第31作	旅と女と寅次郎	都はるみ	83年	1,511,000
第32作	口笛を吹く寅次郎	竹下景子	83年	1,489,000
第33作	夜霧にむせぶ寅次郎	中原理恵	84年	1,379,000
第34作	寅次郎真実一路	大原麗子	84年	1,448,000
第35作	寅次郎恋愛塾	樋口可南子	85年	1,379,000
第36作	柴又より愛をこめて	栗原小巻	85年	1,407,000
第37作	幸福の青い鳥	志穂美悦子	86年	1,511,000
第38作	知床慕情	竹下景子	87年	2,074,000
第39作	寅次郎物語	秋吉久美子	87年	1,434,000
第40作	寅次郎サラダ記念日	三田佳子	88年	1,822,000
第41作	寅次郎心の旅路	竹下景子	89年	1,852,000
第42作	ぼくの伯父さん	檀ふみ／後藤久美子	89年	1,900,000
第43作	寅次郎の休日	夏木マリ／後藤久美子	90年	2,083,000
第44作	寅次郎の告白	吉田日出子／後藤久美子	91年	2,100,000
第45作	寅次郎の青春	風吹ジュン／後藤久美子	92年	2,000,000
第46作	寅次郎の縁談	松坂慶子	93年	2,162,000
第47作	拝啓車寅次郎様	かたせ梨乃	94年	2,176,000
第48作	寅次郎紅の花	浅丘ルリ子／後藤久美子	95年	1,700,000

（動員数 目盛：50　100　150　200　250万人）

※第49作および第50作は未発表です。データは松竹映画「男はつらいよ」公式サイトの作品一覧内の数字に基づいています。

修復が行われ（043頁参照）、映画館に準じるクォリティーのブルーレイが発売されている。さらに2024（令和6）年〜2025（同7）年の55周年記念事業（「男はつらいよ」Go! Go! 寅さんプロジェクト）に際しては、4KUHD画質のブルーレイも発売していくという（2024年12月に第1作をリリース）。

筆者も4Kデジタル修復のブルーレイを鑑賞したが、これまでのDVDベースの映像とは異次元の世界。別物と言ってもいいくらいで驚いた。画面は密度や透明度が増した感じで、しっとりとした情感さえ漂う。音もクリアで、響きに厚みが加った。音というより音像という感じである。

「男はつらいよ」シリーズは何回も何回も繰り返して見たくなる

もちろん「男はつらいよ」シリーズはアマゾンプライムのレンタルやCS、BSでも鑑賞できるが（2024年10月からBSテレ東「土曜は寅さん！ 4Kでらっくす」が放映中）、やはりファンとしては、しっかりディスクで持っていたい。

最初に見るなら、やはりすべてのエッセンスが盛り込まれた第1作を

2024年末、第1作の4K UHD版はきれいだぜ

この点、お得感があるのは、デアゴスティーニから発売されている隔週刊のパートワーク『男はつらいよDVDコレクション』である（高画質HDリマスター版）。毎号付いているマガジンも丁寧に編集されていて、「男はつらいよ」の世界をしっかりと深めることができる（2023年8月創刊）。十数年前に発行された講談社『男はつらいよ 寅さんDVDマガジン』も、アマゾンなどで買えるが、いかんせんDVD画質である。今、集めるのなら4Kデジタル修復のブルーレイでないと絶対に後悔するだろう。

なぜならば、「男はつらいよ」は何回も繰り返して鑑賞したくなるシリーズで、1回見て終わりというコンテンツではないか

第28作「寅次郎紙風船」（1981年）撮影時の記念スナップ。マドンナは音無美紀子《おとなしみきこ》で、天衣無縫のフーテン娘を岸本加世子《きしもとかよこ》が好演した。中村《なかむら》はやとに替わり、第27作「浪花の恋の寅次郎」から満男役となった吉岡秀隆《よしおかひでたか》は、おおむね小学生中学年の設定である。

らだ。筆者も見るたびに新しい発見があり、10回以上繰り返して鑑賞している作品が多い。それに渥美清の顔芸を見たり、語りを聞くなら高精細な映像とクリアな音はマストである。この顔芸と語りは不可分の存在で、4Kデジタル修復版で鑑賞すると、微妙な表情の変化を伴うモノローグには、さらなる〝高み〟が感じられる。DVDでは絶対に感得できない〝領域〟である。

マドンナの役柄が同一の作は連続して見ることをお勧めしたい

では、シリーズに馴染みのなかった人は、何から見始めたらいいのか――。端的言えば、「寅さん見るのにルールはいらない」ということになるが、筆者は最初に見るなら第1作と考えている。なぜならば、第1作には第50作まで通貫する寅さん世界の基本的要素がバランス良く配分されているからだ。ほぼ同じキャスティング、同じ舞台で物語が進行していくので、この基本的要素さえ飲み込めば、各作にも容易に没入できるだろう。

次は見る順番である。必ずしも最初から

熱心な「男はつらいよ」ファンたちは、渥美清の「芸」を鑑賞するために見続ける

順番に鑑賞する必要はないが、リリー（マドンナの浅丘《あさおか》ルリ子／第11作・第15作・第25作・第48作から第50作）、歌子《うたこ》（マドンナの吉永小百合《よしながさゆり》／第9作・第13作）が登場する作。それに満男《みつお》と泉《いずみ》の物語が主軸となる第42作以降は、ストーリーに多少の関連性があるので公開順に見たほうがベター。他作はストーリーが完全に1話完結なので、ランダムに見ても十分楽しめる。

ただし可能ならば、第1作から第8作、第9作から第25作、第26作から第41作、第42作から第49作という〝大まかな区切り〟を意識しながら見ていき、一番最後に第50作と向き合って欲しい。〝大まかな区切り〟と述べたのは、筆者の漠とした感覚ではあるが、それぞれに時代感の差のようなものが感じられるからだ。

贔屓にしているマドンナやゲストの出演作から鑑賞してもいい

もう一つ。044ページに掲出した「観客動員数の推移」を頭に入れておくといい。もちろん動員数は、作品の質とはあまり関係がない。しかし、動員数の多い作品からは、当時の映画館の熱量を感じることができる。第7作まで動員数が少ないのは、まだまだ認知度が低かったためだろう。それが第8作、第9作あたりから急激に伸び、第12作でピークに達する。「男はつらいよ」を上映するこの時代の映画館の空気は、同時代で体験しているのでよく分かる。「何をやらかしてくれるのか」という寅さんへの期待感は半端なものではなかった。そういう意味で動員数は目安になるのである。

また、贔屓《ひいき》のマドンナやゲストが出演している作品から見るのも手である。「観客動員数の推移」を見ると、中期作では第30作が突出している。人気の沢田研二が重要な役を演じているからだ。さらにマニアックになるが、出会いや別れ、お茶の間シーン、寅さんのアリアなど、ハイライトを部分鑑賞しても楽しい。繰り返しになるが、寅さんを見るのにルールはいらないのである。「男はつらいよ」の世界にのめり込んでいくと、物語よりも「渥美清を楽しむ」という感覚になっていく。同じ落語を何回も聞けるのは、そこに「芸」があるからでこれは寅さんも同じ。極論すれば、ファンは喜劇役者、渥美清の「芸」を鑑賞するために見続けるのである。

次ページから104ページまで、全50作の「あらすじ」「見どころ」「上映データ」などをまとめました。ご参照ください。

全作品完全ガイド
01▶09

スクリーンにこの男が登場すると、エキセントリックな行動に客席は響《どよ》めき、笑いの渦が広がった

①「あらすじ」「見どころ」「上映データ」の順で記載しています。
②「上映データ」では、「笑撃度」「郷愁度」「鉄分度」「幸福度」「昭和・平成度」（公開年に準じる）を五つ星で示しました。さらにマドンナの寅さんに対する「気持ち」をチャート化。以下の5項目について計量化しています。
・恋人→一緒に暮らしたい存在
・友人→気兼ねがいらない存在
・兄さん→兄のように慕える存在
・保護者→包容力のある頼れる存在
・相談役→導きを与えてくれる存在
これらは筆者の主観に基づくもので、作品評価を示すものではありません。
③歴代動員数は数字が公開されている第48作までの順位です（同順もあり）。
④「キネ旬」項目は、『キネマ旬報』の年間ベストテン順位です。
⑤青囲み部分は筆者の所感。「見どころ」も筆者の主観によります。
⑥ポスター横の「主な舞台」は、柴又以外の舞台。松竹の「男はつらいよ」HPより順不同で収載しました。

主な舞台＝とげぬき地蔵／天橋立／奈良公園／東大寺／水元公園／法隆寺／蒲田西口本通り（順不同）

1 男はつらいよ……………1969

あらすじ

◉20年ぶりに再会した兄と妹

人騒がせな男が葛飾柴又に帰ってきた。20年前に父親にぶん殴られて、家出していた車寅次郎である。生業《なりわい》は香具師《やし》。旅暮らしのフーテン男だ。

すでに両親・兄共に亡く、腹違いの妹・さくらは、帝釈天《たいしゃくてん》（帝《たい》釈天題経寺《しゃくてんだいきょうじ》）門前の団子屋「とらや」を切り盛りするおいちゃんとおばちゃんに育てられた。今では立派なOLに成長している。

戻ってきた寅さんが長《なが》の無沙汰をわびて宴となると、そこにさくらが登場。最初は「この人誰なの？」と怖がるが、兄だと分かると手を取り合って喜んだ。

◉さくらの縁談をぶち壊す

その後、家でおとなしくしていたが、さくらの見合いで馬脚を現した。ホテルニューオータニで行われた見合いの席上、「〈櫻〉っていう字が面白うござんしてね。木偏に貝二つでしょ。それに女です

「おにいちゃん?」「そうよ、おにいちゃんよ」「生きてたの?」「うん」「おにいちゃん!」「さくら、苦労をかけたな」。感動的な再会シーンである。

から。2階（貝）の女が木（気）にかかると、こう読める」「これ（さくら）と俺とは種違い。やぁ、違う腹違い」などと下世話なネタを披露。縁談を台無しにして、大げんかの末に旅に出る。

傷心の寅さんが奈良で売《ばい》をしていると、幼なじみの冬子《ふゆこ》（マドンナの光本幸子《みつもとさちこ》）と出会い、その美しさに一目ぼれ。冬子は題経寺の娘で、御前様と観光旅行をしていたのである。ほれた男に見境はない。奈良や斑鳩《いかるが》で寺を案内し、意気揚々と柴又に帰った。すると、隣の朝日印刷に勤める諏訪博が何とも怪しい。

◉博の恋のキューピッドとなる

どうやらさくらに恋しているようだ。怒り心頭に発した寅さんは、「あいつは大学出のサラリーマンと結婚させるんだい。てめえらみたいな菜っ葉服には、高嶺の花だい」と猛攻撃。対決姿勢を見せるが、博の一途な気持ちに打たれ、二人の仲を取り持った。

かくしてさくらと博は、めでたく結婚。だが、寅さんの恋は終わった。すでに冬子には、結婚を約束した人がいたのである。

義絶に近かった博の父母（父は志村喬《しむらたかし》が演じる颷一《ひょういち》郎《ろう》）も出席した柴又の老舗料理屋・川甚《かわじん》（2021年閉店）での結婚式。颷一郎の挨拶が涙を誘った。

> 寅さんは奇天烈で乱暴な人物として描かれ、言葉遣いも激しい。義に生きるテキ屋系ヤクザという感じ。でも、それが初期作の魅力である。

見どころ

①着ているのは、寅さんの代名詞である窓枠格子柄のベージュのダブルではない。グレーのシングルで、奈良ではブルゾン風の上着を軽く引っ掛けていた。

②見合いのシーン。寅さんのさがない言動で場が白けていく。相手の両親もげんなり。恥ずかしさのあまり、さくらは顔が上げられなくなってしまった。

③とげぬき地蔵での啖呵売。鬼気迫る圧巻の迫力である。

④さくらと博の結婚式。「私は無力な親だった…。博の結婚によって私たち夫婦の冬も終わった」と語る博の父・颷一郎《ひょういちろう》（志村喬《しむらたかし》）。涙を誘う挨拶で、名演が心に響く。

⑤大井でオートを観戦し、蒲田で焼き鳥を食べて、寅さんと冬子がデートする。冬子を寺に送り届けた夜、寅さんがスキップしながら歌うのが、「♪浪花節だと笑っておくれ～」でお馴染みの「喧嘩辰」である。

上映データ

笑撃度＝★★★★★
郷愁度＝★★★★★
鉄分度＝★☆☆☆☆
幸福度＝★★★☆☆
昭和度＝★★★★★

観客動員数｜543,000人
シリーズ歴代動員数45位
キネ旬6位

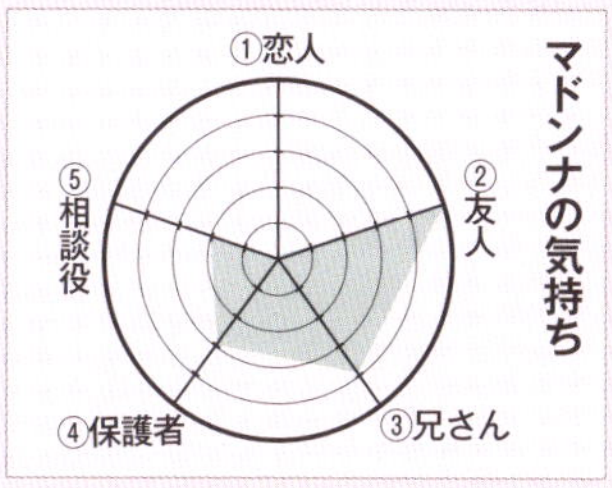

封切り日	1969（昭和44）年8月27日
上映時間	91分
マドンナ	光本幸子
ゲスト	志村喬、津坂匡章（現・秋野太作）、関敬六
ロケ地	奈良県奈良市、奈良県斑鳩町、京都府宮津市など

② 続 男はつらいよ……1969

主な舞台＝三条大橋／京都市内各所／柘植駅（順不同）

あらすじ

◉寅さんを心配する坪内親子

柴又に立ち寄った寅さん。葛飾商業高校の恩師・坪内散歩先生《つぼうちさんぽ》（東野英治郎《とうのえいじろう》）の自宅に立ち寄る。散歩先生は娘・夏子《なつこ》（マドンナの佐藤《さとう》オリエ）とともに歓待し、酒盛りが始まった。夏子は幼少時に寅さんと面識があり、旧交を温め合ったのである。

しかし宴のさなか、寅さんは胃痙攣《けいれん》で病院に運ばれて入院。病状が軽かったことから病院を抜け出し、舎弟の登と一緒に飲み屋ののれんをくぐるも、手元不如意で警察のお世話に。身請け人のさくらに迷惑をかけた寅さんは、留置場で頭を冷やして旅に出た。

向かった先は京都。実は寅さんの生母が京都で旅館を経営していたのである。ある日、渡月橋で売《ばい》をしていると、観光中の散歩先生親子と再会する。昼食中、先生は「おまえには額に汗して労働することの尊さが分からんのか！　正業に就きなさい。おまえはね、人並み以上の身体と人並みに近い頭をもっとる」と諭し、生母に会うことも勧めた。

◉生母に会って心が傷つく

重い腰を上げた寅さんは、夏子に付き添われて生母・菊《きく》（ミヤコ蝶々《ちょうちょう》）に会いに行く。生き別れた母との再会に胸躍らせた寅さんだが、ラブホテルを経営している菊から「金の無心か」と悪態をつかれ、心が傷つく。これをなぐさめたのが夏子で、寅さんの心はその優しさにほだされた。

柴又に舞い戻った寅さん。夏子への思いは募るばかり。すっかりのぼせ上がって夏子の家に入り浸る。しかし、散歩先生には死期が迫っていた。病床に伏した先生は「天然のナチュラルなウナギが食いたいんだ。江戸川で釣れんかね」。かく言う散歩先生のために、江戸川でウナギを釣った寅さんだったが、戻ると先生は帰らぬ人となっていた。

夏子は寅さんの入院が縁で、医師と恋仲となり、それを知った寅さんは、また旅に出た。

> 初期作で源公は、しばしば寅さんと旅をする。サクラがその役目だが、掛け合いが面白く、サクラ役のぎこちない演技も大好きである。

見どころ

①東野英治郎と佐藤オリエは、テレビ版「男はつらいよ」のメインキャスト。のち、定番となる冒頭の夢のシーンが、この作品で初めて登場する。

②生母との出会いのシーン。悪態をついた菊であったが、寅さんと夏子が去ったあと、泣きながら「何しに来やった、あのアホほんまに…」とつぶやいた。菊は第7作「奮闘篇」(1971年)にも登場する。

③夏子と一緒に柴又に帰った後、どうにか落ち着いた寅さん。「ただの一度でいい。この口に出して、お母さーんと呼んでみたかったんだよ」などと、朝日印刷の工員たちに京都の顛末を講談調で語っていると、夏子がやってきた。すると一気に夏子モードに態度が豹変《ひょうへん》する。毎度のことだが、その落差は寅さんならではである。

④ラストシーン。けんか別れしたはずの寅さんと菊。肩を並べて京都の三条大橋を渡る姿があった。軽口をたたき合い、仲の良い親子のようである。橋の袂《たもと》では、京都旅行中の夏子夫婦が見守っていた。

寅さんと登は無銭飲食と暴行の疑いで警察に。さくらが身請人となったが、寅さんはすぐには釈放されなかった。手錠を掛けられている珍しいシーンである。

上映データ

笑撃度＝★★★★☆
郷愁度＝★★★★☆
鉄分度＝★☆☆☆☆
幸福度＝★★★★☆
昭和度＝★★★★★

観客動員数｜489,000人
シリーズ歴代動員数47位
キネ旬9位

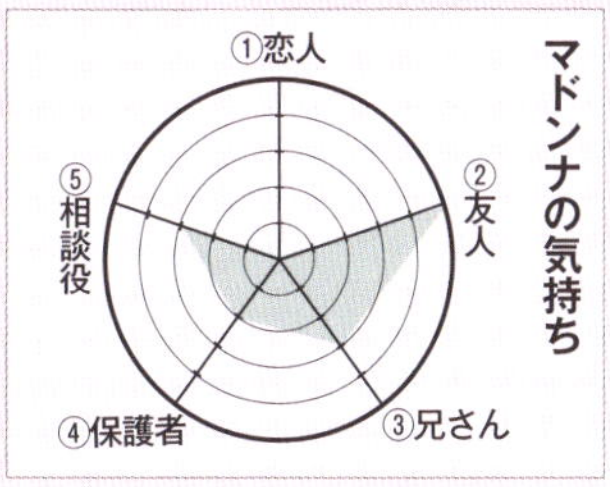

封切り日	1969（昭和44）年11月15日
上映時間	93分
マドンナ	佐藤オリエ
ゲスト	東野英治郎、ミヤコ蝶々、山崎努、風見章子
ロケ地	三重県伊賀市、京都府京都市など

3 フーテンの寅……1970

主な舞台＝四日市市コンビナート／奈良井宿／御在所ロープウェイ／湯の山温泉／霧島神宮（順不同）

あらすじ

●世話好きの寅さんパワーが爆発

寅さんが見合いに臨んだ。柴又に戻った寅さんに、タコ社長の仲介で話が舞い込んだのである。相手は料亭の仲居(春《はる》川《かわ》ますみ)。なかなかの苦労人で、釣り合いの取れた相手だ。おいちゃん、おばちゃんは、うまく運んだらこれで寅さんも落ち着くか、と胸をなで下ろした。

ところが相手は寅さんの旧知で、別居中の夫の子を宿していたから大騒動となる。結局、世話好きの寅さんが二人の仲を取り持ち、大宴会を開いてめでた

4 新 男はつらいよ……1970

主な舞台＝中京競馬場／川崎大師／由布岳／羽田空港／道志村（順不同）

あらすじ

●園児とお遊戯に興じる寅さん

寅さんが名古屋競馬で大穴を当て、おいちゃん夫婦をハワイに連れて行くことにした。だが、旅行会社の社長に金を持ち逃げされてしまう。いったんは羽田に行ったものの外聞が悪いと、飛び立ったふりをして家に潜んだ。間が悪いことに、そこに泥棒（財津《ざいつ》一郎《いちろう》）が侵入。秘密を知られた寅さんは追い銭を渡して放免するが、町中の知るところとなる。

居たたまれずに旅に出た寅さんが「とらや」に戻ると、2階には題経寺が経営するルンビニー幼稚しとなるが、費用は「とらや」の負担。おいちゃんとおばちゃんは激高し、寅さんは旅に出る。

しばらくして、おいちゃん夫婦が湯の山温泉に骨休めに行くと、顔を出したのは番頭姿の寅さん！　周囲に聞けば、旅館の女将・志津《しづ》（マドンナの新珠三千代《あらたまみちよ》）にほれて番頭になったらしい。志津のために獅子奮迅《ししふんじん》の働きをし、志津の弟・信夫《のぶお》（河原崎建三《かわらさきけんぞう》）と芸者の染奴《そめやっこ》（香山美子《かやまよしこ》）が恋仲と知ると仲立ちも。だが、志津には意中の人がいた。

> 寅さんの納所坊主《なっしょぼうず》（第32作）もらしいが、旅館の番頭姿は完全に板に付いている。

見どころ

①本作は喜劇映画に定評ある森《もり》﨑東《さきあずま》が監督。社会派風の映像と、ラストで無頼を気取る寅さんが印象に残る。

②見合いの席上、黒スーツにネクタイ姿を披露。トレードマークのスーツの色もいくぶんか濃い。トレンチコートに白いスカーフを巻いた姿も粋である。

③「とらや」の茶の間。寅さんが理想の女性像を語るアリア。

④志津に語る「テレビ配線インテリ論」は、東大の入試問題となった。また、信夫に指南する「炬燵《こたつ》の恋」理論も秀逸。

上映データ

笑撃度＝★★★★★
郷愁度＝★★★☆☆
鉄分度＝★☆☆☆☆
幸福度＝★★★★☆
昭和度＝★★★★☆

観客動員数｜526,000人
シリーズ歴代動員数46位

マドンナの気持ち

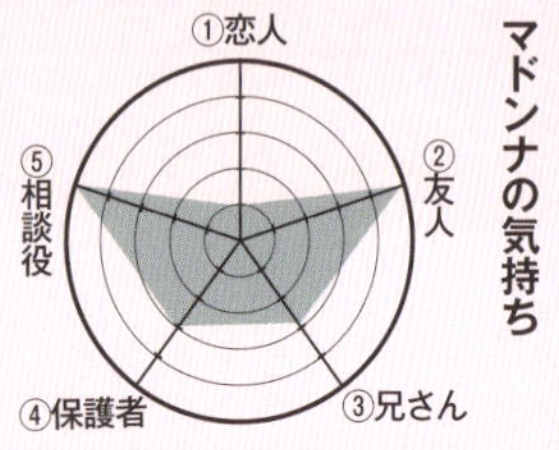

封切り日	1970（昭和45）年1月15日
上映時間	89分
マドンナ	新珠三千代
ゲスト	香山美子、河原崎建三、花沢徳衛、春川ますみ、左卜全
ロケ地	三重県菰野町、長野県塩尻市、三重県四日市市など

園の春子《はるこ》先生（マドンナの栗原小《くりはらこ》巻《まき》）が下宿していた。たちまち春子に熱を上げた寅さんは、春子が勤める幼稚園に通い、園児とお遊戯に興じる。が、彼の恋はまたも成就しないのであった。

次項②が大爆笑。森川信のセリフが効いている。

見どころ

①テレビ版の演出家・小林俊一《こばやししゅんいち》が監督した作品。アバンタイトルのモノローグは、東大の入試問題となった。

②園児気分の寅さん。「♪春が来た、春が来た〜」と高らかに歌いながら「とらや」へ帰ってくる。するとおいちゃん、「てめえの頭ん中に来たんじゃねえのか」。爆笑もの反応である。

③オープニングのバスと最後の鉄道シーン。一種のユートピアを感じるのは筆者だけだろうか。

春子《はるこ》が勤めるルンビニー幼稚園に入りびたりとなる寅さん。紙の兜を被ってごきげんである。

上映データ

笑撃度＝★★★★★
郷愁度＝★★★★☆
鉄分度＝★★★☆☆
幸福度＝★★★★☆
昭和度＝★★★★☆

マドンナの気持ち

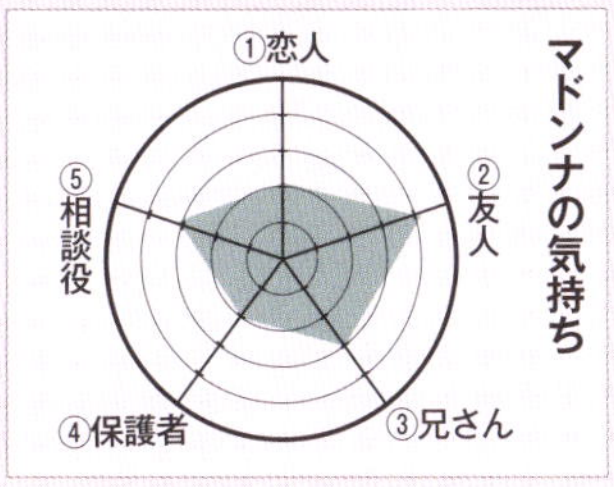

観客動員数｜485,000人
シリーズ歴代動員数48位

封切り日	1970（昭和45）年2月27日
上映時間	92分
マドンナ	栗原小巻
ゲスト	横内正、三島雅夫、財津一郎、佐山俊二、浜村純
ロケ地	愛知県名古屋市、神奈川県川崎市、東京都大田区など

5 望郷篇 1970

主な舞台＝札幌市内各所／小樽築港機関区／銀山駅／小沢駅／朝里海水浴場／浦安市内各所（順不同）

あらすじ

◉ハイライトはSL追跡シーン

寅さんはかつて世話になった政《まさ》吉《きち》親分（木田三千雄《きだみちお》）が危篤と聞き、舎弟の登とともに札幌へ。末期《まつご》の親分は、妾《めかけ》に産ませた息子に会いたいと懇願。やっとのことで探し当てた息子（松山政路《まつやませいじ》／出演時は省二）は、小樽築港《おたるちっこう》機関区《きかんく》の機関士だった。

ところが、「僕に父親はいません」とけんもほろろの応対で、D51形蒸気機関車に牽引された貨物に乗務して去ってしまった。寅さんらはタクシーで列車を追い越し、函館本線銀山《ぎんざん》駅で待ち構えたが、列車はそのまま素通り。さらに追いかけて小沢《こざわ》駅でようやくつかまえた。しかし、息子は父親との対面を拒む。聞けば確かにひどい親父で、息子の言い分もむべなるかなであった。

その後、親分の訃報に接した寅さんは、浮き草暮らしのむなしさに気づき、堅気の道を歩もうと柴又で職を探した。だが、職探しはうまくいかない。地に足が付かない男を雇う職場は、なかなかないのである。

豆腐屋の娘・節子《せつこ》にほれた寅さんは、住み込みで働くようになった。そこには夕食時、アロハ姿の寅さんがいた。

◉寅さんは油まみれで働いた

失意の寅さんが川舟で寝ていると、江戸川河口の浦安へ流されてしまい、そこで豆腐屋に働き口を見つける。探していた油まみれの労働だったが、一人娘の節《せつ》子《こ》(マドンナの長山藍子《ながやまあいこ》)にぞっこんとなる。しかし、彼女には国鉄の機関区で働く実直な男(井《い》川比佐志《がわひさし》)がいた。これを知った寅さんは豆腐屋から去って行く。

> 寅さんの移動手段は鉄道かバス、歩きである。金欠なので、利用する鉄道はほぼ鈍行《どんこう》列車だ。本作は懐かしい鉄道シーンがてんこ盛りの作品で、鉄道ファンの間で評価が高い。筆者の知る限り、鉄ちゃんはおおむね寅さんファンである。

見どころ

①北海道・小樽築港機関区〜函

そんな男が親父なものか! 僕は会いたくありません。
実の父親だろう？ 会ってやれよ。後悔するぜ
小沢《こざわ》駅で親分の息子に追いついた寅さん。機関車の給水中に「親父に会いに行け」と説得するが…。

館本線の銀山《ぎんざん》駅～小沢《こざわ》駅。通称「山線《やません》」をSLが疾駆する。②北海道の宿屋で登に堅気になれと諭す。第1作の上野駅など、何度も登に説教してきたが、本作は特に熱く激しい。③「労働をしてくるからな」「地道な暮らしっていうのはいいな」とつなぎを着て、出かける寅さん。その決めポーズが最高。

上映データ

笑撃度＝★★★★★
郷愁度＝★★★☆☆
鉄分度＝★★★★★
幸福度＝★★★★☆
昭和度＝★★★☆☆

観客動員数｜727,000人
シリーズ歴代動員数44位
キネ旬8位

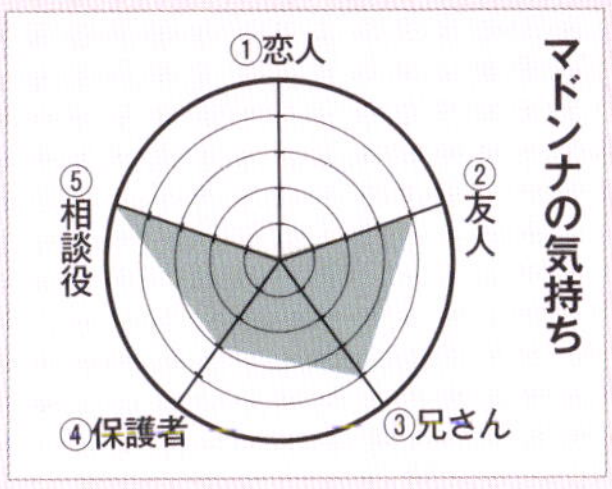

封切り日	1970（昭和45）年8月26日
上映時間	88分（シリーズ最短作品）
マドンナ	長山藍子
ゲスト	井川比佐志、松山省二、杉山とく子
ロケ地	北海道札幌市、北海道小樽市、千葉県浦安市など

6 純情篇 1971

主な舞台＝成田山横浜別院／猪鼻湖神社／福江島／長崎港（順不同）

あらすじ

◉絶妙に絡む博の独立話

長崎港。赤ん坊連れの絹代《きぬよ》（宮本信子《みやもとのぶこ》）は出戻りの女性で、宿賃もなく途方に暮れていた。彼女にさくらの面影を見た寅さんは、一夜の宿賃を貸した。彼女は疲れた様子だったが、心に一途なものを感じさせる芯の強そうな女性だった。五島列島に帰郷する彼女に同行した寅さん。絹代とその父（森繁久彌《もりしげひさや》）のしみじみとした話を聞いているうちに、里心がついて柴又に帰る。

しかし、「とらや」では、おばちゃんの遠縁にあたる夕子《ゆうこ》（マドンナの若尾文子《わかおあやこ》）が、夫と別居して間借りしていた。寅さんは部屋が貸されていることに憤慨して再び旅に出ようとしたが、夕子が和服の美人と知って態度が豹変。怒りも忘れて、たちまち夕子に熱を上げる。しかし、小説家である夕子の夫が迎えに来て、恋は不発に終わった。

本作では博の独立話が横糸で絡む。辞められては困るタコ社長は、寅さんに仲介役をお願いした。当然ながら話は滅茶苦茶となる。そのすれ違いが面白い。

見どころ

①タコ社長の家族シーンがある。まだ小さい四人の子供と奥さん（水木涼子《みずきりょうこ》）が登場。奥さんは他に第1作、第2作、第33作に登場するが、つましい暮らしぶりがよく分かるのが本作（声のみの出演作もある）。

②朝日印刷での寅さんと博の会話。「心理学の言葉ですがね」「何だいしんりがきって」「そういう学問なんです」「ばかやろう、真面目に話してるときに英語なんか使うんじゃないよ」。

③夕子と出会ったときの豹変ぶり。マドンナと出会う前後で、「とらや」一家に対する寅さんの態度は真逆となる。

上映データ

笑撃度＝★★★★☆
郷愁度＝★★★★☆
鉄分度＝★★☆☆☆
幸福度＝★★★☆☆
昭和度＝★★★☆☆

観客動員数｜852,000人
シリーズ歴代動員数43位

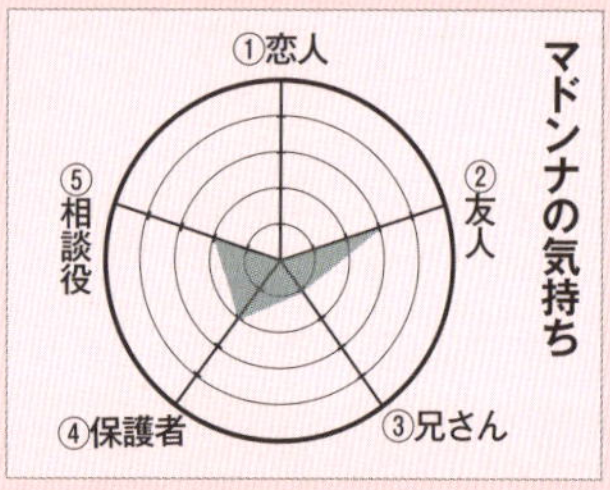

封切り日	1971(昭和46)年1月15日
上映時間	89分
マドンナ	若尾文子
ゲスト	森繁久彌、宮本信子、水木涼子
ロケ地	長崎県五島市、神奈川県横浜市、静岡県浜松市など

7 奮闘篇 ……1971

主な舞台＝富士市内各所／岩木山／沼津市内各所／越後広瀬駅／驫木駅(順不同)

あらすじ

◉帝国ホテルではしゃぐ寅さん

生母の菊《きく》(ミヤコ蝶々《ちょうちょう》)が、柴又にやってきた。あいにく寅さんは旅の空。菊は「帝国ホテルに宿泊していると寅に伝えてくれ」と伝言を残して去る。数時間遅れで寅さんが帰るが、会いたくないと意地を張る。さくらの説得でようやく腰を上げたが、ホテルの豪華な部屋や備品にはしゃぐばかりで菊の話は馬耳東風。ついに親子ゲンカとなり、旅へ。

寅さんは、沼津市のラーメン屋で少女と知り合う。青森県から出てきた花子《はなこ》(マドンナの榊原《さかきばら》るみ)だった。なにやら訳ありの様子。困っている人を見過ごせないのが寅さんだ。駅まで見送った別れ際、迷子札代わりに「とらや」の住所を書いて渡した。

◉「寅ちゃんの嫁っこになるかな」

しばらくして柴又に戻った寅さんは、「とらや」にいる花子にびっくり。花子は店を手伝ううちに、寅さんに懐いてしまう。さすがに最初は花子を恋愛相手とは

最初は花子《はなこ》に同情していた寅さんだったが、次第に「女性」を意識するようになる。

見ていない。だが、無邪気な花子が「私、寅ちゃんの嫁っ子になるかな」と言い出すと、毎度の病気が出てしまう。
　それから数日後、花子の身元引受人の福士《ふくし》先生（田中邦衛《たなかくにえ》）が訪ねて来て、青森へ連れ帰ってしまった。すると寅さんは、置き手紙を残して家を出た。文面に不安を感じたさくらは、寅さんを探しに青森の深浦町を目指す。

　差別用語に近い物言いもするが、言葉からは蔑みのニュアンスは感じられない。そこは寅さん、さすがなのである。

見どころ

①沼津駅前のラーメン屋シーン。店主を演じた5代目・柳家小さんの語りは、さすがである。

②寅さんの生母・菊が柴又にやってきた。第2作以来、2度目の登場である。

③ちょび髭を生やし、サングラスをかけた怪しい男が、帝釈天の参道で赤電話をかけている。寅さんの変装姿である。「今、ちょっと旅先だ」と偽って「とらや」に花子がきていないか探っているのだが、さくらたちは、すべてお見通し。

④五能《ごのう》線驫木《とどろき》駅で下車するさくら。日本海の渺茫《びょうぼう》とした風景とひなびた駅舎が旅情を誘う。

上映データ

笑撃度＝★★★☆☆
郷愁度＝★★★★☆
鉄分度＝★★★★★
幸福度＝★★★★☆
昭和度＝★★★★☆

観客動員数｜926,000人
シリーズ歴代動員数42位

マドンナの気持ち

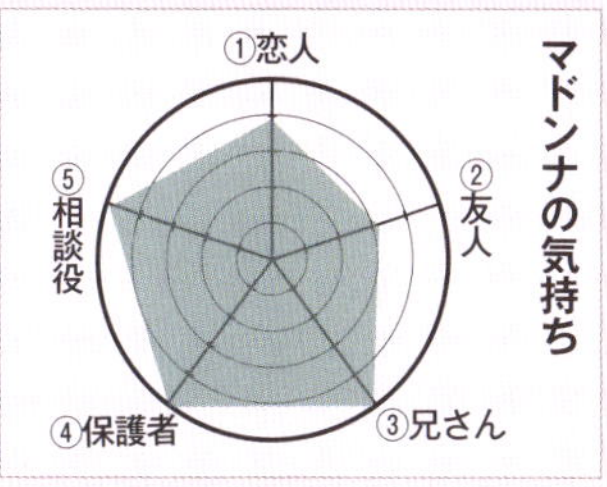

封切り日	1971（昭和46）年4月28日
上映時間	92分
マドンナ	榊原るみ
ゲスト	田中邦衛、柳家小さん、ミヤコ蝶々、光本幸子
ロケ地	静岡県沼津市、静岡県富士市、青森県鰺ヶ沢町ほなど

8 寅次郎恋歌 ……1971

あらすじ

◉馬が合った寅さんと飈一郎

　博の母が危篤。さくらと博はすぐに岡山県高梁《たかはし》市の実家へ向かったが、すでに帰らぬ人となっていた。葬式の日、おいちゃんから話を聞いた寅さんが現れた。たまたま岡山で売《ばい》をしていたという。
　さすが寅さんと言いたいところだが、葬式では失笑を買う。墓を前にした集合撮影でカメラを渡されると、思わず「ハイ、笑って」。しまったと思い今度は「ハイ、泣いて」。一同凍り付き、博の兄たちは怒り出してしまった。皆が帰ったあと、博の父・飈一《ひょういち》

主な舞台＝備中高梁駅／寿覚院／甲斐駒ケ岳（順不同）

郎《ろう》(志村喬《しむらたかし》)を慰める寅さん。妙に馬が合う二人なのである。研究一筋に歩んできた父親は、「庭先に咲いたリンドウの花」を引き合いに寅さんの生き方を諭す。

それは「家族団欒の内にこそ幸福がある」というもの。心を動かされた寅さんは、柴又に帰ってその言葉を受け売りする。だが、舌の根も乾かぬうちに、喫茶店の経営者・貴子《たかこ》(マドンナの池内淳子《いけうちじゅんこ》)にのぼせ上がる。貴子の子供からも慕われ、家族団欒を夢みるが、しょせんは根無し草。彼女から「一緒に旅ができたら…」と愛を告白されたものの、自ら身を引いた。

貴子は寅さんにほれた最初の女性。「守りたい」と〝父性本能〟をくすぐられる池内淳子の演技が素晴らしい。

見どころ

①森川信のおいちゃん役はこれが最後(森川は1972年没)。

②葬儀シーン。寅さんのトンチンカンぶりは、破壊的である。

③飈一郎の「庭先に咲いたリンドウの花」説諭。寅さんは飈一郎を尊敬し、飈一郎も寅さんの存在意義を認めていた。

④終盤の貴子との別れのシーン。二人の感情が静かに交錯。シリーズ随一の名シーンである。

上映データ

笑撃度=★★★★☆
郷愁度=★★★★★
鉄分度=★☆☆☆☆
幸福度=★★★★★
昭和度=★★★★☆

観客動員数 1,481,000人
シリーズ歴代動員数33位
キネ旬8位

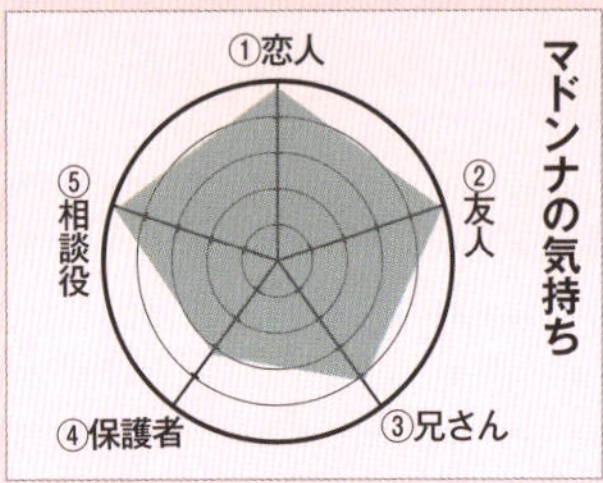

封切り日	1971(昭和46)年12月29日
上映時間	114分
マドンナ	池内淳子
ゲスト	志村喬、梅野泰靖、穂積隆信、吉田義夫、岡本茉利
ロケ地	岡山県高梁市、山梨県北杜市など

9 柴又慕情 1972

主な舞台=京善駅/兼六園/東古市駅/東尋坊/永平寺/犀川/金平駅/高蔵寺町(順不同)

あらすじ

●「貸間あり」の札にショック

寅さんは尾小屋《おごや》鉄道(1977年廃止)の金平《かなひら》駅で目を覚ます。慌てて車両に乗り込むと、デッキにミルク缶を積んだキハ3がディーゼル音を響かせて里山に吸い込まれて行った。最初から鉄分が高いスタートである。

故郷が恋しくなった寅さんが「とらや」へ帰ると、軒先に「貸間あり」の札。おいちゃん、おばちゃんが博夫婦を援助しようと立てた計画であった。ショックだが仕方ない。居場所がないなら自分で部屋を借りようと、町へ繰り出した寅さん。飛び込んだ不動産屋に案内されたのは、何と自分の部屋だった。ここで堪忍袋の緒が切れて北陸の旅へ。

◉陰りのある歌子にほれた

その後、寅さんは福井県の京福電気鉄道永平寺線(2002年廃止)の京善《きょうぜん》駅に姿を見せる。ここで舎弟の登に邂逅《かいこう》し、どんちゃん騒ぎの翌日、古びた食堂で東京から来た3人のOLに妙な男気を発揮する。

彼女たちに豆腐田楽を振る舞うと意気投合。金沢や東尋坊などの観光地を共に巡ることになった。同道するうち寅さんは、どこか陰りのあるもの静かな歌子《うたこ》(マドンナの吉永小百合《よしながさゆり》)のことが気になりだした。

適齢期の娘たちは、ふくらむ思いを胸に北陸観光を楽しんだ。一人は間もなく結婚の予定である。

帰京後、歌子が旅の御礼を兼ねて柴又に寅さんを訪ねると、歓待された彼女は、以後、「とらや」に遊びに行くようになった。彼女の家庭の事情は複雑で、小説家の気難しい父(宮口精二《みやぐちせいじ》)との二人暮らし。歌子には言い交わした男性がいるのだが、なかなか父の許しが得られない。

そうとは知らない寅さんは、一方的に思いを募らせていくばかり。やがて結婚を父親に反対されて悩む歌子は、さくら・博夫婦に相談して結婚を決意。陶芸家の恋人と暮らすことになった。寅さんの夢は断たれたのである。

この作品は筆者が高校2年の時、初めて鑑賞した「男はつらいよ」で、あまりの面白さに数週間続けて映画館(前橋オリオン座)に通った思い出の作品。シリーズの中でも5本の指に入る名作だろう。

冒頭シーンも見逃せない。夢から覚めると、そこは昭和52(1977)年に廃線となった石川県の尾小屋鉄道・金平駅。記憶の襞《ひだ》をくすぐられる木造駅舎だ。現在、旅客を扱う軽便《けいべん》鉄道は、四日市あすなろう鉄道内部《うつべ》・八《はち》王子《おうじ》線、三岐《さんぎ》鉄道北勢《ほくせい》線、黒部峡谷《くろべきょうこく》鉄道が残るが、すべて電化。尾小屋鉄道は非電化最後の軽便鉄道であった。

見どころ

①森川信に代わり、松村達雄《まつむらたつお》のおいちゃんが登場(第13作まで)。

②「俺の在所はね、そこから西へ下ること3里、江戸川の畔、柴又よ…」。茶屋で演じられた寅さんの時代がかったアリア。

③記念撮影。寅さんは「チーズ」を言い間違えて「バター」。語音は「バッタァ〜」と延びる感じ。「バター」の初見は、第1作の御前様の発声である。

④尾小屋鉄道や京福電気鉄道永平寺線などが登場。鉄分が高い。生活路線と木造駅舎が心に染みる。第5作「望郷篇」に匹敵する鉄分濃度である。

上映データ

笑撃度＝★★★★★
郷愁度＝★★★☆☆
鉄分度＝★★★★★
幸福度＝★★★★★
昭和度＝★★★★☆

観客動員数｜1,889,000人
シリーズ歴代動員数19位(第26作と同順)
キネ旬6位

マドンナの気持ち

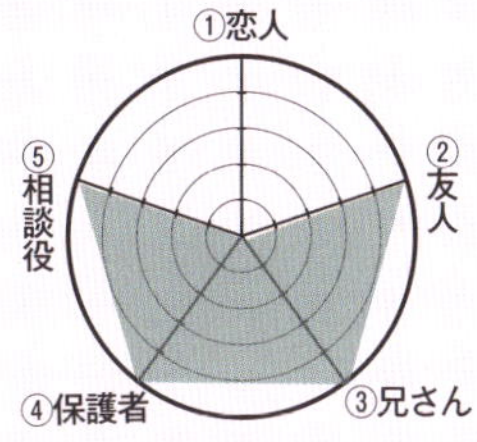

封切り日	1972(昭和47)年8月5日
上映時間	107分
マドンナ	吉永小百合
ゲスト	宮口精二、佐山俊二
ロケ地	石川県金沢市、福井県あわら市など

振られることがほとんどの寅さんだが、第10作以降、悩み多い女性の心は、その行動力・包容力にほだされていく

⑩ 寅次郎夢枕……1972

主な舞台＝亀戸天神社／唐土神社／奈良井宿／日出塩駅／明野／東京大学／清水橋（順不同）

あらすじ

◉千代は寅さんにほれていた

「おれは汚れた人間よ」と、のっけから大反省する寅さん。所帯を持って真面目にやると考えたのはいいが、縁談は難しい。業を煮やした寅さんは旅へ。

戻ると、「とらや」の2階に東大の岡倉《おかくら》助教授（米倉斉加年《よねくらまさかね》）が引っ越してきていた。インテリ嫌いの寅さん。気取ったそぶりの岡倉を「へえー。さしずめインテリか」と馬鹿にしたが、御前様の頼みとあっては仕方ない。

そこへ、美容院を開店した千代《ちよ》（マドンナの八千草薫《やちぐさかおる》）が、しばらくぶりに顔を見せた。寅さんの同級生で、離婚したと聞いて張り切り、美容院に押しかけては、かいがいしく千代の面倒をみるようになる。

ここで問題が生じた。岡倉が千代に一目ぼれしたのだ。それを

俺はいつも暇だからよ

二人は同級生。お千代坊《ちよぼう》・寅ちゃんと呼び合ううちにお互いの心に恋心が芽生えた。

察した寅さんは、千代の幸せを願い、自らは身を引いて二人の仲を取り持つことにした。

亀戸天神に誘って話を切り出すと、千代は寅さんからのプロポーズと勘違いして喜ぶ。意外な反応に及び腰になった寅さんは、おろおろするばかりであった。

初期作では幼なじみに恋することが多い。第1作の冬子、第2作の夏子、本作の千代、第12作のりつ子、第18作の綾だ。再会シーンを見ると、寅さんは幼い頃から周囲に強烈なインパクトを与えていたことが良く分かる。

見どころ

①アバンタイトルの夢から覚めると、そこは中央本線日出塩《ひでしお》駅。D51形重連が勇ましい汽笛を残して通り過ぎて行く。

②往年の大女優・田中絹代《たなかきぬよ》が特別出演。甲斐駒《かいこま》ヶ岳を望む農家で、寅さんに茶を振る舞った。

③寅さんが岡倉の思いを千代に伝えた。千代は「ずいぶん乱暴なプロポーズね、寅ちゃん」と寅さん自身のプロポーズと勘違い。そして「寅ちゃんとなら一緒に暮らしてもいいって、今ふっとそう思ったんだけど…」。思いも寄らぬ告白に、寅さんは口ごもる。

上映データ

笑撃度＝★★★★☆
郷愁度＝★★★☆☆
鉄分度＝★★★☆☆
幸福度＝★★★★★
昭和度＝★★★★☆

観客動員数｜2,111,000人
シリーズ歴代動員数8位

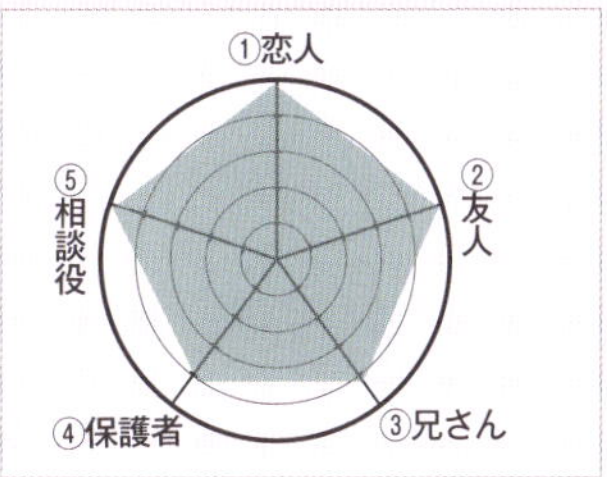

封切り日	1972（昭和47）年12月29日
上映時間	98分
マドンナ	八千草薫
ゲスト	田中絹代、米倉斉加年
ロケ地	長野県塩尻市、山梨県北杜市、東京都江東区など

11 寅次郎忘れな草 ……1973

主な舞台＝上野駅／根釧原野／浅草寺雷門前／網走市内各所／釧網本線／錦糸町駅（順不同）

あらすじ

●リリーと寅さんの〝第1話〟

ピアノが欲しいと嘆くさくらの言葉を聞いて、寅さんは表に飛び出した。なけなしの金をはたいて買ってきたのは、おもちゃのピアノである。おもちゃしか思いつかない寅さんを気遣う「とらや」一家。そこに現れたタコ社長の遠慮ない言葉が引き金となって、傷ついた寅さんは家を出た。

行き先は北海道。網走《あばしり》へ向かう夜汽車に乗っていると、派手な身なりの女が席で涙を流しているのを見かける。それがリリー（マドンナの浅丘《あさおか》ルリ子）だった。

翌朝、網走川河口の橋で寅さんがレコードの売《ばい》をしていると、リリーが声を掛けてきた。互いに浮き草暮らしであることを知ると、その場で意気投合。

「流れ流れの渡り鳥か…」と、橋から港に移動しながらこれまでの境涯を振り返る。名を告げて分かれた寅さんは、地道な暮らしを心に期した。

◉家庭の温かさに触れたリリー

一念発起した寅さんは、道内の職安で紹介された網走郊外の酪農家で働くことに。だが、労働の過酷さに3日ともたずにギブアップ。柴又に助けを求めると、さくらが疲労困憊した寅さんをを引き取りにきた。

やがて柴又に戻った寅さんの元へリリーが訪ねて来る。歓迎されたリリーは、家庭の温かさに触れ、たびたび訪れるようになる。ある日、泥酔して寅さんに甘え、「一緒に旅に出ない?」。しかし、寅さんは煮え切らない。すると苛立ったリリーは去って行き、すし屋の女房に収まった。

リリーはシリーズで4回登場(作品としては5回)。ファンの間で最も人気が高いマドンナである。「とらや」一家はみんな寅さんと所帯を持つことを望んだ。それは筆者も同じで、最後には大団円が来ると今でも信じている。

見どころ

①網走港での会話。「私たちみたいな生活ってさ(中略)、泡《あぶく》みたいなもんだね」「うん、泡だよ」。二人は出航する漁船を見送る家族の声、暮れなずむ港町の遠い喧噪を聞きながら話し込む。

②リリーが「とらや」を訪ねるシーン。直前、寅さんは「あーあ、腐れたこの暮らし、見るのもつらい。あー、すべてがつらい」と言い残して出て行く

1年のうち半分は旅かしらね
リリーさん家、空けることが多いんですか?

おばちゃんの手料理に舌鼓を打つリリー。屈託なくリラックスして縁側へ。「寅さん、この紫色のかわいい花なんて名前?」「タンポポでしょ」。さくらがすかさず「何言ってるの! 忘れな草よ」。するとリリーがしみじみと、「へーえ、これが忘れな草か」。

が、そこにリリーが登場。急転直下、態度が変わる。

③初期作にたびたび登場する上野駅地下街の食堂シーン。「さくら。もし、もしもだよ。俺のいねえときにリリーが〈とらや〉へ訪ねて来るようなことがあったら、俺のいた部屋に下宿させてやってくれよ。家賃なんかとるなよ」。

上映データ

笑撃度＝★★★★☆
郷愁度＝★★★★★
鉄分度＝★★★★☆
幸福度＝★★★☆☆
昭和度＝★★★★☆

観客動員数｜2,395,000人
シリーズ歴代動員数2位
キネ旬9位

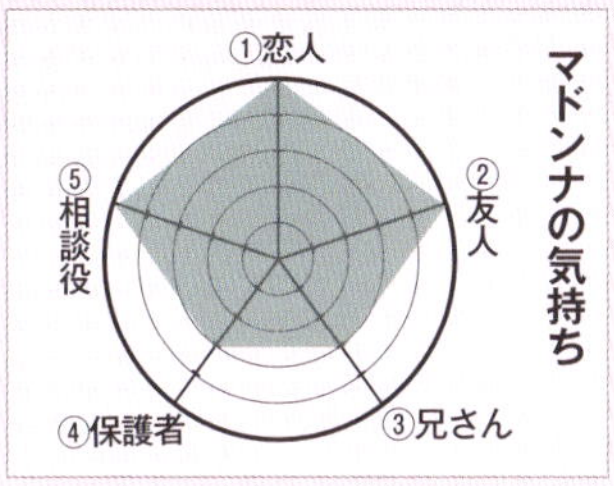

封切り日	1973（昭和48）年8月4日
上映時間	99分
マドンナ	浅丘ルリ子
ゲスト	織本順吉、毒蝮三太夫
ロケ地	北海道釧路市、北海道網走市など

12 私の寅さん……1973

主な舞台＝下城の大イチョウ／中川橋／大分空港／杖立温泉／熊本城公園／阿蘇山（順不同）

あらすじ

◉観客動員数は歴代1位

柴又に帰ると、みんなの様子がおかしい。実は九州行き家族旅行の直前だったのである。納得できない寅さんだが、譲歩してタコ社長と留守番することに。

数日後、旧友で放送作家の柳《やなぎ》（前田武彦《まえだたけひこ》）に会う。柳に連れられて彼の妹で画家のりつ子（マドンナの岸恵子《きしけいこ》）の家に遊びに行くが、キャンバスにいたずらし、りつ子とけんかしてしまう。

翌朝、りつ子が「とらや」にわびに現れる。これを機に二人は急接近。寅さんは貧乏画家のパトロンを気取るが、恋人ではなく「友達」としてほれられた。

見どころ

①九州旅行直前の寅さんと家族の会話のすれ違い。

②エンディング近くのりつ子と寅さんのシーン。「寅さんのこと大好きなんだもん」と言いながら「いい友達でいたいのよ」。

上映データ

笑撃度＝★★★☆☆
郷愁度＝★★★★☆
鉄分度＝★☆☆☆☆
幸福度＝★★★★☆
昭和度＝★★★★☆

観客動員数｜2,419,000人
シリーズ歴代動員数1位

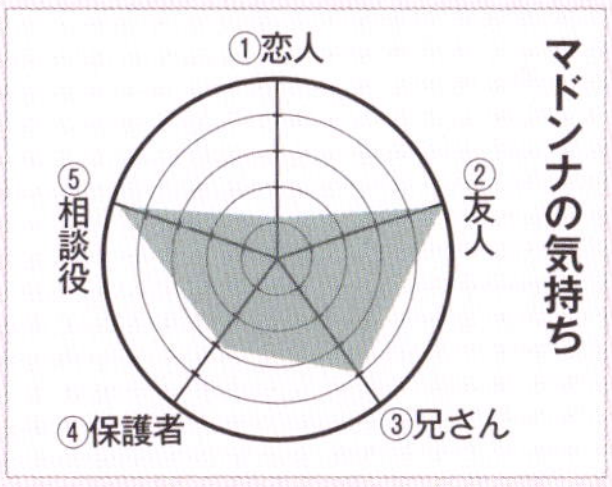

封切り日	1973（昭和48）年12月26日
上映時間	107分
マドンナ	岸恵子
ゲスト	前田武彦、津川雅彦
ロケ地	熊本県阿蘇市、大分県別府市、熊本県小国町など

13 寅次郎恋やつれ……………1974

あらすじ

◉温泉津で人妻にほれた寅さん

寅さんが嫁を連れて帰って来た！　だが、おいちゃんとおばちゃんは、もうこの世にいない――。

これはアバンタイトルの夢だが、それが正夢になりかけた。寅さんは「とらや」に帰ると、「お絹ちゃん」「お絹ちゃん」と繰り返し、一家に結婚することを報告する。

相手は温泉津《ゆのつ》温泉で知り合った訳ありの女性。焼き物工房で働く絹代《きぬよ》(高田敏江《たかだとしえ》)という人妻で、夫が蒸発して寅さんが世話をしていたらしい。しかし、相手と婚約したわけではないという。

主な舞台＝大日霊神社／持石海岸／津和野町内各所／温泉津温泉／琴ヶ浜／福光海岸(順不同)

さくらはそれでもとにかく会ってみようと、タコ社長に付き添いを頼んで温泉津へ。すると、蒸発していた夫は戻ってきていて、話はご破算となる。

◉歌子の門出を家族で応援

傷心の寅さんは、トランク片手に中国地方をさすらった。売《ばい》の後、津和野《つわの》の中華料理屋でラーメンをすすっていると、図書館に勤めている歌子《うたこ》(マドンナの吉永《よしなが》小百合《さゆり》)と再会する。聞くと陶芸家の青年と結婚したのも束の間、夫は病死。歌子は没後も夫の生家にとどまり、菩提を弔っているのだという。あまりにつらそうなので、寅さんは「もし、何かあったら葛飾柴又の〈とらや〉を訪ねてきな」と伝えて別れた。

寅さんが「とらや」に帰っていると、そこに歌子が訪ねてきた。心機一転、津和野を出て仕事を探すためである。「とらや」は一家をあげて相談に乗り、しばらく下宿させることにした。

問題は断絶が続いていた小説家の気難しい父(宮口精二《みやぐちせいじ》)である。だが、さくらや寅さんは、仲立ちの労を厭わず、二人は和解する。歌子は家に戻り、やがて子供たちを支援する施設へ赴任するため伊豆大島へ。寅さんも新しい門出を心から応援した。

シリーズは挿入曲が素晴らしい。とりわけ「歌子のテーマ」は心に染みる。鈴が転がるようにリズミカルでありながら哀愁を誘い、遠い記憶の扉が開かれるような情感を感じさせる。切ない名曲である。

見どころ

①ゆっくりと時間が流れる津和野の町並み。盆地の中央を流れる川を見下ろしながら歌子が寅さんに夫の死を報告する。

②宮口精二の名演。狷介固陋《けんかいころう》の人物を演じさせたら、この人の右に出る俳優は少ない。

③歌子が大島へ赴く前、寅さんは実家に戻っていた歌子を訪ねる。縁側で多摩川の花火を見る二人。寅さんは浴衣姿の歌子にやさしく声をかける。「浴衣きれいだね」「えっ、なに」「いや何でもない」。この「浴衣きれいだね」の言葉に、寅さんの歌子に対する万感の思いを感じることができる。

上映データ

笑撃度＝★★★☆☆
郷愁度＝★★★★☆
鉄分度＝★☆☆☆☆
幸福度＝★★★★★
昭和度＝★★★★☆

観客動員数｜1,944,000人
シリーズ歴代動員数15位

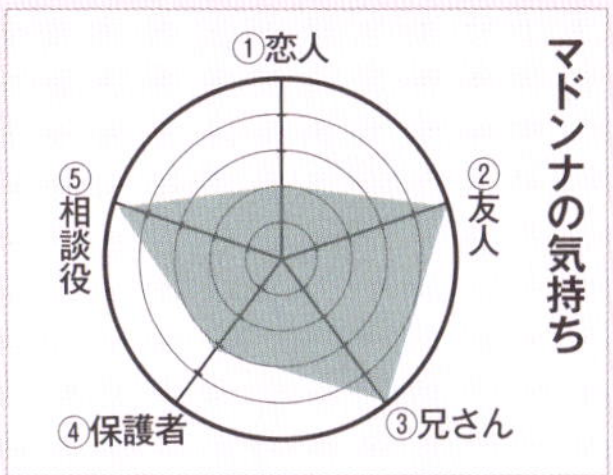

封切り日｜1974（昭和49）年8月10日
上映時間｜104分
マドンナ｜吉永小百合
ゲスト｜宮口精二、高田敏江
ロケ地｜島根県大田市、島根県津和野町、島根県益田市など

14 寅次郎子守唄……1974

主な舞台＝京成関屋駅／呼子港／唐津くんち／唐津神社／妙義山／碓氷川／馬渡屋（順不同）

あらすじ

◉白衣の天使に一目ぼれ

寅さんは九州にいた。呼子《よぶこ》で出会った男（月亭八方《つきていはっぽう》）から赤ん坊を託されるが、困り果てて柴又へ帰った。だが、赤ん坊が移動疲れで高熱を発して病院へ。

そこには美人看護師・京子《きょうこ》（マドンナの十朱幸代《とあけゆきよ》）がいた。一目ぼれした寅さんは、京子が属するコーラスグループの練習に参加。リーダーの弥太郎《やたろう》（上條恒彦《かみじょうつねひこ》）を知る。寅さんと弥太郎は意気投合。弥太郎が京子への思慕を打ち明けると寅さんは応援。すると瓢箪《ひょうたん》から駒で、また旅の空へ。

本作から下條《しもじょう》正巳《まさみ》がおいちゃん役に。知的で分別のある常識人的な人物となった。

見どころ

①自らの葬式について大仰に語る寅さんのアリア。
②茶の間。京子に「ねえ、さくらさん。寅さんてお一人？」と聞かれたあとの寅さんの問答。

上映データ

笑撃度＝★★★★☆
郷愁度＝★★★★☆
鉄分度＝★☆☆☆☆
幸福度＝★★★★☆
昭和度＝★★★★★

観客動員数｜2,267,000人
シリーズ歴代動員数4位

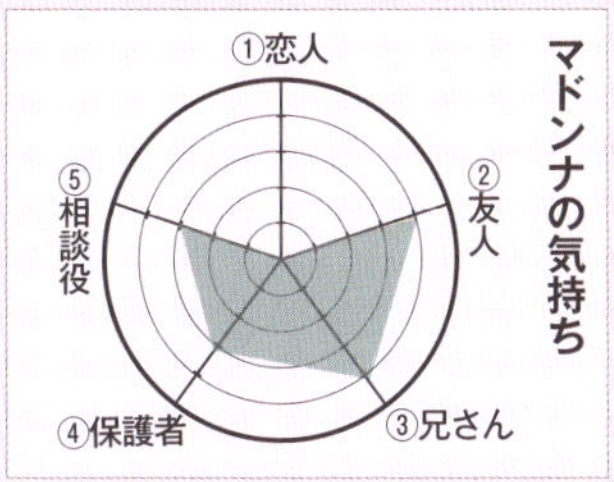

封切り日｜1974（昭和49）年12月28日
上映時間｜104分
マドンナ｜十朱幸代
ゲスト｜上條恒彦、春川ますみ、月亭八方
ロケ地｜群馬県安中市、群馬県下仁田町、佐賀県唐津市など

15 寅次郎相合い傘……1975

主な舞台＝函館市内各所／善知鳥神社／塩谷海岸／小樽市内各所／蘭島駅／摩周丸（順不同）

あらすじ

◉小樽を目指す気ままな三人旅

すし屋の女将に収まったはずのリリー（マドンナの浅丘《あさおか》ルリ子）が「とらや」に報告に来る。「あのね、私別れちゃったの」「寅さんは？」と聞くが、寅さんは旅の空。リリーも巡業の途中らしい。

この頃、寅さんは仕事から逃げた兵頭（船越英二《ふなこしえいじ》）と青森で出会い、青函連絡船で函館へ渡っていた。すると、ラーメンの屋台でリリーとばったり出会う。

その後は連れ立って道内を旅することに。風まかせの旅だが、兵頭が目指しているのは小樽。初恋の人（岩崎加根子《いわさきかねこ》）が喫茶店を経営していて、再会したいというのである。荷馬車に乗ったり、函館本線蘭島《らんしま》駅に駅泊したりしながら小樽へ着き、兵頭は目的を果たした。ところが、兵頭の行動を巡って寅さんとリリーは大げんか。三人の旅は終わった。

◉「とらや」でメロン騒動が勃発

別れはしたもののリリーは「とらや」を訪れ、再び交流が始まる。その頃、兵頭がメロンを土産に「とらや」を訪れたが、このメロンで一悶着が起こる。おばちゃんが寅さんの分を忘れて切り分けたため、帰宅してから大騒動に。「俺のはどうした！」とすさまじい剣幕で怒る寅さんに、リリーが「大人げないわよ」とピシャリ。

それでもリリーは仕事の合間に寅さんに会いに来た。ある日、さくらがリリーに寅さんとの結婚を

本作の宣伝用写真。

「昼日中、女人と腕を組んで歩くとは困った。実に困った、困った…」と御前様。

持ち掛けると、「いいわよ。あたしみたいな女で良かったら」。しかし、これを聞いた寅さんは「冗談なんだろ」と軽く流してしまう。リリーの心は深く傷ついた。

「リリーのテーマ」は、儚くも美しい。メロン騒動で出て行った寅さんは雨の中、駅で仕事帰りのリリーを待った。その姿を見て、リリーは「迎えに来てくれたの？」。寄り添いながら「とらや」に帰る二人。マンドリンの響きが静かに後を追いかけた。

見どころ

①青函連絡船と青森の旅情。
②ちょっぴりメルヘンチックな北海道プチ横断の旅風景。
③メロン騒動。寅さんの怒りの構造は、ほとんど子供である。徐々に怒りが怒りを呼んで、自分自身で制御ができなくなる。最後は照れくささを隠して出奔する。

上映データ

笑撃度＝★★★★☆
郷愁度＝★★★★★
鉄分度＝★★★★☆
幸福度＝★★★★☆
昭和度＝★★★★★

観客動員数｜2,000,000人
シリーズ歴代動員数13位（第45作と同順）
キネ旬5位

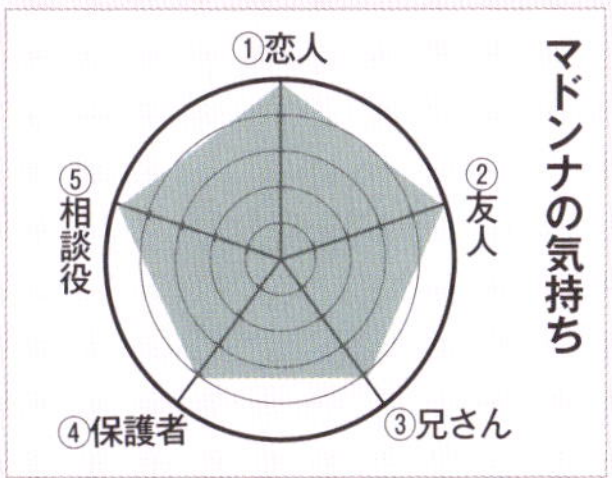

封切り日	1975（昭和50）年8月2日
上映時間	91分
マドンナ	浅丘ルリ子
ゲスト	船越英二、久里千春、岩崎加根子
ロケ地	青森県青森市、北海道函館市、北海道小樽市など

16 葛飾立志篇……1975

あらすじ

◉伊達眼鏡で向学心に燃えた

寒河江《さがえ》の女子高生・順子《じゅんこ》（桜田淳子《さくらだじゅんこ》）が、「とらや」を訪ねて来る。順子は寅さんが実父ではないかと言う。そこへ寅さんが帰って来た。順子の母・雪と縁はあるが男女の仲ではない。誤解は解けたが、雪は死んだと聞かされた。寅さんは雪の墓参りに寒河江に向かい、菩提寺の住職に諭されて学問に目覚める。間が悪いことに、「とらや」には考古学を専攻する御前様の姪っ子・礼子《れいこ》（マドンナの樫山文枝《かしやまふみえ》）が、間借りすることになった。礼子は学究の

主な舞台＝かみのやま温泉／滋恩寺／東京大学／深沢の渡船場／西浦足保（順不同）

徒である。学問に憧れる寅さんは、礼子に熱を上げた。

ある日、茶の間で歓談していると、礼子が勉強を教えてくれることに。寅さんに学問の相談を受けた御前様の指示であった。

そこに礼子の恩師・田所《たどころ》教授（小林桂樹《こばやしけいじゅ》）が訪ねて来る。寅さんと田所は、脱線人格が共通点で気が合う。礼子に思いを寄せるところも同じだ。田所は愛の告白をするが、返事に悩む礼子。礼子が寅さんに相談すると、寅さんは田所と結婚すると勘違いして身を引く。結局、田所の申し出は断わられた。

小林桂樹がいい味である。小林は前橋市立桃井小学校の卒業生（筆者も）。小学校の音楽教室には「小林桂樹氏寄贈」と金文字で書かれたオルガンやビブラフォンがあった。本作を観ると、筆者は当時のことを思い出す。

見どころ

①何でも形から入る寅さんは、伊達眼鏡をかけて近所の失笑を買う。「学問＝眼鏡」という短絡的思考である。

②田所は旅へ出た。ラストシーンで、なぜか田所は寅さんと一緒に旅の空にある。振られた者同士だが、相哀れむ感じはない。差すのは希望の光である。

上映データ

笑撃度＝★★★☆☆
郷愁度＝★★★★☆
鉄分度＝☆☆☆☆☆
幸福度＝★★★☆☆
昭和度＝★★★★☆

観客動員数｜2,131,000人
シリーズ歴代動員数7位

マドンナの気持ち

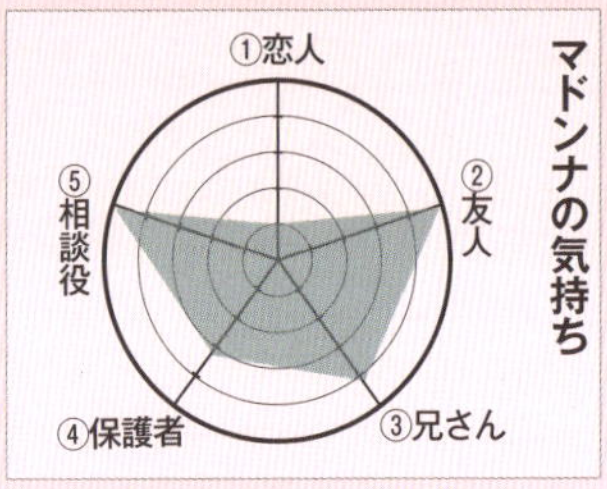

封切り日	1975（昭和50）年12月27日
上映時間	99分
マドンナ	樫山文枝
ゲスト	小林桂樹、米倉斉加年、大滝秀治、桜田淳子
ロケ地	山形県寒河江市、山形県大江町、静岡県沼津市など

17 寅次郎夕焼け小焼け……1976

主な舞台＝神田神保町／西新井大師／龍野市内各所／龍野橋（順不同）

あらすじ

◉龍野芸者が弾けまくった

寅さんは年寄りと酒場で知り合い、家に連れて帰った。じいさんは何と日本画壇の大家・青観《せいかん》（宇野重吉《うのじゅうきち》）だった。「とらや」を宿屋と勘違いした青観がお礼のつもりで絵を描くと、その色紙が神保町で7万円で売れた。寅さんは色めき立つが、青観が満男に書いた絵を巡ってタコ社長と大げんか。家を出た。

後日、寅さんは青観と龍野市（現・たつの市）で再会し、市長の出迎えを受けると、青観の身内と勘違いされ、「先生」扱いされる。夜、歓迎の宴の席上、芸者のぼたん(マドンナの太地喜和《たいちきわ》子《こ》)といい雰囲気となり、龍野でのんびりとした時間を過ごす。

寅さんが柴又に帰ると、ぼたんが訪ねてきた。東京の詐欺師(佐《さ》野《の》浅夫《あさお》)に取られた200万円を取り返したいという。そこでタコ社長が直談判したが、まったく歯が立たない。青観にも相談したが、これぱかりは筋が違う。一筋縄ではいかない悪党に、「殺す」とまで言う寅さんだが、どうしてやることもできない。

その後、龍野に帰ったぼたんに会いに行くと、青観から絵が送られたと聞く。2人は東京の方向に向かい手を合わせた。

似た者同士。寅さんとぼたんは最初から気が合った。

ぼたんは寅さんを好きになった。磊落《らいらく》に見えるぼたんの恥じらうような明るさは本作の花である。シリーズ随一の作と評価するファンも多い。

見どころ

①古書店主と寅さんのやりとり。
②青観の身内と勘違いされた寅さん。下にも置かない歓待ぶり。

上映データ

笑撃度＝★★★★☆
郷愁度＝★★★★★
鉄分度＝★★☆☆☆
幸福度＝★★★★★
昭和度＝★★★★★

観客動員数 1,685,000人
シリーズ歴代動員数29位
キネ旬2位

マドンナの気持ち

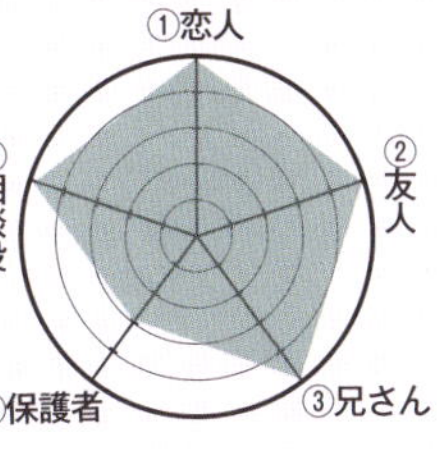

封切り日	1976(昭和51)年7月24日
上映時間	109分
マドンナ	太地喜和子
ゲスト	宇野重吉、佐野浅夫、岡田嘉子、寺尾聰
ロケ地	兵庫県たつの市など

18 寅次郎純情詩集……1976

主な舞台＝中塩田駅／六日町／別所温泉／塩田平／根津神社／水元公園(順不同)

あらすじ

◉母子の両方にほれる寅さん

満男の小学校の教師・雅子《まさこ》(檀《だん》ふみ)の家庭訪問時、居合わせた寅さんが一家の神経をずたずたにした。あげくの果ての大げんかで、寅さんは長野に売《ばい》に出る。別所《べっしょ》温泉でなじみの坂東鶴八《ばんどうつるはち》郎《ろう》一座と再会すると、金もないのに座員を招いて大盤振る舞い。結局、無銭飲食で留置場に入れられてしまう。

が、そこは寅さん。持ち前の押し出しの強さを発揮し、警察署でもやりたい放題。さくらが駆けつけても、反省のかけらもな

水元公園でピクニック。病弱な綾のために電気ストーブを持参したが、公園にはコンセントがない。綾《あや》は子供のように笑い転げた。

い。ところが、「とらや」に戻ると家族全員に説教され、家庭訪問問題も再燃。さくらから「あの先生は、おにいちゃんの娘くらいの年なのよ」と怒られ、「仮によ。あの先生にきれいなお母さんがいたとして、その人を好きになったとしたら、文句なんか言わないわよ」。すると間が悪いことに、雅子が母親の綾《あや》（マドンナの京《きょう》マチ子）を連れてやってきた。

寅さんは直前の説諭を真に受け、綾にほれてしまう。だが、綾は不治の病で余命いくばくもない身。「とらや」一家は、夕食に招いて歓待した。寅さんと綾は楽しい時間を過ごしたが、病状は悪化。綾は帰らぬ人となった。

京マチ子がマドンナ。清楚で明るく美しい。演技は散る寸前の花びらのようだ。

見どころ

①上田交通（現・上田電鉄）別所線の丸窓電車に乗って別所温泉を目指す寅さん。さくらもこれに乗っている。

②茶の間でのアリア。「おばちゃん、あなた想像が貧しいねぇ」と、綾の家での食事風景を歌い上げた。

③綾の「人はなぜ死ぬのでしょうねぇ」に対する寅さんの答えは、東大の入試問題となった。

上映データ

笑撃度＝★★★★☆
郷愁度＝★★☆☆☆
鉄分度＝★★★★★
幸福度＝★★★★☆
昭和度＝★★★★☆

観客動員数 1,726,000人
シリーズ歴代動員数26位（第23作と同順）

マドンナの気持ち

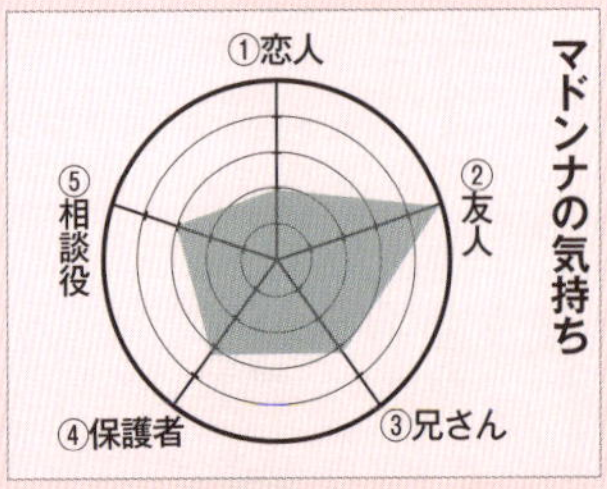

封切り日	1976（昭和51）年12月25日
上映時間	103分
マドンナ	京マチ子
ゲスト	檀ふみ、吉田義夫、浦辺粂子
ロケ地	長野県上田市、新潟県南魚沼市など

19 寅次郎と殿様……1977

主な舞台＝下灘駅／大洲市内各所／興居島／青戸団地（順不同）

あらすじ

◉「俺が探して会わせてやる」

寅さんは愛媛県の大洲《おおず》にいた。宿屋で夫の墓参りにきた鞠子《まりこ》（マドンナの真野響子《まやきょうこ》）と知り合う。

翌日、大洲《おおず》藩主家の16代・藤《とう》堂《どう》久《ひさ》宗《むね》（嵐《あらし》寛《かん》壽郎《じゅうろう》）に出会う。世知に疎い殿様は、ラムネのお礼に寅さんを歓待。晩餐の後、急逝した息子の嫁（鞠子）に会ってみたいと寅さんに告げる。酔った寅さんは、「俺が探して会わせてやる」と安請け合いしてしまった。

真に受けた殿様は、上京して「とらや」へ。本気なのかと寅さんは困った。翌日、探しに出るが砂漠で針を探すようなもの。と、そこへ鞠子が世話になったお礼に訪れた。まだ名前も聞いてなかった寅さんが、名を聞くと「堤鞠子です」。「えっ、鞠子さん！」と一同びっくり。偶然にも探していた女性で、二人はめでたくご対面となった。

この時点で、寅さんは鞠子にぞっこん。後日、殿様から鞠子と寅さんが結婚して一緒に暮らして欲しいと手紙が届くが、鞠子には新しい恋人がいた。

本作のアバンタイトルの「夢」は、渥美清が演じる鞍馬天狗。ゲストは鞍馬天狗で一世を風靡した名優・嵐寛壽郎。粋な構成である。

見どころ

①殿様の家での〝刃傷沙汰〟。執事が寅さんを邪険に扱うと、「無礼者！ そこに直れ」。

②鞠子に新しい恋人がいたと知った寅さん。それでも鞠子のことを心配し続ける。

上映データ

笑撃度＝★★★★☆
郷愁度＝★★☆☆☆
鉄分度＝★★★☆☆
幸福度＝★★★★☆
昭和度＝★★★☆☆

観客動員数｜1,402,000人
シリーズ歴代動員数38位

マドンナの気持ち

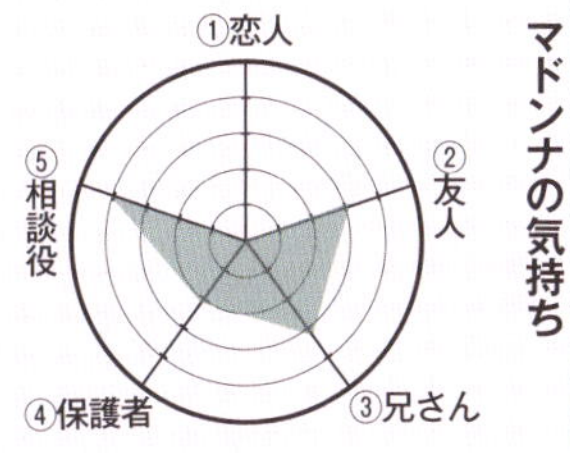

封切り日	1977（昭和52）年8月6日
上映時間	99分
マドンナ	真野響子
ゲスト	嵐寛壽郎、三木のり平、平田昭彦
ロケ地	愛媛県大洲市、愛媛県伊予市、愛媛県松山市など

過去に別れを告げて、前を向こうとする鞠《まり》子《こ》に精一杯のエールを送った。

自己犠牲ばかりの寅さんの恋。自分の気持ちは棚に上げ、愛のキューピッドとして奔走する

20 寅次郎頑張れ！……1977

主な舞台＝佐世保市内／平戸市内各所（順不同）

あらすじ
◉平戸の土産物屋に居候

柴又に帰ってきた寅さんは、店の入り口で青年・良介《りょうすけ》（中村雅俊《なかむらまさとし》／電気工事が仕事なので渾名はワット君）に押し売りに間違えられる。彼はさくらと博の知り合いで、アパートが見つかるまでの間、2階に下宿していたのだが、寅さんは俺の居場所がないと激怒。良介は仕方なく出て行った。

その直後、良介がパチンコ屋へ行くと、寅さんが玉を弾いていた。が、まったく出ない。そこで良介が指南したところ大勝ちし、寅さんは下宿を許す。

しかし、良介には悩みがあった。食堂の娘・幸子《さちこ》（大竹《おおたけ》しのぶ）に恋をしていたのである。それを知った寅さんは恋愛を指南。良介はプロポーズしたものの失敗したと思い込み、自殺未遂を起こして郷里の平戸に帰った。

心配した寅さんが平戸に赴くと、実家は土産物屋を営んでおり、美しい姉の藤子《ふじこ》（マドンナの藤村志保《ふじむらしほ》）が店を切り盛りしていた。のぼせ上がった寅さんは、店員として居ついてしまう。

一方、幸子は「良介が好きだ」とさくらに打ち明ける。これを聞いた良介は、姉と共に柴又へ。寅さんも柴又に戻るが、どうにもならない現実が待っていた。

東北弁を自然に話す大竹しのぶの演技が光った。純真無垢な幸子の恥じらいやいじらしさが伝わり、鑑賞者の心も浄化される。

見どころ

①良介に恋愛指南する寅さんの物言いと、上野公園の不忍池でのデートシーン。

②良介の実家の土産物屋の一室。寅さんは藤子との暮らしを夢想する。「明日からお姉さんと二人きりか〜。なんだか、まいったなあ」と始めるモノローグが笑える。

上映データ

笑撃度＝★★★★☆
郷愁度＝★★★☆☆
鉄分度＝★☆☆☆☆
幸福度＝★★★★☆
昭和度＝★★★★☆

観客動員数 1,881,000人
シリーズ歴代動員数21位

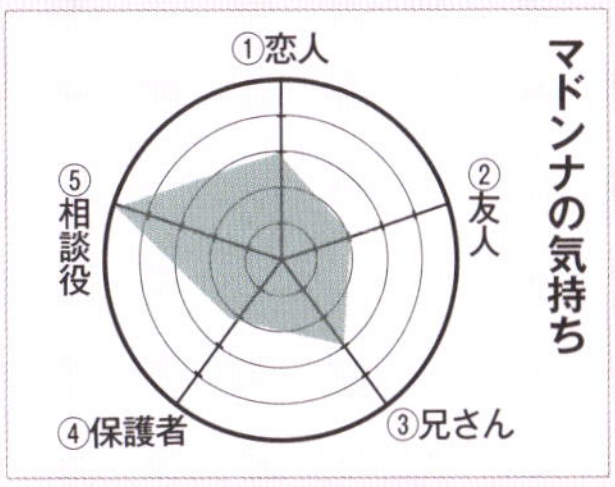

封切り日	1977（昭和52）年12月24日
上映時間	95分
マドンナ	藤村志保
ゲスト	中村雅俊、大竹しのぶ
ロケ地	長崎県平戸市、長崎県佐世保市など

21 寅次郎わが道をゆく……1978

主な舞台＝広瀬神社／杖立温泉／浅草各所／田の原温泉／通潤橋／阿弥陀杉／麻生釣駅（順不同）

あらすじ

◉太陽のような奈々子にほれた

熊本県の田の原温泉。寅さんは、失恋した留吉《とめきち》（武田《たけだ》鉄矢《てつや》）から先生と敬われ、旅館に長逗留。ついに財布が底をつき、さくらに出迎えを頼んだ。

柴又に帰った寅さんは、殊勝にも店を手伝うが、長続きはせずに浅草国際劇場に通いつめる。さくらの同級生で、SKDのスターとなった紅《くれない》奈々子《ななこ》（マドンナの木《き》の実《み》ナナ）にほれたのである。寅さんを追って上京してきた留吉も、SKDの踊り子に夢中になり、とんかつ屋に就職した。

だが奈々子は、照明係の隆《たかし》（竜《りゅう》雷太《らいた》）と結婚することに。最後の舞台には、奈々子を見守る寅さんの姿があった。

見どころ

①きらびやかなSKDの舞台。

②寅さんと留吉の掛け合い。武田鉄矢の熱演が、作品に厚みを出している。

上映データ

笑撃度＝★★★★☆
郷愁度＝★★★★☆
鉄分度＝☆☆☆☆☆
幸福度＝★★★☆☆
昭和度＝★★★★☆

観客動員数 1,897,000人
シリーズ歴代動員数18位

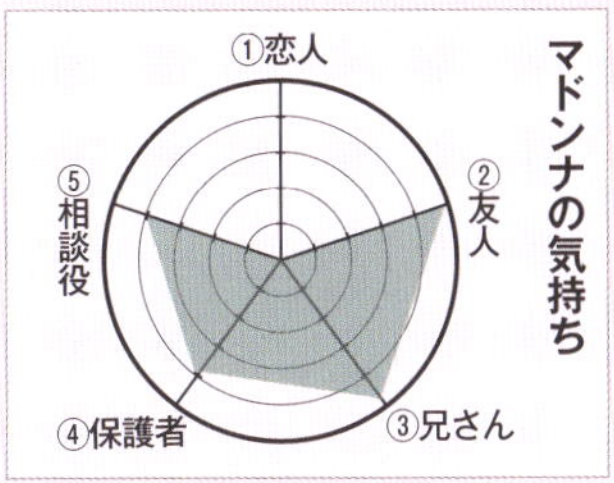

封切り日	1978（昭和53）年8月5日
上映時間	107分
マドンナ	木の実ナナ
ゲスト	武田鉄矢、竜雷太
ロケ地	熊本県小国町、熊本県阿蘇市、大分県竹田市など

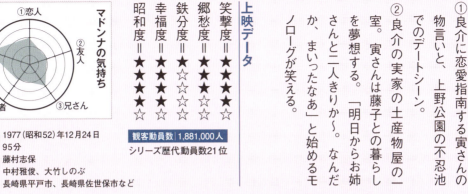

22 噂の寅次郎 ……1978

主な舞台＝伊太大井神社／千頭駅／塩郷ダム／大桑村／川根大橋／庭田屋旅館／蓬莱橋（順不同）

あらすじ

●「私、寅さん好きよ！」

「まことに失礼とは存じますが、あなた、お顔に女難の相が出ております」。タコ社長とけんかした後、寅さんは静岡県の大井川に架かる蓬莱橋《ほうらいばし》(世界最長の木造橋)で雲水(大滝秀治《おおたきひでじ》)に声を掛けられた。「分かっております。物心ついてこのかた、そのことで苦しみ抜いております」と寅さん。

この雲水の見立ては、すぐに現実のものとなった。失恋してダム湖の湖面を見詰めていた女性(泉《いずみ》ピン子)を慰めるはめになったのだ。何とか落ち着かせて、大井川鐵道の千頭《せんず》駅からバスに乗ると、博の父・飈一郎《ひょういちろう》(志村《しむら》喬《たかし》)と再会。木曾へと向かった。

宿屋で飈一郎に人生のはかなさを説かれ、感化された寅さんは柴又へ帰ると、得意になって受け売りの人生論を披露する。

翌日、店に新しい店員・早苗《さなえ》(大原麗子《おおはられいこ》)が出勤してきた。旅に出ようとしていた寅さんは一目見るなり恋に落ち、仮病を使って「とらや」にとどまったが、救急車が出動する大騒ぎとなる。

後日、「寅さんて、恐い人かと思ったけど本当は優しいのね」と早苗。夫との離婚を決意したというので、寅さんは有頂天となる。さらに「私、寅さん好きよ！」と言われ、バラ色の毎日が始まったかに見えた。

だが、早苗の引越を手伝っていて、思いもかけぬライバルが現れる。高校教師をしている従兄弟である。彼は早苗のことを愛していて、何かあったら使えと百万円の通帳を渡した。早苗は従兄弟のいる小樽へ帰って行き、寅さんは身を引く。

だが、早苗は寅さんのことが気になる存在になっていた。

失恋女性が「とらや」を訪ねて来た。すっかり元気になって男のことは忘れたようだ。

飈一郎の訥々《とつとつ》とした語り口には、重い人生と博への愛情がにじみ出ている。さくらが駅まで見送ると、「博が家を建てるようなことになったら、あなたから私に言ってください。そのつもりで安曇野《あずみの》に少々土地が買ってあります」。

見どころ

①ラストシーン。幼なじみと結婚して新婚旅行中の失恋女と再会する。大井川鐵道の蒸気機関車C11形が牽引する旧型客車車内である。社内からカメラが野外のロングになると、大井川と茶畑を縫って、白煙を噴き上げながら疾走するC11形の勇姿で幕が下りる。

上映データ

笑撃度＝★★★☆☆
郷愁度＝★★★★☆
鉄分度＝★★★★☆
幸福度＝★★★☆☆
昭和度＝★★★★☆

観客動員数｜1,915,000人
シリーズ歴代動員数16位

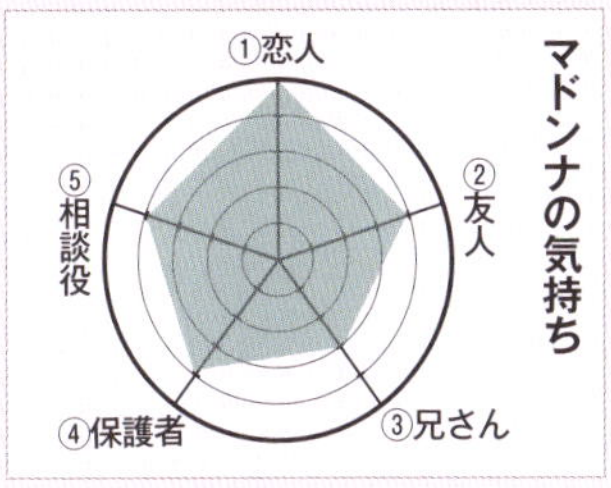

封切り日	1978（昭和53）年12月27日
上映時間	104分
マドンナ	大原麗子
ゲスト	志村喬、室田日出男、泉ピン子
ロケ地	長野県南木曽町、静岡県川根本町、静岡県島田市など

23 翔んでる寅次郎……1979

主な舞台＝丸駒温泉旅館／大湯沼／支笏湖／浅草公園六区／虎杖浜神社（順不同）

あらすじ

◉仲人を務めたラストシーン

寅さんは北海道の支笏《しこつ》湖で、一人旅の娘・ひとみ（マドンナの桃《もも》井《い》かおり）が旅館のドラ息子（湯《ゆ》原《はら》昌《まさ》幸《ゆき》）に乱暴されようとしているところを救う。

婚約していたひとみは、ぼんぼん育ちの邦《くに》男《お》（布《ふ》施《せ》明《あきら》）との結婚式当日、寅さんのことを思い出し、式場から花嫁姿のまま「とらや」に駆けこんだ。母親（木暮《こぐれ》実《み》千代《ちよ》）が迎えに来るが応じない。

邦男も家を出た。ひとみの住む町で自立しようと、父の会社を辞めて自動車修理工場で働き始めたのである。邦男の決断に心動かされたひとみは結婚を決意。寅さんに仲人をお願いした。

見どころ

①結婚式での脱走劇。
②結婚式で「とまり木」（下村《しもむら》明《あき》彦《ひこ》作詞・作曲）を熱唱する布施明。同曲は倍賞千恵子もレコーディングしている。

上映データ

笑撃度＝★★★☆☆
郷愁度＝★★★★☆
鉄分度＝★☆☆☆☆
幸福度＝★★★★☆
昭和度＝★★★★☆

観客動員数｜1,726,000人
シリーズ歴代動員数26位
（第18作と同順）

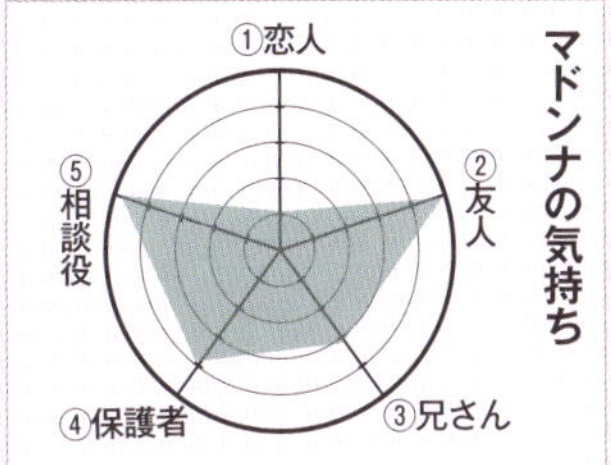

封切り日	1979（昭和54）年8月4日
上映時間	106分
マドンナ	桃井かおり
ゲスト	湯原昌幸、布施明、木暮実千代
ロケ地	北海道千歳市、北海道登別町、北海道白老町など

24 寅次郎春の夢 …………1979

主な舞台＝上野ガード下／不忍池／京都市内各所／加太港／根来寺／粉河寺／西浦足保（順不同）

あらすじ

◉「とらや」に外人が下宿！

御前様が帝釈天境内で、見慣れぬ外国人に話し掛けられた。アメリカ人らしいが、英語が皆目分からず「とらや」に連れてきた。さくらは成績が良かったから、英語ができると思ったらしい。ところが、さくらも立ち打ちできない。そこにたまたま満男の英語塾の先生・めぐみ（林《はやし》寛子《ひろこ》）の母親・圭子《けいこ》（マドンナの香川京子《かがわきょうこ》）が居合わせたため、薬のセールスにやってきたマイケル（ハーブ・エデルマン）と判明する。

来日したのはいいが、マイケルはなかなか売上が伸びずに金欠状態。同情した「とらや」一家は彼を下宿させることにした。マイケルは性格が穏やかで紳士。さくらが世話したことから、さくらを慕うようになる。彼は毎日、「とらや」から仕事に出かけていった。

◉マイケルも寅さんも失恋

互いに気心が知れた頃、アメリカ嫌いの寅さんが帰ってきた。寅さんは激怒し、追い出す算段を始めた。しかし、マイケルの帰宅直前、めぐみと圭子が来店するや「アメリカ人、大好きです」と態度が急変。マイケルが姿を見せると、「おお－、サンキューじゃないか！」。一目ぼれした圭子の手前、邪険にはできないのである。

帰国直前、マイケルはさくらに愛の告白をしたが、さくらは優しく断った。寅さんも圭子に婚約者がいることを知り旅に出る。

マイケルと寅さんは同業。2人は心の中では分かり合っていた。失恋した恋の痛みも同じ。上野駅では飲み明かし、寅さんは御守りを渡した。

見どころ

①圭子の亭主が亡くなっていたことを知った時の豹変ぶり。

②羽田を飛び立ったマイケルは、機内から江戸川の流れを見て、さくらのことを思った。

上映データ

笑撃度＝★★★☆☆
郷愁度＝★★★★☆
鉄分度＝★☆☆☆☆
幸福度＝★★★★★
昭和度＝★★★★☆

観客動員数｜1,841,000人
シリーズ歴代動員数23位

マドンナの気持ち

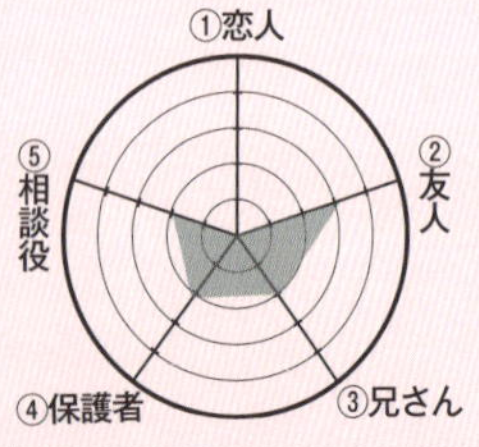

封切り日	1979（昭和54）年12月28日
上映時間	103分
マドンナ	香川京子
ゲスト	ハーブ・エデルマン、林寛子
ロケ地	京都府京都市、和歌山県和歌山市、米国アリゾナ州など

25 寅次郎ハイビスカスの花……1980

主な舞台＝オクマビーチ／キャンプハンセンゲート／小岩駅／本部町／白糸の滝／草軽交通バス停（順不同）

あらすじ

◉"愛"を深めた寅さんとリリー

博が小岩でリリー（マドンナの浅《あさ》丘《おか》ルリ子）と出会う。「今夜、キャバレーで歌う」と言うが、顔色が悪い。博は身を案じた。

それからひと月、寅さんが売《ばい》から帰ってきた。例によって一悶着あって、言い争いをしていると、沖縄のリリーから速達が届いていた。「あたし今、病気なの。歌っている最中に血を吐いて、この病院に担ぎ込まれたの。先生は気の持ち方で必ず良くなるっていうけど、生きてたってあまりいいことないしね。別に未練はないの。ただ一つだけ。もう一遍寅さんに会いたかった」。

すぐに寅さんは沖縄に向かおうとするが、大の飛行機嫌い。羽田で駄々をこね続けるが、美人アテンダントが通りかかると、後を追っかけて機上の人となった。

那覇空港。フラフラとなってタラップを下り、寅さんは病院に駆けつけた。すると、リリーの瞳に涙があふれ、それからは病状も好転していった。

二人は療養のため、漁師町に部屋を借りたが、寅さんは遠慮して、その家の息子・高志《たかし》（江藤《えとう》潤《じゅん》）の部屋で寝起き。リリーが元気になるにつれ、外出しがちとなり遊び呆ける。

一方、夫婦に似た感情を抱き始めたリリーは、女心を解さず、

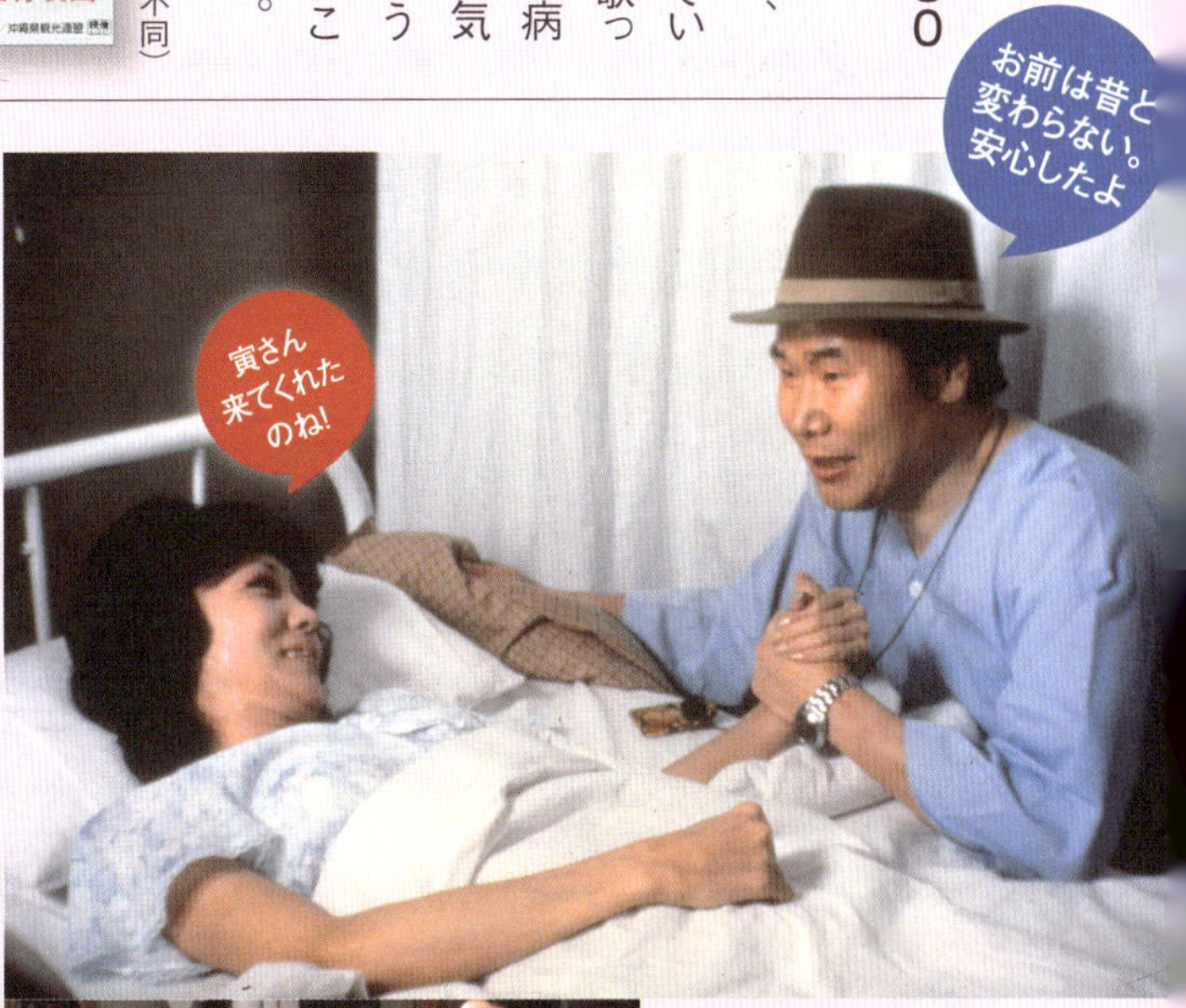

㊤「寅さん、来てくれたのね」。手を握りながら再会を喜ぶ二人。㊧まるで所帯を持ったような療養生活が続いた。リリーは元気になったが、一向に距離を縮めてくれない寅さんに苛立っていた。リリーは寅さんと一緒になりたいのである。

26 寅次郎かもめ歌……1980

主な舞台＝南葛飾高校／厳島神社／奥尻港／江差港／稲穂岬／鳴門スカイライン（順不同）

あらすじ

●爆発した寅さんの父性愛

北海道江差町で売《ばい》をしていた寅さんは、同業のシッピンの常の病死を知る。思い立った彼は、常の郷里である奥尻《おくしり》島へ渡り、イカ工場で働く娘・すみれ（マドンナの伊藤蘭《いとうらん》）を探した。彼女の案内で墓に詣でると、粗末な墓を見て己の行く末を案じた。

別れ際、すみれは東京で働きながら勉強したいと言う。助けてやりたいと、寅さんはすみれを柴又に連れて帰る。

タコ社長の口利きで仕事を見つけ、夜間高校の入試にも合格

一向に距離を縮めてくれない寅さんがもどかしくてならない…。

夕食時、リリーが打ち開けた。「もうお金ないの」「俺が何とかしてやるよ」「やだね」「お前と俺の仲じゃねえか」「…でも、夫婦じゃないだろ」「あんたとあたしが夫婦だったら別よ…」と寅さんに恋のバトンを渡すと、「所帯なんか持つ柄かよ」と否定されてしまう。

翌日、リリーは置き手紙を残して出て行った。反省した寅さんはリリーを追って本土へ。柴又に戻ると、「とらや」にリリーが訪ねてきた。いつもと変わらぬ笑顔である。寅さんは安心した。

「夫婦だったら別よ」というリリーの言葉に、なぜ寅さんは反応しなかったのだろう。お互い浮き草稼業。世間並みの結婚なんて…。ということなのだろうが、ファン心理としては悲しい。

見どころ

①羽田空港のシーン。「プロペラがないからやだ」と言い出し、翻弄されるさくらと博。

②病院に駆けつけた寅さん。隣のベッドのお婆さんとリリーを見間違え、「そんなに皺くちゃになっちまって」。

③群馬県嬬恋《つまごい》村のバス停。バスに乗っていたリリーと再会する。

上映データ

笑撃度＝★★★★☆
郷愁度＝★★★★★
鉄分度＝★☆☆☆☆
幸福度＝★★★★★
昭和度＝★★★★☆

観客動員数｜2,063,000人
シリーズ歴代動員数12位

マドンナの気持ち

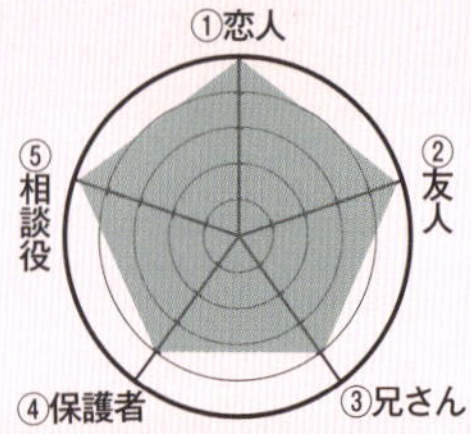

封切り日	1980（昭和55）年8月2日
上映時間	103分
マドンナ	浅丘ルリ子
ゲスト	江藤潤
ロケ地	沖縄県本部町、長野県軽井沢町、群馬県嬬恋村など

したすみれ。この頃から寅さんは父性を強く感じるようになっていた。ある日、恋人・貞《さだ》夫《お》（村《むら》田《た》雄《たけ》浩《ひろ》）が、心配して上京してきた。寅さんの引き際である。

見どころ

①かつてのおいちゃん役、松《まつ》村《むら》達《たつ》雄《お》が夜間高校の教師役で好演。授業風景が印象深い。

データ

笑撃度＝★★★☆☆
郷愁度＝★★★★★
鉄分度＝★☆☆☆☆
幸福度＝★★★☆☆
昭和度＝★★★★★

観客動員数｜1,889,000人
シリーズ歴代動員数19位（第9作と同順）

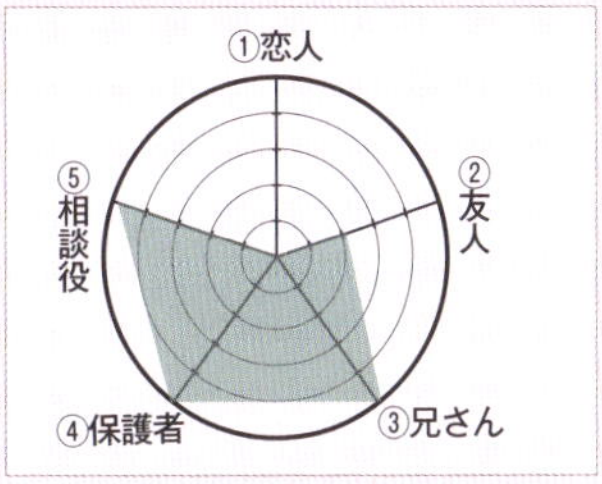

封切り日	1980（昭和55）年12月27日
上映時間	97分
マドンナ	伊藤蘭
ゲスト	村田雄浩、松村達雄
ロケ地	北海道江差町、北海道奥尻町、徳島県鳴門市ほか

27 浪花の恋の寅次郎……1981

主な舞台＝和多都美神社／大崎下島／宝山寺／小野浦／新世界／石切劔箭神社／青海の里（順不同）

あらすじ

◉恋は浪花の夜に消えた

瀬戸内に浮かぶ島の墓地。寅さんはふみ（マドンナの松《まつ》坂《ざか》慶《けい》子《こ》）と出会った。その後、大阪で売《ばい》をしていると三人の芸者が通りかかった。一人はふみ。それからは一緒にお寺参りをしたり、食事をしたり、寅さんの心はふみ一色に。

ある日、ふみから生き別れの弟がいると聞かされる。寅さんは会いに行けと勧め、勤めていた会社に向かったが、すでに当人は病気で他界していた。ふみは弟のアパートに行き、恋人にも会った。秋には結婚の予定だったという。

その晩、寅さんの宿に酔ったふみが現れ、寅さんの膝で泣きながら寝入ってしまった。翌日、ふみの置き手紙が…。

見どころ

①吉《よし》岡《おか》秀《ひで》隆《たか》の満男が登場。おいちゃんが「満男、何時だ」。すると、時計を見上げて「11時」。最初のセリフである。

上映データ

笑撃度＝★★★★☆
郷愁度＝★★★★☆
鉄分度＝★☆☆☆☆
幸福度＝★★★★☆
昭和度＝★★★★★

観客動員数｜1,821,000人
シリーズ歴代動員数25位

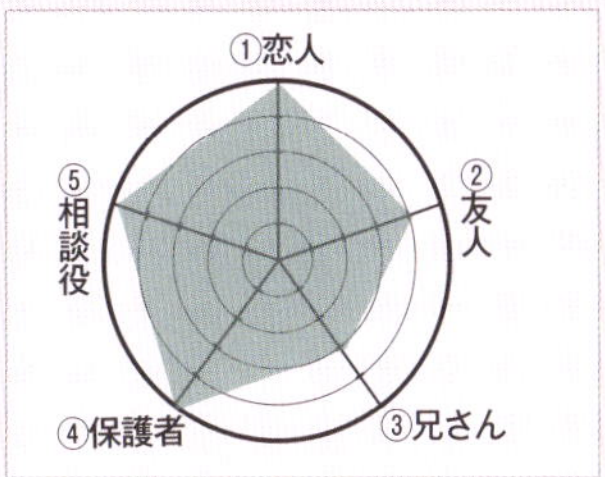

封切り日	1981（昭和56）年8月8日
上映時間	104分
マドンナ	松坂慶子
ゲスト	芦屋雁之助、大村崑
ロケ地	大阪府中央区、大阪府浪速区、長崎県対馬市など

28 寅次郎紙風船 ……… 1981

主な舞台＝夜明駅／水天宮／焼津港／秋月／秋月眼鏡橋（順不同）

あらすじ

◉愛子に振り回された九州旅

柴又に帰ると、柴又小学校の同窓会の通知が来ていた。出席した寅さんは泥酔して迷惑をかけた翌日、旅に出た。

筑後川河岸の旅館。相部屋となり家出娘の愛子《あいこ》（岸本加世子《きしもとかよこ》）と知り合う。愛子は寅さんに一人旅をしている理由を根掘り葉掘り聞く。「どうしてフーテンっていうの？」「仕事に失敗したから？」「失恋？」「家庭の事情？」などと質問攻めにして、最後に「おじさんて面白いタイプね」。手に負えなくなった寅さんは、部屋から逃げ出した。

以来、懐いた愛子は売《ばい》にまでついてくる。ある縁日でタコ焼きを売っている女性がいた。香具師《やし》仲間のカラスの常《つね》（小沢昭一《おざわしょういち》）の女房である。名は光枝《みつえ》（マドンナの音無美紀子《おとなしみきこ》）。常が闘病していると聞き、郷里の秋月《あきつき》（現・福岡県朝倉市）に見舞った。

◉まんざらでもなかった光枝

その翌日。愛子には「お前は故郷に帰れ、俺も柴又に帰る」と置き手紙をして別れた。

実は見舞いの折、常から「俺が死んだら、あいつを女房に」と頼まれ、約束したことが心に引っ掛かっていたのである。

その後、光枝は上京して本郷の旅館で働く。手紙が届いたので寅さんが訪ねてみると、亭主の形見を渡された。財布である。

常の約束を聞いていた光枝はある日、「とらや」に寅さんを訪ねた。別れ際、恥じらうように「もし、俺が死んだら寅の女房になれ。寅さんにもそう話してあるって…」と問いかけたが、寅さんは答えをごまかしてしまう。

音無美紀子が苦労人の女房を好演している。はすっぱな物言いをしていても、どこか上品で落ち着いている。姉さん肌で、はにかむような笑顔が魅力的であった。

秋景色の秋月を歩く二人。現在、この道は「寅さん小路」と呼ばれ、名所になっている。

見どころ

①同級生役の前田武彦《まえだたけひこ》。第12作でも同級生「でべそ」を演じた。本作では「カワウソ」。

②だんだん打ち解けていく愛子と寅さん。言葉のキャッチボールがたまらない。

③光枝の見送りシーン。晩秋の町並みは情感豊かで、まるで二人の心象風景のようだった。

上映データ

笑撃度＝★★★☆☆
郷愁度＝★★★★★
鉄分度＝★☆☆☆☆
幸福度＝★★★★★
昭和度＝★★★★☆

観客動員数｜1,448,000人
シリーズ歴代動員数34位（第34作と同順）

マドンナの気持ち

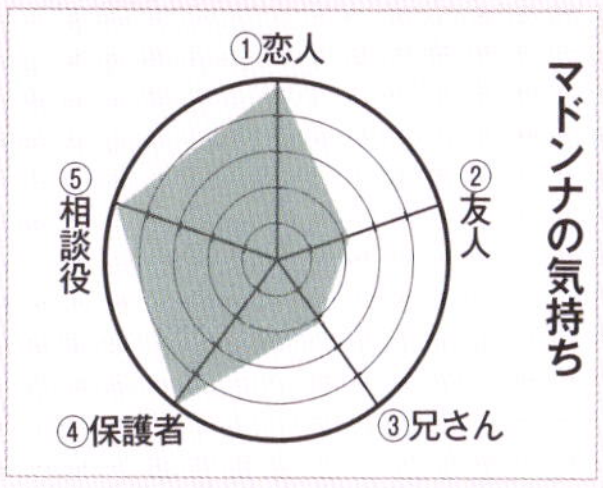

封切り日	1981（昭和56）年12月29日
上映時間	100分
マドンナ	音無美紀子
ゲスト	小沢昭一、岸本加世子、地井武男
ロケ地	福岡県朝倉市、福岡県久留米市、大分県日田市など

29 寅次郎あじさいの恋……1982

主な舞台＝伊根町内各所／大出吊り橋／彦根城／成就院／木崎湖／江ノ島／鴨川（順不同）

あらすじ

◉かがりは優しさにほれた

京都で寅さんは、下駄の鼻緒が切れた老人に出会い、手際良くすげかえてやる。老人は先斗《ぽんと》町《ちょう》の茶屋に寅さんを誘った。

泥酔した寅さんが目覚めると旅館のような豪邸。老人が人間国宝の陶芸家・加納作次郎《かのうさくじろう》（13代目片岡仁左衛門《かたおかにざえもん》）と気付いた。

寅さんは加納の家で、お手伝いのかがり（マドンナのいしだあゆみ）を知る。彼女は娘を丹後《たんご》の伊根《いね》に残して働いていたが、訳ありで故郷に帰った。気になった寅さんは丹後へかがりを訪ねた。夜、寝室にかがりが忍んでくるが、寝たふり。その後、柴又に戻った寅さんに会いに、かがりが上京。鎌倉でデートするのだが…。

見どころ

①満男を伴った、寅さんとかがりの鎌倉デートシーン。

②最後にかがりから届いた手紙。寅さんへの愛があふれていた。

上映データ

笑撃度＝★★★☆☆
郷愁度＝★★★★☆
鉄分度＝★☆☆☆☆
幸福度＝★★★★★
昭和度＝★★★★☆

観客動員数｜1,393,000人
シリーズ歴代動員数39位

マドンナの気持ち

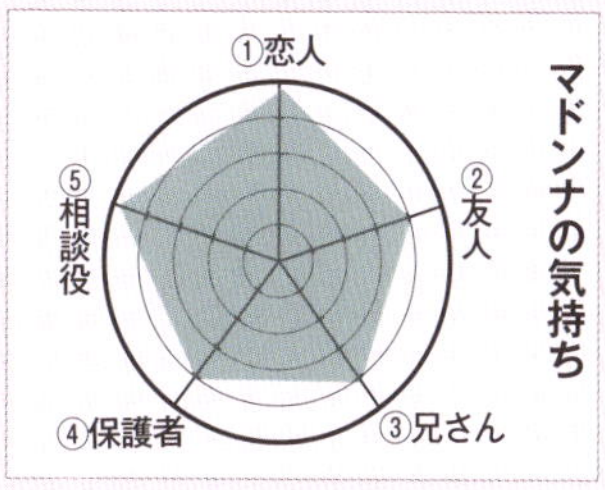

封切り日	1982（昭和57）年8月7日
上映時間	109分
マドンナ	いしだあゆみ
ゲスト	片岡仁左衛門、柄本明
ロケ地	京都府京都市、京都府伊根町、神奈川県鎌倉市など

酸いも甘いもかみ分けた寅さん。紡ぎ出される世界は円熟味を加え、鑑賞者の心に余韻を残す

30 花も嵐も寅次郎……1982

主な舞台＝アフリカンサファリ／城島高原パーク／志高湖／湯平温泉／湯平駅／鉄輪温泉（順不同）

あらすじ

◉内気な三郎の恋が始まる

幼なじみの派手な女性と「とらや」の前でデレデレしている寅さん。「みっともない」とおいちゃんの不興を買い、旅に出る。

大分県の湯平《ゆのひら》温泉。なじみの宿で寅さんは、チンパンジー飼育係の三郎《さぶろう》（沢田研二《さわだけんじ》）と出会う。三郎は、昔この宿で仲居をしていた母の供養をしようと、故郷に遺骨を持ち帰っていたのである。これを聞くと寅さんは、得意の段取り力を発揮してその場をまとめ、坊主を呼んで供養した。

たまたま同宿していたデパートガールの螢子《けいこ》（マドンナの田《た》中《なか》裕《ゆう》子《こ》）らも寅さんに呼ばれて、一緒に焼香。翌日、納骨が無事に終わると、みんなで三郎の車に乗って観光地を巡った。

触れ合ううちに螢子にほれてしまった内気な三郎。別れ際、唐突に「ぼ、僕と付きおうてくれませんか」と精一杯の告白をした。だが、「急にそんなこと言われても…、さよなら」と一蹴されてしまう。寅さんは、傷心の三郎の車で柴又に帰った。

◉寅さんが2人をサポート

螢子、三郎それぞれの日常が始まった。寅さんは三郎のことが心配で、螢子を飲みに誘って脈があるか探った。結果は脈ありと分かり、恋の指南役を買って出る。「とらや」で三郎と螢子を昼食に招き、話の流れでデートに誘わせるという算段である。

最初はギクシャクしたものの、初々しい二人のデートは何とかうまくいき、めでたく結ばれること

指南通り、「あの白い雲と…」とささやくが、指の先に雲はない。三郎《さぶろう》は焦りまくった。

に。だが、寅さんは寂しそうに去って行った。少しは螢子にほれていたのである。

寅さんの心は複雑である。螢子のことが好きではあるが、その気持ちを抑えて若い2人に恋の手ほどきを行った。天秤のように揺れ動く心が切ない。

見どころ

①寅さんが三郎に口説きのテクニックを伝授するシーン。「(愛していますは)口で言わない。目で言う」

②三郎と螢子は、勤務する遊園地の観覧車のゴンドラで、互いの気持ちを確かめ合った。

③三郎と螢子の結婚が決まると、去り際、「さくら、やっぱり二枚目はいいな。ちょっぴりやけるぜ」。

上映データ

笑撃度＝★★★★★
郷愁度＝★★★☆☆
鉄分度＝★★☆☆☆
幸福度＝★★★★★
昭和度＝★★★☆☆

観客動員数 2,282,000人
シリーズ歴代動員数3位

マドンナの気持ち

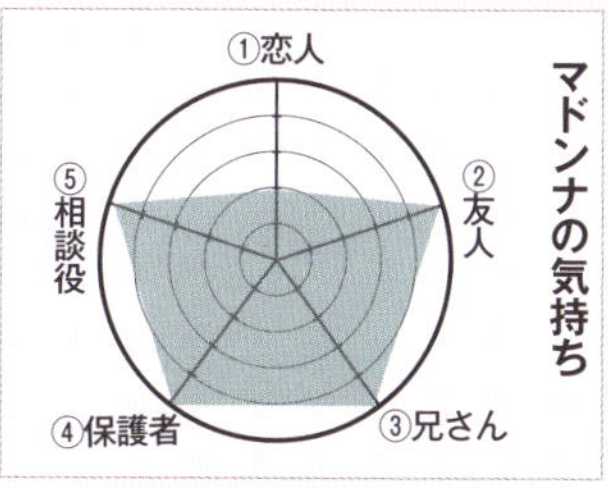

封切り日	1982(昭和57)年12月28日
上映時間	105分
マドンナ	田中裕子
ゲスト	沢田研二、朝丘雪路、内田朝雄、児島美ゆき
ロケ地	大分県宇佐市、大分県杵築市、千葉県習志野市など

31 旅と女と寅次郎 ……1983

主な舞台＝京極駅／出雲崎港／宿根木／小木港／新潟交通／沢崎鼻灯台／良寛堂／萬代橋(順不同)

あらすじ

●演歌の女王を癒やした寅さん

寅さんが新潟から佐渡島へ漁船で渡ろうとしていたところ、「同乗させて」という女性が現れた。新潟公演の会場から逃げ出した演歌歌手の京《きょう》はるみ(マドンナの都《みやこ》はるみ)である。すでに巷では「京はるみが急病」などと報道合戦が繰り広げられていた。

事実を隠した所属事務所の社長(藤岡琢也《ふじおかたくや》)が躍起になって行方を探すが、皆目分からない。その頃、はるみは寅さんと一緒に、佐渡島で夫婦のようにゆったりとした時間を過ごしていた。

宿根木《しゅくねぎ》の宿。ほろ酔い気分で歌うのは「矢切の渡し」だ。寅さんは「うまいなー、歌が。銭取れるよ」。はるみが寝た後、宿の女将が、サインをもらうと言いだし、京はるみと知ったが、寅さんは事情を慮《おもんぱか》って知らぬふりを通した。翌日、たらい舟に乗っていると、事務所から追跡の手が迫り、別れの時がやってきた。

◉「とらや」で独唱したはるみ

柴又に戻った寅さんの元へはるみが訪ねて来た! 町中が大騒ぎである。はるみは感謝の気持ちを込め、縁側で「アンコ椿は恋の花」を披露。寅さんは復帰したはるみを祝福しつつ旅へ出た。

都はるみの浴衣姿に見ほれた。舞台衣装では出せない大人の色気が感じられる。

見どころ

①宿で歌うはるみ。艶っぽい歌声がしじまに吸い込まれていった。

②復帰コンサート。さくらと博の姿はあったが、寅さんはいない。旅先から花が贈られてきた。

「♪海は荒海〜」。はるみの歌声が青い海に吸い込まれていく。

上映データ

笑撃度＝★★★☆☆
郷愁度＝★★★★★
鉄分度＝★★★☆☆
幸福度＝★★★★★
昭和度＝★★★★☆

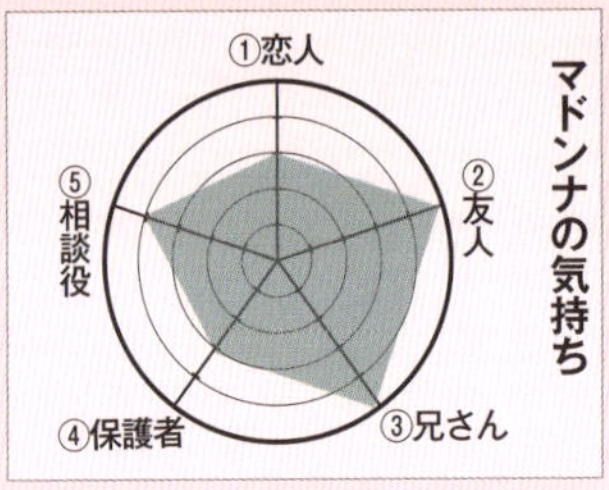

観客動員数｜1,511,000人
シリーズ歴代動員数30位
(第37作と同順)

封切り日	1983(昭和58)年8月6日
上映時間	100分
マドンナ	都はるみ
ゲスト	藤岡琢也、細川たかし、北林谷栄
ロケ地	新潟県出雲崎町、新潟県佐渡市、新潟県新潟市など

32 口笛を吹く寅次郎……1983

主な舞台＝備中国分寺跡／因島大橋／御机／水江の渡し／高梁市内各所／ハチ公前(順不同)

あらすじ

◉寅さんに寺を継いで欲しかった?

岡山県高梁《たかはし》市。博の父の三回忌法要に博、さくら、満男が参列すると、寅さんが住職(松村《まつむら》達《たつ》雄《お》)の隣で鐘を叩いていて、一同蒼白となる。

寅さんは住職に気に入られて居ついたのだが、お目当ては住職の娘・朋子《ともこ》(マドンナの竹下景子《たけしたけいこ》)。これに寺の跡取り・一道《かずみち》(中井《なかい》貴《き》一《いち》)と酒屋の娘・ひろみ(杉田《すぎた》かおる)の恋もからんで物語は進む。

一道はカメラマン志望で、寺を継ぐ気はない。寅さんの修行しだいによっては、養子に入って朋子と夫婦の道も。朋子もまんざらではない気持ちだったが…。

見どころ

①ひろみが高梁川を見下ろす高台で寅さんに恋愛相談をしていると、話が自分と朋子に及んでたじたじとなる。

②柴又駅。二人の別れ。朋子は寅さんが大好きなのだ。

上映データ

笑撃度＝★★★★☆
郷愁度＝★★★★☆
鉄分度＝★★☆☆☆
幸福度＝★★★★☆
昭和度＝★★★★☆

観客動員数｜1,489,000人
シリーズ歴代動員数32位

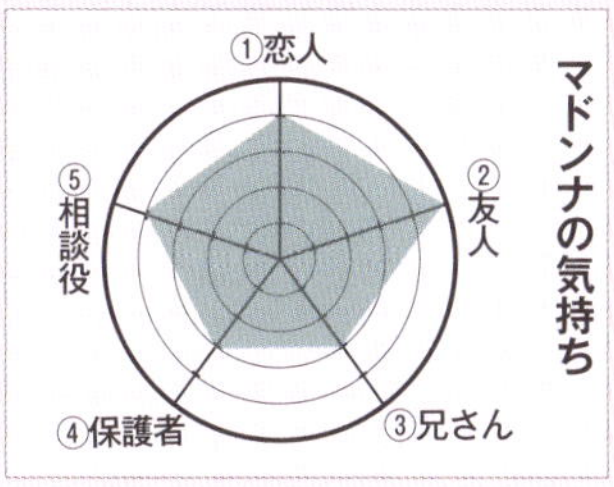

封切り日	1983（昭和58）年12月28日
上映時間	104分
マドンナ	竹下景子
ゲスト	中井貴一、杉田かおる、松村達雄
ロケ地	岡山県高梁市、広島県尾道市、鳥取県江府町など

33 夜霧にむせぶ寅次郎……1984

主な舞台＝別寒辺牛湿原／幣舞橋／根室市内各所／盛岡城跡公園／上の橋／養老牛温泉（順不同）

あらすじ

◉「寅さんが若かったら…」

盛岡で寅さんは、堅気になった舎弟の登に会う。観光名所の上の橋の袂で営業する食堂の親父になっていた。

その後、近況報告で「とらや」に電話すると、タコ社長の娘・あけみ（美保純《みほじゅん》）の縁談がまとまったと聞くが、寅さんは帰郷せずに北海道に旅立った。

旅の途中、釧路《くしろ》で理容師・風子《ふうこ》（マドンナの中原理恵《なかはらりえ》）と知り合った寅さん。話が弾み、一緒に根室に行くことにした。相部屋となった冴えない中年男・福田（佐藤B作《さとうびーさく》）も一緒である。福田は霧多布《きりたっぷ》へ逃げた女房を探しに行くという。男の女房探しに付き合った後、二人は根室へ急いだ。

風子は親類の美容院で働くことになったが、サーカスのオートバイ乗りのトニー（渡瀬恒彦《わたせつねひこ》）から声をかけられる。崩れた感じのトニーに風子は惹かれていくが、寅さんは地道な暮らしを説き、道央に旅立つ。

別れ際。風子は「寅さんがもう少し若かったら、寅さんと結婚するのに」とぽつり。これを聞いた寅さんは、柴又に帰っても風子のことが忘れられなくなる。

◉幸せな結婚をした風子

ある日、トニーが「とらや」へやってきた。トニーは風子と同棲中で、病床の風子が寅さんに会いたがっているという。寅さんは品川のアパートに向かい、風子を連れ帰った。風子が療養中、トニーに風子と別れるようにと頼み込んだが、風子は寅さんが止めるのも聞かず、再びトニーの元へ。

やがて風子から便りがきた。トニーと別れ、「真面目な美容師と結婚することになった」という。式にはさくら一家が参列。遅れて寅さんもやってきた。


成長したタコ社長の娘・あけみが登場。明け透けな現代っ子のあけみは、第39作までレギュラー出演し（第50作も）、シリーズに花を添えた。演じた美保純の「あっかんべー」はかなりの破壊力を持つ。当時の既成社会に対する一種のアンチテーゼだったのではないだろうか。

美容師役で登場する人見《ひとみ》明《あきら》は、他作でもちょい役で姿を見せる。何にでも化けられる器用な喜劇人である。

見どころ

①寅さんと登の邂逅《かいこう》。女房に「酒と肴買ってこい！」と怒鳴る登。すると寅さんは、「もう渡世人の暮らしは忘れろ」と突き放す。以後、登はシリーズに登場していない。

②風子の結婚式。遅れてやってきた寅さんは、ヒグマに追いかけられ、結婚式を中断しての大騒動が勃発。助かって安心すると、「博、俺足あるか？」。見ると草履が半分食われていた。

上映データ

笑撃度＝★★★★★
郷愁度＝★★★★☆
鉄分度＝★★★☆☆
幸福度＝★★★★☆
昭和度＝★★★☆☆

観客動員数 1,379,000人
シリーズ歴代動員数40位（第35作と同順）

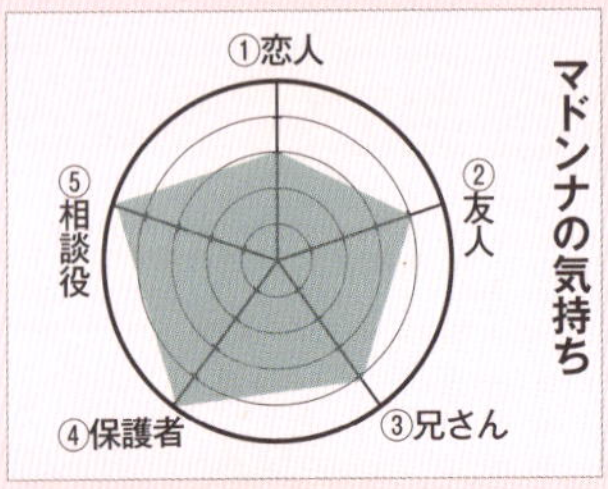

封切り日　1984（昭和59）年8月4日
上映時間　101分
マドンナ　中原理恵
ゲスト　渡瀬恒彦、佐藤B作、美保純、秋野太作
ロケ地　北海道釧路市、北海道根室市、北海道中標津町など

34 寅次郎真実一路 ……1984

主な舞台＝丸木浜／伊作駅／城山公園展望台／枕崎駅／牛久沼／筑波山神社／鰻温泉（順不同）

あらすじ

●人妻にほれた寅さんの懊悩

寅さんは上野の焼き鳥屋で、鹿児島出身の証券マン・富永《とみなが》（米《よね》倉《くら》斉《まさ》加《か》年《ね》）と意気投合。飲み代は富永のおごりである。後日、お礼に寅さんがご馳走したのはいいが、酩酊して富永の家へ。翌朝、富永の妻・ふじ子（マドンナの大原麗子《おおはられいこ》）の美貌に驚いた。

ある日、富永が失踪したとふじ子から連絡があり、寅さんは彼女と捜索の旅に出た。指宿《いぶすき》、枕崎《まくらざき》、知覧《ちらん》と郷里の鹿児島県内を歩き回る間に、ふじ子への思いが強くなる。人倫にもとると、悩み苦しむが、やがて富永は妻子のもとへ戻って、寅さんは塗炭《とたん》の苦しみから解放された。

見どころ

①夫婦喧嘩して実家に帰ったあけみ(美保純《みほじゅん》)。そこに寅さんが帰ってきて大騒動に。

②ラスト。鹿児島交通枕崎線伊《い》作《ざく》駅から廃線跡を歩いて行く。

上映データ

笑撃度＝★★★★☆
郷愁度＝★★★☆☆
鉄分度＝★★★★★
幸福度＝★★★☆☆
昭和度＝★★★★☆

観客動員数｜1,448,000人
シリーズ歴代動員数34位
(第28作と同順)

マドンナの気持ち

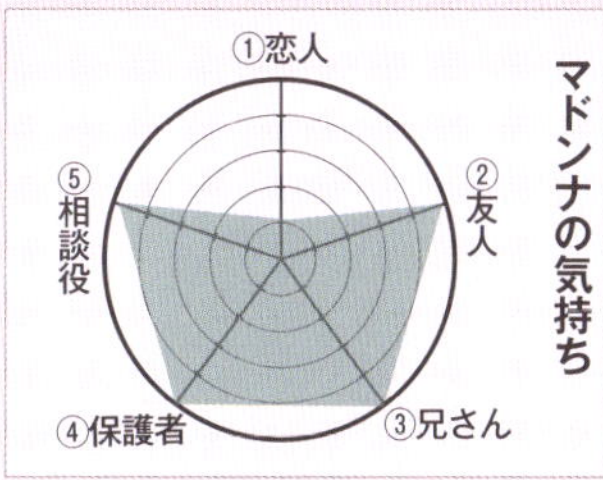

封切り日	1984 (昭和59) 年12月28日
上映時間	106分
マドンナ	大原麗子
ゲスト	米倉斉加年、辰巳柳太郎、風見章子
ロケ地	茨城県牛久市、鹿児島県指宿市、鹿児島県枕崎市など

35 寅次郎恋愛塾 ……1985

主な舞台＝伝通院／新上五島町内各所／水晶山スキー場／海野宿／舞田駅(順不同)

あらすじ

◉裏方に徹した寅さんの男粋

長崎県の中通島《なかどおり》。寅さんはテキ屋仲間のポンシュウ(関敬六《せきけいろく》)と、老婆に歓待されたが、老婆は翌朝急死。寅さんは孫娘の若《わか》菜《な》(マドンナの樋口可南子《ひぐちかなこ》)に一目ぼれしてしまう。

やがて「とらや」に失業中の若菜から礼状が届き、アパートを訪れる。彼女の職探しに力を貸す中、弁護士を目指す隣室の民夫《たみお》(平田満《ひらたみつる》)を知る。だが、彼は若菜に夢中で勉強が手につかない。

そこで寅さん、デートを段取るが失敗。失意の民夫は郷里の秋田へ。心配した寅さんは、若菜らと一緒に後を追う。実は若菜も民夫に好意を抱いていた…。

見どころ

①伝通院《でんづういん》。民夫に恋愛指南。どうにも民夫は頼りない。

②民夫のデート。ほぼ寅さんのシナリオ通りに運び、若菜は「泊まってもいいのよ」と言うが…。

データ

笑撃度＝★★★★☆
郷愁度＝★★★★☆
鉄分度＝★★☆☆☆
幸福度＝★★★★★
昭和度＝★★★★☆

観客動員数｜1,379,000人
シリーズ歴代動員数40位
(第33作と同順)

マドンナの気持ち

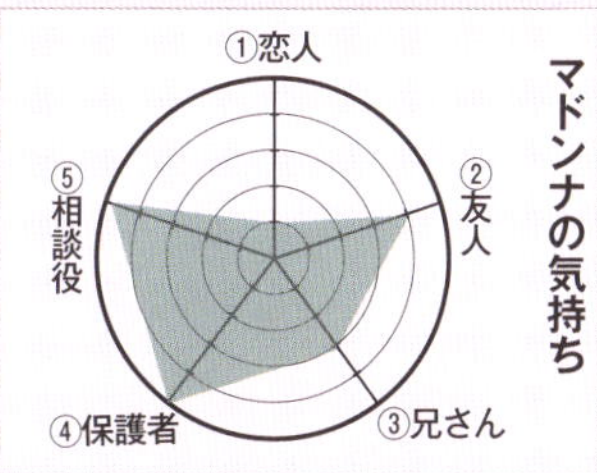

封切り日	1985 (昭和60) 年8月3日
上映時間	107分
マドンナ	樋口可南子
ゲスト	平田満、松村達雄、初井言榮
ロケ地	長崎県新上五島町、秋田県鹿角市、長野県東御市など

36

柴又より愛をこめて……1985

主な舞台＝みなと橋／入田浜／地鉈温泉／式根島各所／浜名湖館山寺港／調布飛行場（順不同）

あらすじ

◉同窓会の生徒に化けた寅さん

タコ社長がテレビに出演した。夫婦問題であけみ（美保純《みほじゅん》）が家出。探し人コーナーがある番組で帰宅を呼び掛けたのである。

それを見たあけみは、「伊豆の下田にいる。寅さんに会いたい」とさくらに電話。寅さんが下田の顔役に相談したところ、すぐにあけみの居所が判明した。

寅さんがあけみを探し当てると、さくらという名で飲み屋で働いていた。しかし「連れ戻しにきたの？ だったらやだよ」と塞ぎ込む。ならばしょうがないと、二人は気晴らしに式根島《しきね》へ渡った。

船中、寅さんは同窓会があるという小学校の卒業生たちと知り合った。島に着くと、真知子《まちこ》先生（マドンナの栗原小巻《くりはらこまき》）が出迎えていた。一目ぼれした寅さんは、同窓生と行動を共にし、あけみは放ったらかしに。

「寅！」と激怒したあけみは、勢いで旅館の若旦那の車に乗った。途中、太平洋を望む展望台や露天の地鉈《じなた》温泉に案内され、旅館へ着くと寅さんがいた。そこは同窓会場だったのである。だが、あけみは知らんぷりを決め込んだ。

調布飛行場に呼び出された寅さん。真知子《まちこ》から親友の夫と再婚する決意を告げられた。

◉島を思い出す言葉は禁句に

翌日、あけみは若旦那からプロポーズを受け、「私、人妻なの。ごめん」と逃げて、柴又に帰ることにした。真知子に思いが残るが、寅さんも一緒に船に乗った。

島から帰った寅さんは、ふぬけ同様。あけみから真知子のことを聞いたさくらは、「島」「海」「先生」を禁句とした。

そこへ真知子が訪ねてきた。心躍る寅さんだったが、彼女は亡くなった親友の夫（川谷拓三《かわたにたくぞう》）の求婚を受け入れ、寅さんの恋は空振りに終わった。

寅さんは備後《びんご》屋と麒麟《きりん》堂の式根島釣行に、同道すると言い出してきかない。寅さんの「熱病」は毎度のことだが、落ち着くまでのくだりは何度見ても飽きない。

見どころ

①満男の寅さんに対する評価。

「尊敬まではいかないけど…」と肯定的に変わってきた。

②下田であけみを探してくれた長八《ちょうはち》。演じたのは笹野《ささの》高史《たかし》。よれた感じで味がある。

③地鉈温泉。あけみはシリーズ唯一のヌードシーンを披露した。

④調布飛行場の別れ。寅さんは飛び立った飛行機を、じっとじっと見詰めていた。

上映データ

笑撃度＝★★★★☆
郷愁度＝★★★★☆
鉄分度＝☆☆☆☆☆
幸福度＝★★★★★
昭和度＝★★★☆☆

観客動員数 1,407,000人
シリーズ歴代動員数37位

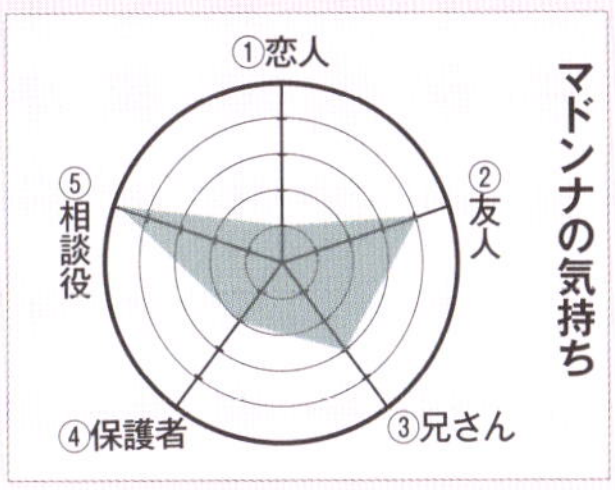

封切り日	1985（昭和60）年12月28日
上映時間	104分
マドンナ	栗原小巻
ゲスト	川谷拓三、田中隆三、アパッチけん
ロケ地	福島県柳津町、静岡県下田市、東京都新島村、東京都調布市など

37 幸福《しあわせ》の青い鳥 ……1986

主な舞台＝嘉穂劇場／田川伊田駅／萩市内各所／貝島炭鉱住宅／赤間神宮／門司港（順不同）

あらすじ

◉飯塚市で「大空小百合」に再会

寅さんは福岡県の飯塚に旅役者・坂東《ばんどう》鶴八郎《つるはちろう》を訪ねたが、すでに他界していた。家には鶴八郎の娘・美保《みほ》（マドンナの志穂美《しほみ》悦《えつ》子《こ》）がいた。子役だった大空《おおぞら》小百《さゆ》合《り》との再会である。

その後、美保は寅さんを頼って上京すると、看板職人の健吾《けんご》（長渕剛《ながぶちつよし》）と知り合う。健吾は落選を続ける画家の卵だ。美保は寅さんの紹介で、柴又のラーメン屋に職を得た。

ある日、落選してヤケになった健吾は美保を抱こうとする。美保は拒否したが、健吾のことは嫌いではない。やがて二人は結ばれ、寅さんは柴又を後にした。

見どころ

①美保の結婚相手を探す寅さん。区役所の結婚相談所へ。寅さんのモノローグが始まる。

②江戸川の堤でデートする満男。新たな物語の予感がした。

上映データ

笑撃度＝★★★★☆
郷愁度＝★★★★☆
鉄分度＝★★☆☆☆
幸福度＝★★★★★
昭和度＝★★★★☆

観客動員数 1,511,000人
シリーズ歴代動員数30位
（第30作と同順）

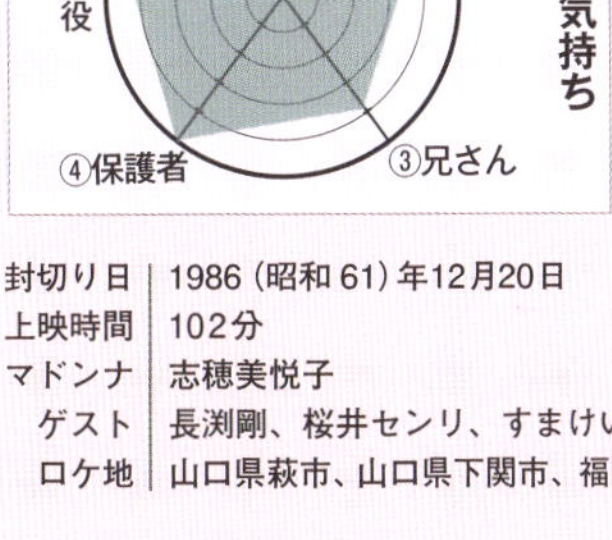

封切り日	1986（昭和61）年12月20日
上映時間	102分
マドンナ	志穂美悦子
ゲスト	長渕剛、桜井センリ、すまけい
ロケ地	山口県萩市、山口県下関市、福岡県北九州市、福岡県飯塚市など

38 知床慕情 1987

主な舞台＝ウトロ温泉／オシンコシンの滝／知床岬／知床自然センター／硫黄山売店（順不同）

あらすじ

◉獣医の順吉の家に長逗留

おいちゃんが肺炎で入院。跡継ぎの寅さんは店を手伝うことにした。だが、まったくの役立たず。思い余って旅に出た。

札幌で売《ばい》をして知床《しれとこ》にやってきた寅さんは、獣医の順吉《じゅんきち》（三船敏郎《みふねとしろう》）の車に同乗したことから、彼の家に厄介になる。偏屈で頑固な独り者だが、なぜか馬が合った。

順吉の世話をしているのは、スナックのママ・悦子《えつこ》（淡路恵子《あわじけいこ》）である。寅さんは夜、悦子のスナックへ飲みに行き、たちまち港町の人々と打ち解けてしまった。

そんな中、駆け落ちした順吉の娘・りん子（マドンナの竹下景《たけしたけい》子《こ》）が帰ってきた。離婚したという美しいりん子に、寅さんの心は揺れ動く。

◉出戻り娘にほれられた寅さん

ある日、東京の生活を精算したりん子のために、スナックの常連客が、バーベキューパーティを開いてくれた。席上、悦子は店をたたんで故郷へ帰ると宣言。すると、ずっと悦子にほれていた順吉は、寅さんの後押しで悦子への愛を告白する。

感動した一同、「知床旅情」を合唱。合唱の間、りん子は寅さんの手をしっかりと握っていた。りん子も寅さんに気持ちが動いているらしい。しかし、口さがない仲間の言動を気にして、寅さんは知床から去って行った。

「渡り鳥は南に帰ります。あなた様の幸せを祈りつつ」。りん子に残した手紙である。帰ることはないと思うが、照れくささが勝っての行動は、いかにも寅さんらしい。

見どころ

①三船敏郎が頑固親父を熱演。

②りん子が知床に寅さんを残して「とらや」へ挨拶にきた。寅さん不在で、さくらが「兄によろしく」とマドンナを見送るシチュエーションは珍しい。

上映データ

笑撃度＝★★★★☆
郷愁度＝★★★★☆
鉄分度＝★☆☆☆☆
幸福度＝★★★★★
昭和度＝★★★☆☆

観客動員数｜2,074,000人
シリーズ歴代動員数11位
キネ旬6位

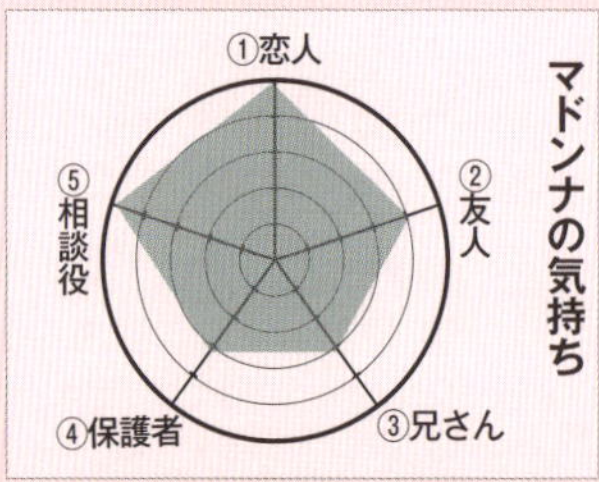

封切り日	1987（昭和62）年8月15日
上映時間	107分
マドンナ	竹下景子
ゲスト	三船敏郎、淡路恵子
ロケ地	北海道札幌市、北海道斜里町、北海道弟子屈町など

39

寅次郎物語 ……1987

主な舞台＝中妻駅／二見町／吉野町内各所／和歌山駅／和歌浦／大和上市駅／賢島（順不同）

あらすじ

◉高熱を発した子供にオロオロ

柴又駅。少年から「寅さん知ってる?」と聞かれた満男。飲みかけのジュースを吹き出してしまう。少年の名は秀吉《ひでよし》。寅さんの商売仲間の般若《はんにゃ》の政《まさ》とふで（五月《さつき》みどり）との間の子だ。しかし、ふでは極道の政に愛想をつかして家出。政は死の直前、秀吉に寅さんを頼れと言い残していたため、上京したのである。

やがて寅さんが帰ってきた。事情を聞くと、秀吉を連れてふでを探す旅に出る。旅は大阪・和歌山と続き、奈良県吉野に着いた晩、秀吉は宿で高熱を発してしまう。旅の疲れが出たのである。だが、子育て経験がない寅さんは、どうしていいか分からない。

◉寅さんは三人家族を夢見た

すると、旅をしながら化粧品セールスをしていた隣室の隆子《たかこ》（マドンナの秋吉久美子《あきよしくみこ》）が助けを買って出た。一夜明けると熱は下がったが、大事をとってしばらく一緒に過ごすことに。すると、いつのまにか隆子と「父さん」「母さん」と呼び合う仲となる。寅さんは三人の家族を夢見た。

快復した秀吉を見届けると、隆子は去る。ふでは三重県志摩市の松井真珠店で働いていることが分かり、秀吉はふでと再会。寅さんは秀吉とも別れた。

秀吉はふでと再会したものの、連絡船の別れで「おじさんと一緒がいい」と泣き続けた。だが、寅さんはあえて突き放す。名場面である。

見どころ

①満男が寅さんに聞く。「おじさん。人間てさあ、人間は何のために生きているのかな?」。満男の成長は著しい。

②ラストシーン。売《ばい》をしていると、寅さんはふでと秀吉、それに新しい父親の家族を目撃する。だが、寅さんは、声をかけずにそっと隠れた。

上映データ

笑撃度＝★★★☆☆
郷愁度＝★★★☆☆
鉄分度＝☆☆☆☆☆
幸福度＝★★★★★
昭和度＝★★☆☆☆

観客動員数｜1,434,000人
シリーズ歴代動員数36位

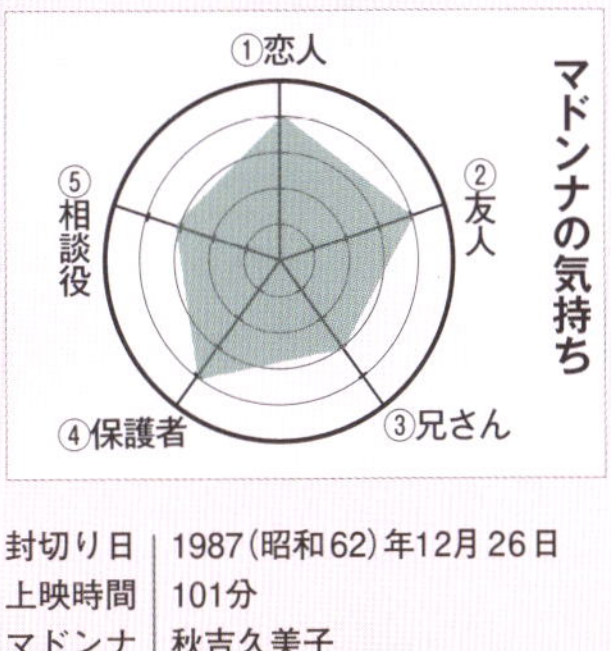

封切り日	1987（昭和62）年12月26日
上映時間	101分
マドンナ	秋吉久美子
ゲスト	五月みどり、松村達雄、河内桃子
ロケ地	和歌山県和歌山市、奈良県吉野町、三重県伊勢市など

シリーズは回を重ねるにつれ、寅さんが巻き起こす騒動に純朴な満男の成長物語が絡んでくる

40 寅次郎サラダ記念日……1988

主な舞台＝傍陽集落／小海線／小諸市内各所／島原城／早稲田大学（順不同）

あらすじ

◉未亡人の女医にほれられる?

小海《こうみ》線の終点、小諸《こもろ》駅で下車した寅さんは、駅前で一人暮らしの老婆と知り合い、山の麓の古民家に泊まった。翌朝、老婆を入院させるため女医・真知子（マドンナの三田《みた》佳子《よしこ》）が迎えに来た。老婆は病を得ていたのである。最初は渋っていた老婆も、寅さんの説得で入院する。

　これが縁で、寅さんは真知子の家に招かれた。家には、彼女の姪で早稲田大学に通う由紀《ゆき》（三田《みた》寛子《ひろこ》）がいた。聞くと真知子は未亡人で、由紀は文学専攻で短歌が趣味という。寅さんは真知子に恋するが、女医とでは釣り合いが取れるはずもない。

　柴又に戻った寅さんは、由紀を訪ねて早大生の茂《しげる》（尾美《おみ》としのり）を知る。数日後、真知子から上京すると連絡があり、「くるまや」の面々は、温かく迎えた。しかし、小諸の老婆が死去。落胆した真知子は病院を辞めると言い出すが、院長の説得で思いとどまる。

　真知子は縁談写真を見て「私、顎なんかむしろ張ってて、たくましい顔がいいわ」。こうも言う。「寅さんと話してるとね。私が一人の女だということを思い出すの」。女医の彼女が寅さんに好意を抱いていたのは確かである。

見どころ

①アバンタイトル。小海線の車窓を眺めながら酒を飲む。車掌

に酒を勧めると、スルメに改札バサミを入れられた。

②本作から「とらや」は「くるまや」に屋号が変更された。

③前作に引き続き、満男が寅さんに人生相談。「大学に行くのはなんのためだ？」。

④早稲田大学の講義に紛れ込んだ寅さん。トンチンカンな〝産業革命論争〟を巻き起こす。

上映データ

笑撃度＝★★★★☆
郷愁度＝★★★★★
鉄分度＝★★★★☆
幸福度＝★★★★☆
昭和度＝★★★☆☆

観客動員数｜1,822,000人
シリーズ歴代動員数24位

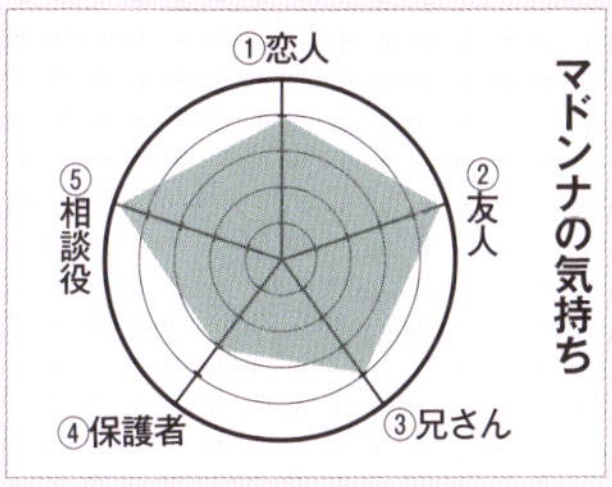

封切り日	1988（昭和63）年12月24日
上映時間	99分
マドンナ	三田佳子
ゲスト	三田寛子、尾美としのり、鈴木光枝
ロケ地	長野県小諸市、長野県上田市、長崎県島原市など

41 寅次郎心の旅路……1989

主な舞台＝松島町内各所／栗原電鉄／気多神社／ウィーン市内各所（順不同）

あらすじ

◉ウィーンでも寅さんは寅さん

寅さんは心身症のサラリーマン・兵馬《ひょうま》（柄本明《えもとあきら》）の自殺未遂事件に関わる。助かって躁《そう》となった兵馬は、ウィーンへ行こうと言い出した。

決して冗談ではなく、寅さんは半ばだまされるように「音楽の都」へ。ウィーンでは歴史にも音楽にも興味がわかず、兵馬とは別行動。案の定、迷子となったが、現地の観光ガイド・久美子《くみこ》（マドンナの竹《たけ》下《した》景子《けいこ》）と彼女の恩人のマダム（淡《あわ》路《じ》恵子《けいこ》）に助けられる。

寅さんは久美子とドナウ川のほとりを散策。「大利根月夜」を歌うなど、いい雰囲気。久美子は寅さんと一緒に日本に帰る決心をするが、恋人が空港で引き止めて断念。寅さんはむなしく帰国する。

見どころ

①助けられた兵馬は、寅さんと宿屋で飲み明かす。兵馬が「あなたはどういう方？」。すると寅さん、「一言でいって旅人。稼業で言うと渡世人」。

上映データ

笑撃度＝★★★★☆
郷愁度＝★★★★★
鉄分度＝★★★☆☆
幸福度＝★★★★☆
平成度＝★★★☆☆

観客動員数｜1,852,000人
シリーズ歴代動員数22位

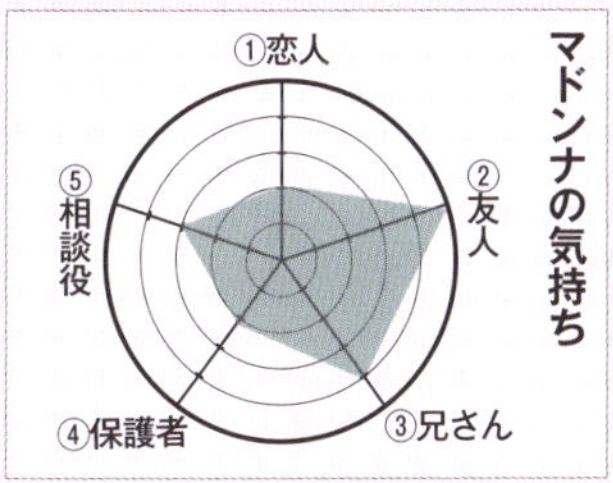

封切り日	1989（平成元）年8月5日
上映時間	109分
マドンナ	竹下景子
ゲスト	柄本明、淡路恵子
ロケ地	オーストリア・ウィーン、宮城県栗原市、静岡県沼津市など

42

ぼくの伯父さん……1989

主な舞台＝古湯温泉／吉野ケ里遺跡／小城駅／小城高校／松原神社／袋田駅／須賀神社(順不同)

あらすじ

◉満男は"大冒険"で成長する

高校を卒業した満男は、予備校に通う浪人生。だが、授業中、頭に浮かぶのは名古屋に転校した高校時代の後輩・泉《いずみ》(マドンナの後藤久美子《ごとうくみこ》)のことばかり。成長して寅さんに悩みを相談することが多くなった満男。酒を飲まされた折、恋の悩みを打ち明ける。寅さんに話を聞いてもらいすっきりしたが、千鳥足で帰宅すると博に殴られた。寅さんも博と大げんかして旅へ。

思いあまった満男は、泉の住む名古屋を目指してバイクで旅立つ。しかし、泉は名古屋にいなかった。水商売をしている母親の礼子《れいこ》(夏木《なつき》マリ)に反発して叔母・寿子《ひさこ》(マドンナの檀《だん》ふみ)を頼り、佐賀の高校に通っていたのである。

満男は礼子の店を訪ね、佐賀の住所を教えてもらった。しかし、先を急いだために福岡県の三瀬《みつせ》峠で転倒。ハーレーに乗った親切なバイカーに助けられたが、一緒に宿屋に泊まるとゲイだった。

◉鼻の下を伸ばしかけたが…

ようやくたどり着いた佐賀で泉に会い、その晩、安宿に泊まると寅さんがいた。翌日、寅さんは挨拶かたがた満男と一緒に寿子の家へ行く。二人は泉の大切なお客様である。寿子の家でさんざんもてなされ、鼻の下を伸ばす寅さんだったが、彼女は夫(尾藤《びとう》イサオ)のある身だ。いか

本作の宣伝用写真。

んともし難い。
翌日、泉との再会を約束して寅さんは佐賀を去った。

泉との別れ際、満男は「軽い気持ちで、アイ・ラブ・ユー」と言いながらキスをしようとした。だが、フルフェイスを被ったままだったのでゴツン。無様な結末となった。満男の中には、確実に寅さんの血が流れているのである。

見どころ

①後藤久美子が演じる泉が初登場。以後、第43作、第44作、第45作、第48作、第50作に出演。物語に深く絡んでくる。

②寅さんは悩み多い満男を飲み屋に連れて行く。まずは酒の飲み方を伝授。このくだりは必見である。その後、博とさくらの恋愛を引き合いに、独自の恋愛論を開陳する。

③佐賀の宿屋で寅さんと出会った満男。「俺、彼女の都合も考えずに突然来たりして、相当あつかましいよ」と悩みを話すと、「実は女はそんなふうには思わない」とここでも寅さんの恋愛講義が始まった。小《お》野《のの》小《こ》町《まち》の話である。

④満男と泉がタンデムで走り抜ける佐賀の美しい里山風景。泉はつらい過去を打ち明けた。

上映データ

笑撃度＝★★★☆☆
郷愁度＝★★★★☆
鉄分度＝★★★☆☆
幸福度＝★★★★★
平成度＝★★★★☆

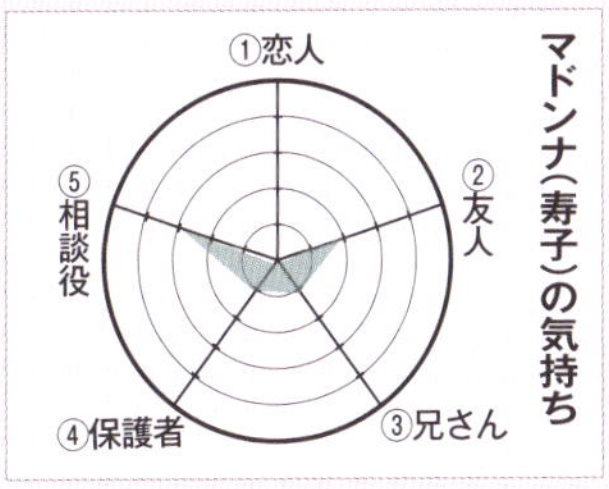

観客動員数｜1,900,000人
シリーズ歴代動員数17位

封切り日	1989（平成元）年12月27日
上映時間	108分
マドンナ	檀ふみ、後藤久美子
ゲスト	夏木マリ、尾藤イサオ
ロケ地	茨城県大子町、愛知県名古屋市、佐賀県小城市など

43 寅次郎の休日……1990

主な舞台＝亀都起神社／日田祇園祭り／耶馬渓（順不同）

あらすじ

●満男は泉と一緒に日田へ

八王子の大学に合格した満男は不満を持っていた。バイク通学が大変で、アパートを借りたいというのである。この独立問題では、両親と喧嘩ばかりの毎日。

ある日、アパートを強引に決め、荷物を運ぼうと友人たちとトラックで家へ戻った。すると泉《いずみ》（マドンナの後藤《ごとう》久美子《くみこ》）が訪ねてきているではないか。満男は友人たちに引越の中止を宣言。友人たちはカンカンである。

泉の上京は、別居中の父・一男《かずお》（寺尾《てらお》聰《あきら》）にもう一度やり直してほしいと頼みに来たのだ。しかし、会社はすでに退職して、大分県日田《ひた》市に転居した後だった。女性と暮らしているらしいが、泉は日田へ向かうことにした。

満男は見送りのつもりが、発車間際の新幹線に思わず飛び乗ってしまう。一方、泉を連れ戻しに柴又に来た母親の礼子《れいこ》(マドンナの夏木《なつき》マリ)は、行き違いとなってしまった。泉が日田へ行ったことを知ると、居合わせた寅さんとともにブルートレイン「はやぶさ」で九州へ向かう。車中、酒を酌み交わす二人。寅さんは礼子の色っぽさに参ってしまった。

泉は日田で製材所で働いている父を探し当てるが、幸福そうな様子で帰ってほしいとは言えない。そこに後を追って来た二人が合流。四人は家族のような一夜を過ごす。だが、翌朝、泉たちは置き手紙を残し、名古屋へ向かった。満男はバス停まで走り、泉に「頑張れよ」と声を掛けた。

満男と泉は共に好意を持っているが、泉は高校生。先は長い。満男、泉、寅さんが綾なす物語は勢いを増していく。

見どころ

①礼子が訪ねて来るシーン。寅さんの豹変ぶりが笑える。

②「はやぶさ」車中の寅さんと礼子の会話。ちょっと危うい。

上映データ

笑撃度＝★★★★☆
郷愁度＝★★★☆☆
鉄分度＝★★★★★
幸福度＝★★★★☆
平成度＝★★★★☆

観客動員数｜2,083,000人
シリーズ歴代動員数10位

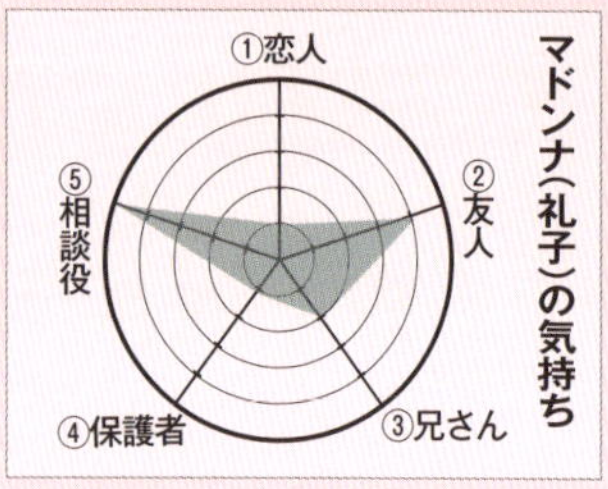

封切り日	1990(平成2)年12月22日
上映時間	105分
マドンナ	夏木マリ、後藤久美子
ゲスト	寺尾聰、宮崎美子
ロケ地	大分県日田市、大分県玖珠町、愛知県名古屋市など

泉《いずみ》と礼子《れいこ》は夕方までに名古屋に帰らなければならず、福岡行きの日田バスに乗った。宿屋の置き手紙を見た満男は逡巡したが、「青年、行け!」と励ます寅さんの言葉を受けて走りに走った。福岡行きのバスはまさに発車寸前であった。

44 寅次郎の告白 …………1991

主な舞台＝倉吉市打吹玉川／奥恵那峡／安弘見神社／安部駅／若桜橋／鳥取砂丘（順不同）

あらすじ

◉焼け木杭に火が付いた寅さん

アバンタイトル。寅さんはテキヤ仲間のポンシュウ（関敬六《せきけいろく》）と一緒に、中央西線の落合川《おちあいがわ》駅に降り立つ。木曾川に面した無人駅である。バスに乗り遅れた二人は、奥恵那峡《おくえなきょう》下りの水上バスにも乗れず、地元住人の川船に同乗させてもらい川を下った。

満男は就職のため上京してきた泉《いずみ》（マドンナの後藤久美子《ごとうくみこ》）と再会。「くるまや」へ帰っていた寅さんも、楽器店に勤めたいという泉を励ました。しかし、銀座の大手楽器店の面接は不採用。気落ちして名古屋に帰るが、母・礼子《れいこ》（夏木《なつき》マリ）の再婚問題に悩んだ末、家出してしまう。

旅に出た寅さんは、鳥取県倉《くら》吉《よし》市で偶然、泉と出会い、親切な駄菓子屋の2階に泊めてもらった。一方、泉からのはがきで所在を知った満男も鳥取へ。砂丘で3人は合流した。

夜、寅さんはかつて思いを寄せていた聖子（マドンナの吉田日出《よしだひで》子《こ》）の営む料理屋に二人を案内。地元料理を堪能し、泊めてもらった。聖子は今は未亡人で、寅さんといいムードになるが…。翌日。三人は料理屋を後にした。

中央西線や北恵那鉄道の廃線跡、山陰本線、ラストの若桜《わかさ》鉄道安部駅など、鉄分の濃い作品である。

見どころ

①寅さんが「くるまや」の店内で、三平ちゃんをサクラとして使った売《ばい》を披露する。

②ラスト近く、山陰本線の大阪行きディーゼルカーのボックス席。満男と泉は手を握り合っていた。車窓には日本海。バックには徳永英明《とくながひであき》作曲の「どうしょうもないくらい」が流れた。徳永英明の楽曲は本作から第48作まで、満男と泉のシーンに使われた。

上映データ

笑撃度＝★★★☆
郷愁度＝★★★★☆
鉄分度＝★★★★★
幸福度＝★★★★★
平成度＝★★★☆☆

観客動員数｜2,100,000人
シリーズ歴代動員数9位

マドンナ（聖子）の気持ち

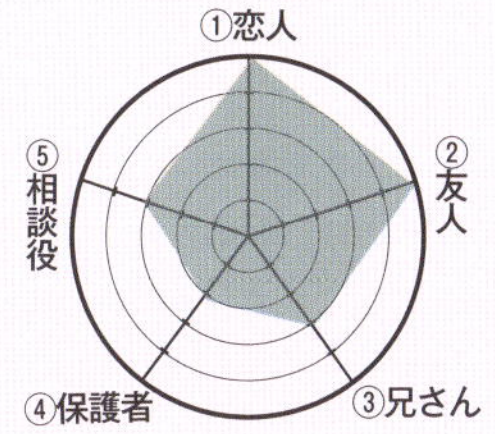

封切り日	1991（平成3）年12月21日
上映時間	103分
マドンナ	吉田日出子、後藤久美子
ゲスト	夏木マリ
ロケ地	岐阜県中津川市、鳥取県倉吉市、鳥取県鳥取市など

45 寅次郎の青春……1992

主な舞台＝下呂温泉／吾平津神社／宮崎空港／油津／石波海岸／青島神社／飫肥城址（順不同）

あらすじ

◉宮崎を舞台とした円熟の恋

泉《いずみ》（マドンナの後藤久美子《ごとうくみこ》）は東京のレコード店に就職。たびたび諏訪家を訪れるようになった。

一方、寅さんは宮崎県の港町・油津《あぶらつ》で理容店の店主・蝶子《ちょうこ》（マドンナの風吹《ふぶき》ジュン）と知り合い、雨宿りが縁で居候を決め込む。まるで髪結いの亭主である。

同じ頃、泉は友人の結婚式に出席するため宮崎に行き、寅さんとバッタリ。そこへ蝶子がやって来て、慌てた寅さんは足を捻挫してしまう。寅さんのけがは大したことなかったが、満男はそれを口実に宮崎へ行く。

宮崎に着くと、蝶子の弟・竜《りゅう》介《すけ》（永瀬《ながせ》正敏《まさとし》）と泉が迎えに来た。満男は泉と竜介が親密そうなので不機嫌となるが、彼には婚約者がいることがわかり、とたんに機嫌を直す。

満男と泉が帰る日、寅さんが一緒に帰ると言いだしたことで、蝶子は不機嫌になる。寅さんはまたもや女性の心を理解できないふり…。それでも気丈な蝶子は、車で寅さんたちを空港に送った。

蝶子は寅さんを愛した。一緒に暮らしてもいいとさえ感じていた。寅さんは分かっていても、逃げ道を探してしまう。悲しい性《さが》である。

見どころ

①堀川橋。飫肥《おび》杉の筏《いかだ》を引いたポンポン船が港へ向かい、運河の湖面が揺れる。「どこ行くの、これから？」「さあ、どこ行こうかな」「散髪してかんね？」「え」「だいぶ伸びちょるよ」この言葉で、寅さんと蝶子は接近した。日南《にちなん》地方の宮崎弁が心地良い。

②満男の性格は、女性とのやり取りにおいて寅さんと瓜二つである。本作にはそれが如実に出ている。泉が訪ねてきたシーン、けがを口実に宮崎へ飛ぶ

宮崎県串間市の石波海岸。海と戯れる満男と泉。この後、寅さんは蝶子《ちょうこ》に別れを告げた。

シーン、竜介に婚約者がいると分かったシーンである。

③寅さんが旅立つと言った浜辺。蝶子は怒って帰りかける。すると泉は、「おじちゃま、気がつかないの。愛しているのよ」。納得できない寅さん。この後、満男の寅さん分析が始まる。

④寅さんの帰京の挨拶。立派である。こういうのは如才ない。

上映データ

笑撃度＝★★★★☆
郷愁度＝★★★★☆
鉄分度＝☆☆☆☆☆
幸福度＝★★★★★
平成度＝★★★☆☆

観客動員数｜2,000,000人
シリーズ歴代動員数13位（第15作と同順）

マドンナ（蝶子）の気持ち

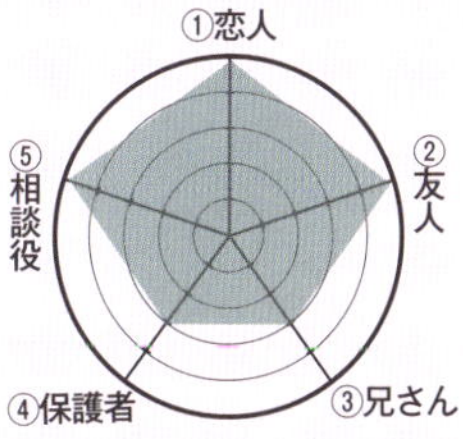

封切り日	1992（平成4）年12月26日
上映時間	101分
マドンナ	風吹ジュン、後藤久美子
ゲスト	永瀬正敏、夏木マリ
ロケ地	宮崎県日南市、宮崎県串間市、岐阜県下呂市など

46 寅次郎の縁談 ………1993

主な舞台＝富丘八幡神社／山あげ祭／志々島／東京駅／栗林公園／金刀比羅宮／高見島（順不同）

あらすじ

◉瀬戸内小島で発展した二つの恋

就活に悩む満男は、両親から逃げるように高松行きの寝台特急「瀬戸」に乗った。またもや家出である。寅さんが帰って来ると、連れ戻しに向かった。

瀬戸内海の琴島（架空の島）で見つけるが、満男は島に残ると言ってきかない。看護師の亜矢《あや》（城山美佳子《しろやまみかこ》）に恋していたのだ。

やむなく寅さんは、満男が逗留している家に泊まることに。すると、そこに葉子《ようこ》（マドンナの松《まつ》坂慶子《ざかけいこ》）がいた。葉子は神戸で料理屋を経営していたが、島で療養中とのこと。舞い上がる寅さん。葉子も寅さんのやさしさにほだされ、恋をした。

見どころ

①「寅さん、本当に独身？」と葉子が満男に聞く。満男が「お姉さん、伯父さんのこと好きなんですか？」と返すと、「うん」と葉子はうなずいた。

上映データ

笑撃度＝★★★☆☆
郷愁度＝★★★★☆
鉄分度＝★★★☆☆
幸福度＝★★★★☆
平成度＝★★★★☆

観客動員数｜2,162,000人
シリーズ歴代動員数6位

マドンナの気持ち

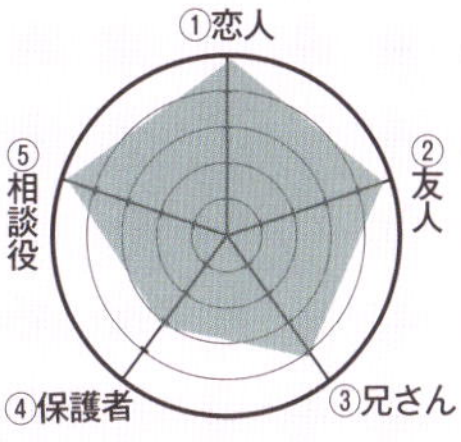

封切り日	1993（平成5）年12月25日
上映時間	103分
マドンナ	松坂慶子
ゲスト	城山美佳子、島田正吾、光本幸子
主なロケ地	香川県琴平町、香川県多度津町、香川県高松市など

㊼ 拝啓 車寅次郎様……1994

主な舞台＝春日山神社／菅浦／鎌倉高校前駅／長浜市内各所／雲仙バス停／高田各所（順不同）

あらすじ

◉仕事に悩み、恋にもだえる満男

満男は浅草に本社を置く靴メーカーに就職した。入社して半年、毎朝起きるのがつらい。ある日、長浜市に住む先輩・川《かわ》井《い》（山田雅人《やまだまさと》）から手紙が届いた。「相談がある。祭りに来い。大歓迎する」という内容である。

そんな日、寅さんが帰ってきた。夜、満男の就職を祝い、セールスの貴重なアドバイスを与えた。しかし翌日、満男の会社に挨拶に行く行かないで、おいちゃんと喧嘩して旅へ。

旅先、琵琶湖で撮影旅行中の人妻・典子《のりこ》（マドンナのかたせ梨《り》乃《の》）と出会うが、彼女は撮影中に転んでケガを負ってしまう。寅さんはあわてて骨接ぎに担ぎ込み、成り行きで旅館に同宿した。

二人で酒を酌み交わすと、典子は酔って、冷え切った夫婦関係を語りだした。寅さんはやるせなくなったが、翌日、夫が迎えに来て刹那の恋は終わった。

一方、長浜に向かった満男は、川井の妹で気の強い菜穂《なほ》（牧瀬里《まきせり》穂《ほ》）に町を案内してもらう。最初はつっけんどんだったが、すぐに仲良くなり、祭りを楽しんでいると、そこに寅さんが現れた。

どうやら川井は、菜穂と満男を結び付けたかったようで、うまくいきそうに見えたが、川井の無神経な言動が菜穂と満男の間に溝を作ってしまう。

◉寅さんの恋は抑制の美学

柴又に寅さんが戻る前、典子が寅さんを訪ねてきていた。それを聞いた寅さん。満男の運転する車で鎌倉の自宅に向かったが、はやる心を抑制し、車中から姿を見るにとどめた。元気な様子を見て安心したのである。

江ノ電の鎌倉高校前駅で寅さんを見送る別れ際、満男は菜穂に振られたと報告し、寅さんから叱咤激励を受ける。

> 前作と本作には泉は登場しない。亜矢と菜穂との出会いで、満男の心は揺れる。それがまた泉への愛を深める結果となっていく。

見どころ

①寅さんが満男にセールスの極意を伝授する。2本の鉛筆を満男に差し出し、「売ってみな」。満男は「こんな鉛筆、売りようないじゃないか」。すると寅さんは、母の思い出を織り交ぜながらセールスし、満男に買わせてしまった。芸術的な語りである。

②ラストシーン。正月に突然、菜穂が仲直りに柴又にやってきた。喜色満面の満男が、心の中で寅さんに報告する「拝啓、車寅次郎様、伯父さん、僕は近頃、伯父さんに似てきたと言われます(中略)。僕にはそれが悪口には聞こえないのです」と心の中でつぶやく。拍手である。

上映データ

笑撃度＝★★★★☆
郷愁度＝★★★★★
鉄分度＝★★★☆☆
幸福度＝★★★★★
平成度＝★★★★☆

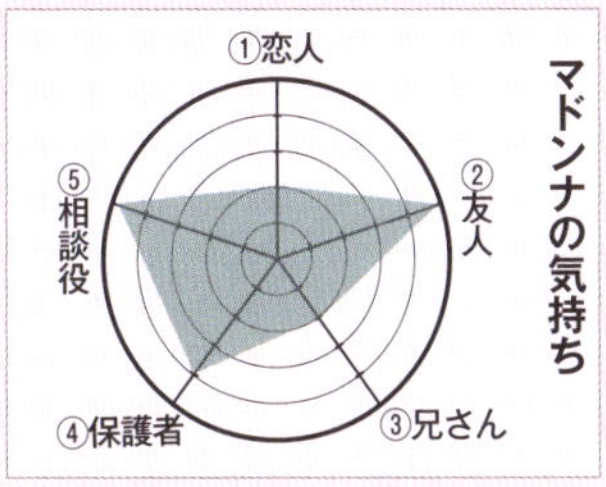

観客動員数｜2,176,000人
シリーズ歴代動員数5位

封切り日	1994(平成6)年12月23日
上映時間	100分
マドンナ	かたせ梨乃
ゲスト	小林幸子、牧瀬里穂、山田雅人
ロケ地	神奈川県鎌倉市、滋賀県長浜市、新潟県上越市など

48 寅次郎 紅《くれない》の花 ……1995

主な舞台＝勝山町並み保存地区／古仁屋港／津山市内各所／美作滝尾駅／諸鈍の浜(順不同)

あらすじ

◉満男の泉への思いが爆発

アバンタイトル。寅さんはポンシュウ(関敬六《せきけいろく》)と因美《いんび》線の美作《みまさか》滝尾《たきお》駅で列車を待っている。

駅員が新聞を見ていると、広告欄に「寅 みんな心配しています。連絡してください。さくら」とある。当の本人は今、中国勝山駅まで490円のきっぷを買ったばかり。知らずに駅員は「女つくって家を出たんじゃ。しょうがないやつじゃ」と非難した。

勝山に着いたのはいいが、醸造所の試飲酒を飲み過ぎて、売《ばい》に身が入らない。その頃、さくらたちは、「ボランティアを考える」という番組の阪神・淡路大震災の映像に、被災者を励ます寅さんの姿を見てびっくり。

一方、泉《いずみ》(マドンナの後藤久美子《ごとうくみこ》)が満男を訪ねてきた。久しぶりの再会だったが、「結婚する」という話を聞いて愕然とする。ヤケになった満男は、家を出てとんでもない行動に出た。結婚式の行われる津山に乗り込んで式をぶち壊してしまったのである。

泉は満男の気持ちを汲んで結

車に乗って、輿入れの車を妨害する満男。見据えているのは、白無垢《しろむく》姿の泉《いずみ》で、直後、大乱闘が繰り広げられた。

第49作「寅次郎ハイビスカスの花 特別篇」の幻影シーン。満男は国府津駅のホームで「あー、会いたいなあ、伯父さんに」。すると対向ホームに寅さんが現れた。満男に気づいた様子だが、電車が通過するとその姿はかき消えていた。
あー、会いたいなあ、伯父さんに

婚を白紙に戻したが、自責の念にかられた満男はあてどない旅へ出た。行き着いた先は奄美の加《か》計呂麻《けろま》島である。

◉諸鈍で「ああ！満男」

満男が港で途方に暮れていると、島の東部、諸鈍《しょどん》に住んでいるリリー（マドンナの浅丘《あさおか》ルリ子）に拾われた。リリーが満男に会ったのは小学生の頃。なので互いに誰とは分からない。満男を家に連れて帰ると、居候していた寅さんが「ああ！満男」。そこで初めてリリーと満男は再会を喜び合った。

やがて泉も島に渡って来た。諸鈍の徳浜《とくはま》海岸。意を決した満男は泉に「愛してる」と告白。二人には未来が開けてきた。

だが、寅さんとリリーはけんかの繰り返し。仲直りして二人で柴又に帰ったが、ここでもまた言い争い。それでも何とか一緒に加計呂麻へ帰って行った。けんかするほど仲がいい？　寅さんとリリーの未来に燭光は見えるのか…。

テレビ版の寅さんの終焉の地が奄美。寅さんとリリーの〝定住地〟には、奄美が相応しいと思うのだが…。

見どころ

①全編。物語のピースは、はまるようではまらない。未来に期待はふくらむばかり。寅さんの物語は永遠なのである。

上映データ

笑撃度＝★★☆☆☆
郷愁度＝★★★★★
鉄分度＝★★★★☆
幸福度＝★★★★★
平成度＝★★★★★

観客動員数｜1,700,000人
シリーズ歴代動員数28位

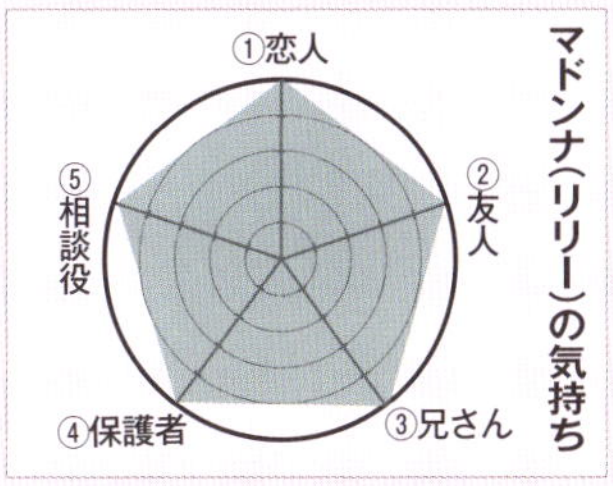

封切り日	1995（平成7）年12月23日
上映時間	107分
マドンナ	浅丘ルリ子、後藤久美子
ゲスト	夏木マリ、田中邦衛
ロケ地	岡山県津山市、鹿児島県奄美市、兵庫県神戸市など

49 寅次郎ハイビスカスの花 特別篇 ……1997

主な舞台＝国府津駅／オクマビーチ／小岩駅／本部町／白糸の滝／草軽交通バス停（順不同）

◉回想シーンが追加された特別篇

国府津《こうづ》駅で満男が見た寅さんの幻影と、満男の夢を冒頭に追加し、タイトルバックも異なる特別篇。渥美清逝去の約1年後に公開された。他の部分は第25作と同じだが、音声をデジタル化し、映像を補正したリマスター版である。主題歌を八代亜紀が熱唱。追加シーンは、伯父さんを慕う満男の気持ち、そして寅さんが満男を愛する気持ちが切々と伝わってくる。まるで白日夢のようである。上映時間は3分増えて106分。「見どころ」「上映データ」は第25作を参照。

50 お帰り 寅さん……2019

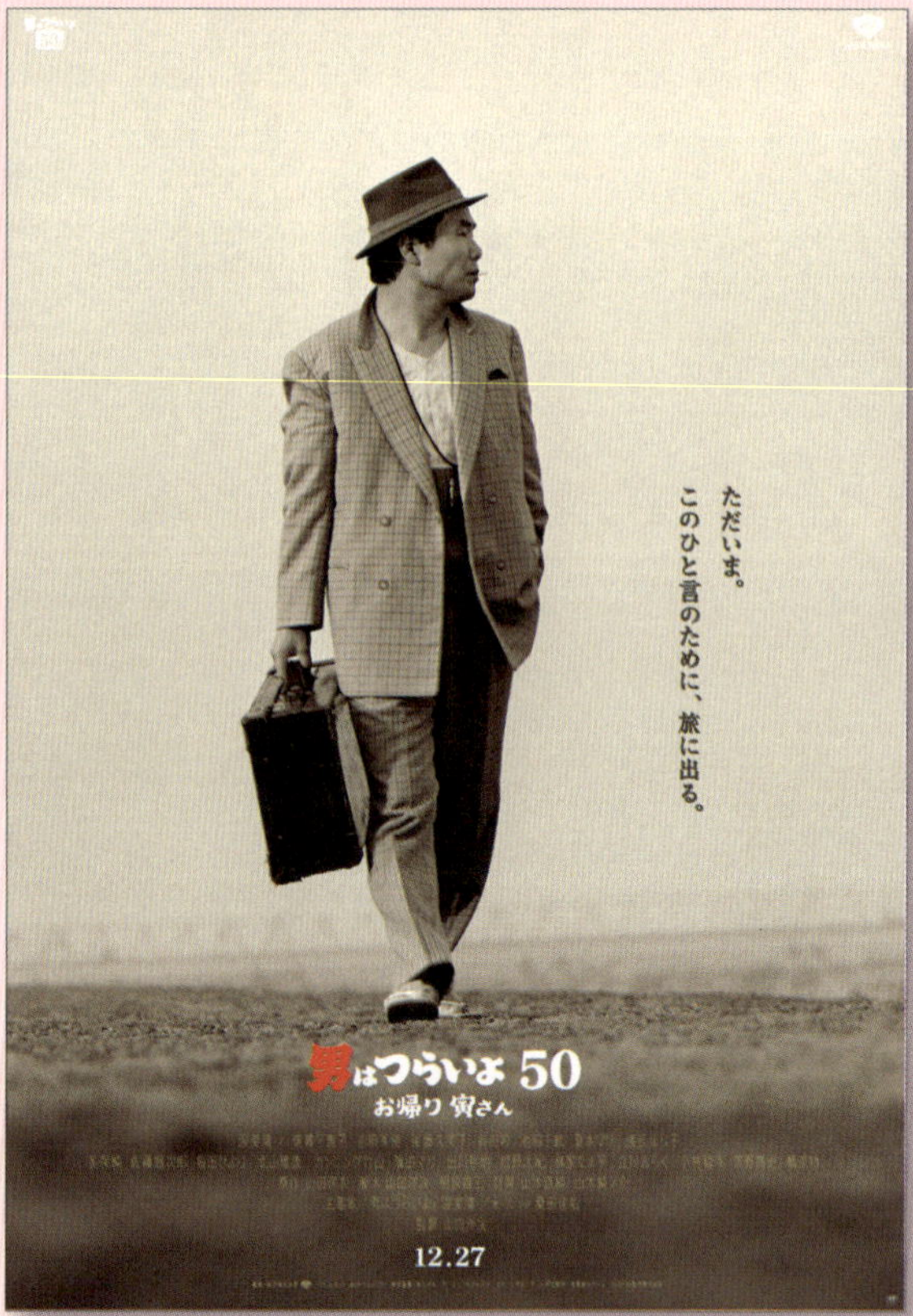
ただいま。
このひと言のために、旅に出る。
男はつらいよ 50
お帰り 寅さん
12.27

主な舞台＝サニーヒル横須賀／八重洲ブックセンター八重洲本店／宮川公園・宮川大橋／成城大学(順不同)

あらすじ

◉どこまでも歩み続ける後ろ姿

「くるまや」の店舗は、新しいカフェに生まれ変わっていた。茶の間には、博とさくらが住んでいる。

満男は亡妻との間に生まれた中学3年生の娘・ユリ(桜田《さくらだ》ひより)と二人暮らし。勤めのかたわら書いた小説が評価され、小説家となっていた。新作の評判も良く、編集者の高野(池脇千鶴《いけわきちづる》)からは次作の依頼を受けている。

ある日、満男は妻の七回忌法要の後、実家へ。思い出話に花を咲かせたが、気になるのはしばらく会っていない寅さんのこと。

ある日、満男が書店でサイン会を行っていると、ヨーロッパで国連難民高等弁務官事務所の職員として働いているイズミ(泉／後《ご》藤《とう》久《く》美《み》子《こ》)と再会する。かつての恋人である。

驚いた満男は、小さなジャズ喫茶に連れて行く。経営者は何とリリー。イズミとは加計呂麻《かけろま》島の別れ以来で、話題になるのは寅さんのことばかり。やがてリリーが寅さんとの過去の出来事の顛末を語り始めた。満男の心に去来するのは、どこまでも歩み続ける寅さんの後ろ姿であった。

そして空港。イズミとの別れがやってきた。

過去と現在の映像がシームレスにカットバックしていく、ファンにはたまらない構成。ラストの追想も圧巻である。

見どころ

①桑田佳祐《くわたけいすけ》が歌う、桑田調の主題歌。明るく力強い。

②あけみの元気な姿に感動。毒舌も健在である。御前様は2代目に。笹野高史《ささのたかし》が演じた。

③満男とイズミは、互いの思いを確認したが、如何ともし難い。再婚という観点では、担当編集者の高野との〝発展〟を暗示。ユリも高野に懐いている。

④満男の次作は、香具師《やし》を題材にした作品のようだ。寅さんからも話を聞きたいはず。

⑤唯一、エンドロールが流れる作品。

データ

●封切り日／2019(令和元)年12月27日
●上映時間／115分(シリーズ最長作品)
●出演者／渥美清、倍賞千恵子、吉岡秀隆、後藤久美子、前田吟、池脇千鶴、夏木マリ、浅丘ルリ子、美保純、佐藤蛾次郎、桜田ひより、北山雅康、カンニング竹山、濱田マリ、出川哲朗、松野太紀、林家たま平、立川志らく、小林稔侍、笹野高史、橋爪功

サイン会どうでしょう?
恥ずかしいよ
次作の資料を確認する満男。左は担当編集者の高野《たかの》である。

第4章

寅さんの人間学

令和の時代が求めてる！破天荒な風来坊

寅さんの人間学

いつも
一生懸命
真っ直ぐさ

令和の時代が求めてる！破天荒な風来坊

日本映画史上、寅さんほどエキセントリックで、常識から逸脱した登場人物はいない。行動様式は直情径行《ちょくじょうけいこう》で、何をやっても支離滅裂。他人に対しては「嫌なものは嫌」「駄目なものは駄目」と譲らないが、そもそも判断基準が放浪生活にあるので、自分流なのはいたしかたない。それでも観客がエールを送るのは、寅さんが誰にもおもねらず、誰も恐れないからだ。しっかりと、芯の通った男なのである。

第17作「寅次郎夕焼け小焼け」（1976）の宣伝用写真。寅さんの体全体から生きる喜びが放射されている。

（性格――喜怒哀楽の変化が激しい下町人情派）

困った人がいれば自ら進んで窮地を救う
清廉潔白・純粋無垢な硬骨漢

寅さんの生活の土台は旅にあるが、何にも縛られずに自由に生きているわけではない。旅先では土地の顔役の指示に従い、香具師《やし》仲間には序列やしがらみがある。義理が生じれば、それを裏切ることはできない。なかなか苦労は絶えないのだ。

15歳で家出して以来の渡世なので、価値観は旅暮らしで醸成されてきた。山あり谷ありの日常で、雨が降れば風も吹く。切った張ったの男たちの中で成長すれば、当然性格も複雑になる。

それでも仲間たちは、思いやりのある温厚派が多いので、寅さんの性格は荒れてはいない。多少怒りっぽいところはあるものの、妬みそねみとはまったく無縁で、どんな物事でも従容《しょうよう》として受け入れられる大らかさを持っている。

だが、思考回路は猪突猛進型。そこに歪みが生じることがある。そうは言っても、女性や子供、弱い立場の人々にはとことん優しく、目上の人もしっかり立てる。広い意味で寅さんの性格は、信義を重んじる下町人情派といったところだろう。

人品骨柄を端的にまとめてみれば、「権威や権力などはどこ吹く風、誰も恐れることなく正面から対峙し、常にわが道を行く風来坊。お金はないが、時間を武器に困っ

㊨第7作「奮闘篇」(1971年)。真面目な相談事の最中、寅さんが放屁したことをきっかけに大げんかに発展。怒りが爆発する。㊥第9作の夢のシーン。長楊枝を咥えて渡世人の境涯をニヒルに語る。㊧第25作「寅次郎ハイビスカスの花」(1980年)。疲労で倒れたリリー(マドンナの浅丘《あさおか》ルリ子)を見舞った沖縄。リリーが元気になったとたんに、寅さんは地元の人と打ち解け沖縄の夏を謳歌した。

た人がいれば窮地を救う、清廉潔白・純粋無垢な硬骨漢《こうこつかん》。大雑把で細かいことは気にしないが、生活の中ではどうしても曲げられないこだわりがたくさんある。困った性格はほれっぽいこと」となる。

渥美清は天才的な顔芸の持ち主 その豹変ぶりに観客は笑い、涙する

物語の中で寅さんらしい性格の発露は、喜怒哀楽の激しさである。本項に4枚のスチールを掲出した。満面の笑みを浮かべていたかと思えば、突然、烈火の如く感情が爆発する。かといえば、物思いに沈んで自己反省。しばらくすると、反省したことも忘れて、気分は向上していく。浮き沈みの振幅が大きいのだが、躁鬱《そううつ》気質や気まぐれとは異なる。寅さんの喜怒哀楽にはすべて理由がある。感受性が人並み以上に強いので、それがダイレクトに出てしまうのだ。

シリーズではこうした寅さんの豹変ぶりがしばしば笑いを誘う。例えば、第24作「寅次郎春の夢」(1979年)。寅さんは、満男の英語塾教師・めぐみ(林寛子《はやしひろこ》)の母親・圭子《けいこ》(マドンナの香川京子《かがわきょうこ》)に一目ぼれ。そこに寅さんが嫌悪する下宿人のアメリカ人・マイケルが返ってくると、にわかに肩を抱きニコニコ(圭子はアメリカ帰りなので、アメリカ人に免疫があるふり)。しかし、夫の里の長野に帰っていたという圭子の話を聞くと、一瞬に態度が豹変。むっつりとした表情で沈み込む。その後、

第24作「寅次郎春の夢」(1979年)。アメリカ嫌いの寅さんが、マイケル(ハーブ・エデルマン)の肩を抱いて満面の笑みを浮かべている。これはアメリカ帰りの圭子《けいこ》(マドンナの香川京子《かがわきょうこ》)と、娘の英語塾教師・めぐみ(林寛子《はやしひろこ》)が来店したためで、「アメリカ人、大好きです」と態度が豹変。マイケルに対しては、「おー、サンキューじゃないか!」と挨拶した。

圭子が寡婦であることを知ると、再び元気になって見送りに出る。急転直下のドンデン返し的な変貌だ。渥美清は天才的な顔芸の持ち主なので、その顔の変化に観客は笑い、涙するのである。

「困った人がいれば窮地を救う、清廉潔白・純粋無垢な硬骨漢」と前述したが、寅さんは女性から相談を受けることが多い。第33作「夜霧にむせぶ寅次郎」(1984年)で結婚したタコ社長の長女・あけみは、夫婦関係がうまくいかず、第35作「寅次郎恋愛塾」(1985年)で「寅さんに会いたいな〜」とさくらにぼやく。結婚生活の悩みを寅さんに相談したいのだ。

これが第36作「柴又より愛をこめて」(同)で、あけみの家出騒動に発展する。ここでも「寅さんに迎えに来てほしい」と、隠遁先の下田からさくらに電話。これを知った寅さんは、後先顧みず下田へ向かった。人の窮地を自分のものとして考えることができる、寅さん最大の美徳である。こんなときの行動力はただものではない。

第36作「柴又より愛をこめて」(1985年)。寅さんの"人徳"を慕うあけみは、結婚生活の悩みを相談したいと切に望んだ。

寅さんのこだわり

❶三つ指をついて「お帰りなさい」。帰ったら酒が先か風呂が先かが分かり、燗上手で横になればスッと枕が出る女性が好み。欲を言えば八重歯が好き。
❷パジャマはだめで浴衣のみ。寝るのは畳と布団が基本。
❸朝飯は、ご飯に出汁の効いたみそ汁、お新香にタラコ一腹、納豆(細かく刻んだネギ入り)、焼き魚、芋の煮っ転がし、佃煮、塩昆布、生卵…などがあればいい。贅沢は言わないというが、かなり注文が細かい。
❹ラーメンは大好きだが、入っている鳴門《なると》は「目が回る」のでだめ。
❺小腹がすいたら、アンパンと牛乳があればいい。
❻移動はもっぱら各駅停車のみ。飛行機はだめ。
❼ホテルはだめ。棺桶のようなビジネスホテルもだめ。旅館や商人宿がいい。
❽洋式便器が嫌いな和式派。なぜなら力が入らない。
❾洋食は嫌い。そもそもナイフとフォークは使えない。
❿背広の襟《えり》を立て、雪駄《せった》は突っかけて鯔背《いなせ》に履く。コートは滅多に着ない。
⓫困っている人がいれば、相談に乗り、助けないと気が済まない。
⓬「大変だったね」「ご苦労さん」。労をねぎらう言葉を忘れない。

(性行——物事にこだわるが、融通無碍の側面も)

三つ指をついて「お帰りなさい」燗上手で横になればスッと枕が出る女

寅さんは面倒くさい男である。まず、ホテルに泊まれない(第41作「寅次郎心の旅路」〈1989年〉のウィーンのホテルは別)。特に棺桶のようなビジネスホテルは受け付けない(閉所恐怖症)。ラーメンは大好物だが鳴門抜き。食べている間に目が回るのだという。上掲の「寅さんのこだわり」(こだわりの一部)を見て分かるように、「ない・だめ」ばかり。通常人なら行動制限がかかるくらいがんじがらめだが、寅さんは矛盾や自家撞着が雪駄を履いて歩いているような男である。こだわりはTPOに応じて曲げることがままある。

例えば女性の好み。「三つ指をついて〈お

帰りなさい〉。帰ったら酒が先か風呂が先かが分かり、燗上手で横になればスッと枕が出る女性が好み。欲を言えば八重歯が好き」と言うのだが、そんな女性を探すのは至難の業だろう。実際、相思相愛となった女性を見ると、赤い糸で結ばれた運命のリリー（第11作他／浅丘《あさおか》ルリ子）はまったく真逆の存在。美容院経営の蝶子《ちょうこ》（第45作／風吹《ふぶき》ジュン）しかり、龍野《たつの》芸者のぼたん（第17作／太地喜和子《たいちきわこ》）しかりである。

あえて該当するマドンナを挙げれば、貴子《たかこ》（第8作／池内淳子《いけうちじゅんこ》）とかがり（第29作／いしだあゆみ）くらいなものだろうか。逆に当たっているのは、歌子《うたこ》（第9作他／吉永小百合《よしながさゆり》）、花子《はなこ》（第7作／榊原《さかきばら》るみ）の「八重歯が好き」だけである。

「飛行機はだめ」というのもいかがなものか。第25作「寅次郎ハイビスカスの花」（1980年）で、寅さんは入院したリリーを励まそうと沖縄へ。博とさくらが朝日印刷の車で羽田まで連れて行ったが、「プロペラがないからやだ！」と搭乗を頑なに拒否。しかし、美人アテンダントが側を通ると、呆けた顔で後に続き、「私たちは毎日乗っているんですよ」の一言でほいほいと機上の人となった。これには博とさくらも唖然である（もっとも那覇空港では歩けないほど疲労困憊）。

寅さんの「性行」は一事が万事、根っ子にこだわりが横たわるが、行動様式は柔軟性とこだわりを秤に掛けて、その目盛りによってパターンが変化する。褒めるとすれば融通無碍《ゆうずうむげ》。これこそが寅さんの性行と言えるかもしれない。

飛行機は怖い！プロペラがないのに何で飛ぶんだ？

（履歴・賞罰――柴又商業高校中退、検挙歴あり）

**履歴書の記載はおおむね正しいが
スポーツが「競輪・競馬」では入学は無理**

寅さんの生年は、昭和15（1940）年11月29日で干支は庚辰《かのえたつ》。寅年生まれではない。これは第26作「寅次郎かもめ歌」（1980年）で、寅さんが定時制高校の入学願書に添えた履歴書に記されている。すみれ（マドンナの伊藤蘭《いとうらん》）が入学した高校で共に学ぼうと提出されたものである（山田洋次監督の小説『悪童』では1936年生まれ）。

それによると、学歴は柴又商業高校を中退。職業は「自営業」で、現住所は「不定」。好きな学科は「音楽・国語」、趣味は「観劇・旅行」、スポーツ欄は「競馬・競輪」とある。美声の持ち主なので音楽は納得できる（112頁参照）。アリアや独白（114頁参照）など、話はうまいので国語も間違いではない。観劇についても、ドサ回りの芝居を見るので一定の蘊蓄《うんちく》がある。旅行に至っては達人級で、全国津々浦々の鉄道やバス路線網を知り尽くしている。

　以上、ここまでの履歴書に嘘はないが、「競馬・競輪」は観戦だけなのでスポーツではない。それに重要なことを忘れている。「賞罰」である。これを正直に書くと、入学できない。何しろ第2作で無銭飲食・暴行で検挙、第18作でも無銭飲食、第31作でウォークマンを店外持ち出し(窃盗)の前歴があるのだ。露天商許可無し営業も数回を数える。いずれも寅さんの勘違いか、周囲の思い込みによるもので、悪意はこれっぽっちもない。なので警察では保証人(さくら)の身請けを前提に厳重注意で終わり、起訴はされていない。ゆえに前科はないが、実際は際どいところである。加えれば、履歴書の健康状態は「きはめて良好」と旧仮名遣い。作文力がないのは手紙を見れば分かるが、いかにも寅さんらしい。履歴書を書くなら勉強家の博に手伝ってもらえばいいのに、と思うのは筆者だけだろうか。

(特技①——葬式・祝い事・宴会などの段取り術)

何事も形から入る寅さんには一度決めたら貫き通す「美学」がある

　寅さんはズボラと思われがちだが、実際は逆である。それは服装を見れば明らかだ。1年365日、どこへ行くにもほとんど右掲写真のスタイルが基本。暑ければダブルの背広(「洋ラン」と呼ぶ)を脱ぎ、寒ければ襟《えり》を合わせてマフラーを巻く。よほどのことがない限り、外ではフェルト帽をかぶり、早足ですたすた歩く。きちんとアイロン掛けしたダボシャツは水色と決めている。腹巻きはラクダで、首からはお守りを提げ、雪駄《せった》以外は履いたことがない(初期作品を除く)。足袋《たび》や靴下とも無縁)。腕時計はちょっと古いが高級なセイコーのダイバーズウォッチ。雪駄にしても畳表にニシキヘビの鼻緒付(決して安物ではない)、右手には常に金の指輪をはめている。こうした服装の好みは、世間一般の感覚からはずれているが、なかなか粋《いき》で鯔背《いなせ》である。やることはトンチンカンだが、一度決めたら貫き通す。寅さんなりの「美学」なのだろう。

　これは先を読んでしっかり準備を整え

パリッとして隙がない寅さんの立ち姿。セイコーのダイバーズウォッチ・お守り・金の指輪(赤丸)は欠かせない。

第30作「花も嵐も寅次郎」(1982年)。寅さんは旅先で知り合った三郎《さぶろう》(沢田研二《さわだけんじ》)の母親(投宿先の美人従業員)の供養をしようと、旅館の亭主(内田朝雄《うちだあさお》)に進言する。亭主の「よし!」の一言を聞くや否や、「わがままを聞いてくれる坊主はいるか?」「美人の女中さんに因縁のあるのは全部ここに集めろ!」と、立ちどころに僧侶から精進《しょうじん》落としの料理までを手配する。焼香姿も堂に入ったものだが、間違えて焼香炭をつまんでしまい、「熱っちっち」と炭を飛ばすと、それが坊主(殿山泰司《とのやまたいじ》)の背中に入って大騒ぎとなる。

る、寅さんの用意周到な性格にも通じている。第16作「葛飾立志篇」(1975年)のように勉学を志すと、まず眼鏡を買うことから始める寅さんである。形から入り、何事もズボンの折り目のように筋が通らないと気が済まないのだ。よって、身近に冠婚葬祭が出来すれば、すべて滞りなく仕切りたがる。毎日のように設営・撤収・移動を繰り返す香具師の習性なのかもしれない。

目が覚めるような葬式の仕切り
通人でなければできない宴会の発注

第1作「男はつらいよ」(1969年)では、さくらと博の結婚式を陰で支え、第2作「続 男はつらいよ」(1969年)では、恩師の葬儀を見事に仕切った。第8作「寅次郎恋歌」(1971年)では、博の実家の葬式や法事に姿を現し、第30作「花も嵐も寅次郎」(1982年)では、たまたま旅先で知り合っただけの三郎《さぶろう》(沢田研二《さわだけんじ》)の母の法要を取り行った(上掲)。

とにかく法事には縁があるようで、第11作「寅次郎忘れな草」(1973年)では、偶然、父親の27回忌に帰り、おいちゃんの葬式と早合点《はやがてん》。第5作「望郷篇」（1970年）では、おいちゃんが死ぬ夢を見た。正夢かと「とらや」に電話をすると、「もう息をしてるだけなんだよ」というおばちゃんの冗談を真に受けてしまう。すると、おいちゃんの危篤を柴又中に触れ回り、葬儀の手配をしたりと、何から何まで段取ってしまい、引っ込みがつかなくなった。

第3作「フーテンの寅」（1970年）で見せる宴会の仕切りも手慣れたものだ。旧知の仲居（春川ますみ）と旦那の復縁を祝い、急に「とらや」で案会を催すことになった。すると寅さんが源公に畳み込む。

「お前ちょっとな、仕出し屋に行って、な、料理を十、五六人前至急届けてくれとそう言ってくれよ。あ、それからな。どうせお祝いだ。ぱーっと明るい目出てえ名前の酒を5、6本注文しといで。あ、それからな、見番へ行ってよ、粒選りの芸者の5、6人いいのを至急届けてくれと。あ、それからな、近所の衆に声かけるんだ。〈とらや〉でもって祝い事がございます。もしお手すきでしたらご一緒していただいて祝っていただけたらありがとうございます。とそう言え。あ、それからな。いいもう行け！」

といった案配。こういったことは、瞬時に具体的なイメージが浮かぶらしいが、何で自らの人生設計ができないのだろう。

（特技②——艶のある声と表現力、豊かな歌唱力）

童謡・唱歌から演歌、流行歌、労働歌まで 寅さんのレパートリーは幅広い

歌唱力はプロ級である。演歌歌手のような張りのある声でも、流行歌手のような美声でもない。抑揚を付けてひょいと口をつく鼻歌。鼻声音が艶っぽく、歌詞を漂わせるような歌い方は、真似できるものではない。ジャンルは童謡や唱歌、民謡、股旅《またたび》物、演歌、流行歌、労働歌、替え歌、CMソングなどと幅広い。中には詩吟の吟詠や校歌（早稲田大学の「都の西北」）もある。

印象的なシーンを列挙してみよう。まず、第4作「新 男はつらいよ」（1970年）。ルンビニー幼稚園の春子《はるこ》先生（マドンナの栗原小巻《くりはらこまき》）にのぼせ上がり、童謡「春が来た」を口ずさみながら帝釈天参道をスキップで「とらや」へ帰る。この作品では、「春が来た」の他に「めだかの学校」も歌っている。第10作「寅次郎夢枕」（1972年）と第36作「柴又より愛をこめて」（1985年）では、「七つの子」を歌う。

第3作「フーテンの寅」（1970年）で歌うのは、昭和初期に東海林太郎《しょうじたろう》が大ヒットさせた「旅笠道中《たびがさどうちゅう》」。香具師《やし》で渡世人の寅さんだけに、股旅物は年季が入っている。旅情あふれる旅の歌もたびたび口にする。「誰か故郷を想わざる」「旅の夜風」「憧

第4作「新 男はつらいよ」（1970年）。「めだかの学校」を口ずさみながら帝釈天参道をスキップで帰る寅さん。舞い上がる姿は、町中の笑い者となった。

れのハワイ航路」「涙の連絡船」「知床旅情」などである。

都《みやこ》はるみをマドンナに迎えた第31作「旅と女と寅次郎」（1983年）は、寅さんと演歌の女王が歌を競う贅沢な作品。佐渡の宿根木《しゅくねぎ》に同宿しながら演歌の女王とは気が付かない寅さんは、「うまいねえ、歌が。銭取れるよ」と笑わせてくれる。

音楽の都ウィーンロケの第41作「寅次郎心の旅路」（1989年）では、ドナウ川のほとりで、「大利根月夜」を朗々と歌う。啖《たん》呵売《かばい》には独特の節回しや抑揚がある。耳の良い寅さんはこれを活かして、聞かせるシーンを演じてくれた。よほど好きなのか第38作「知床慕情」（1987年）でも歌った。

「貧しいねえ、君らは」などと労働者を馬鹿にする寅さんだが、なぜか「メーデー歌」を歌う。それも第5作「望郷篇」（1970年）と第14作「寅次郎子守唄」（1974年）で2度も。寅さんが「♪立て万国の労働者～」とやるとアイロニーのようだが、ずばりはまっている。忘れられないのは、第45作「寅次郎の青春」（1992年）。蝶子《ちょうこ》（マドンナの風吹《ふぶき》ジュン）とデュエットする「港が見える丘」である。

寅さんが歌った主な歌

人生の並木道・喧嘩辰①／ハナマルキのCM②／花笠音頭・旅傘道中③／春が来た・めだかの学校④／月の法善寺横町・メーデー歌⑤／圭子の夢は夜ひらく⑥／あなたならどうする・知床旅情⑦／誰か故郷を想わざる⑧／幸せなら手をたたこう・いつでも夢を⑨／どうにもとまらない・都の西北※・七つの子⑩／野ばら⑪／背くらべ⑫※／斎太郎節・旅の夜風・メーデー歌⑭／悲しい酒⑮／お座敷小唄⑰／虫のこえ⑱※／浪曲壺坂霊験記⑲／憧れのハワイ航路⑳／赤城の子守唄・詩吟偶成㉑／木曾節㉒／権兵衛さんの赤ちゃん㉔／十九の春㉕／星影のワルツ㉗／旅の夜風㉚／矢切の渡し・佐渡おけさ・涙の連絡船㉛／矢切の渡し㉝／七つの子㊱／こんにちは赤ちゃん㊲／大利根月夜㊳／草津節・佐渡おけさ・都の西北㊵大利根月夜㊶／月がとっても青いから㊹／港が見える丘㊺／瀬戸の花嫁㊻

数字は作数。※印は替え歌

♪あなたと二人で来た丘は港が見える丘～

特技③——成功率ほぼ100%の恋愛指南

「色恋の道にかけては、俺の前ではお前はくちばしの黄色いヒヨコも同然」


自分の恋は成就しないが、寅さんの恋愛指南を受けた若者は多くが恋を実らせる。

第30作「花も嵐も寅次郎」（1982年）では、チンパンジー飼育係の三郎《さぶろう》（沢田研二《さわだけんじ》）が、デパートに勤める螢子《けいこ》（マドンナの田中《たなか》裕子《ゆうこ》）にほれた。だが、内気な三郎はデートすらままならない。気を揉んだ寅さんは、コーチを買って出た。江戸川へ散歩に行くシチュエーションを設定して、細かく〝実技指導〟すると、指南《しなん》の甲斐《かい》あって、二人はめでたく結婚する。寅さんの指導通りにデートは進まないが、それがかえって二人を近

第35作「寅次郎恋愛塾」(1985年)。民夫《たみお》の部屋にふらりと入った寅さん。若菜の写真を発見し、「はー、こういうもの勉強してますか？」とからかった。

づける結果となった。

第35作「寅次郎恋愛塾」(1985年)では、司法試験を目指す民夫《たみお》(平田満《ひらたみつる》)が、寅さんを頼って五島列島から上京した若菜《わかな》(マドンナの樋口可南子《ひぐちかなこ》)にぞっこんとなる。ここでは、若菜を騙して日曜日に映画に誘うシチュエーションを伝授。しかし、民夫は、「法曹界を目指す人間として騙すことはできない」と突っぱねる。すると、「こと色恋の道にかけては、俺の前では、お前はくちばしの黄色いヒヨコも同然だよ」と諭す。自殺騒動など民夫の恋はすったもんだしたが、最後にはめでたしめでたしとなる。

寅さんは失恋経験を積んでいるだけあって、恋には一家言を持っている。「若い時ってのはなぁ、胸の中に炎が燃えている。そこへ恋という一文字を放り込んだ。水なんかかけたって消えやしない」(第43作)、「恋というものはな、長続きさせるためには、ほどほどに愛するということを覚えないといけない」(第44作)などと語る。しかし、自己客体化ができない寅さんは、この至言を自分のものにできない。常に「恋は盲目」の言葉通りの失態を演じ、自分に愛想を尽かしてしまうのだ。

(特技④――心に染み入るアリアと至芸の独白)

眼前に映像が浮かび上がる「寅のアリア」居住まいを正して聞きほれる独白

啖呵売《たんかばい》ばかりが寅さんの話術ではない。ファンの間で「寅のアリア」と呼ばれる独自の語り口がある。たとえば第15作「寅次郎相合い傘」(1975年)のアリアは、リリーに一流劇場で歌わせる夢である。

「(前略)スポットライトがパーッ、と当たってね、そこにまっ白けなドレスを着たリリーがスーッと立ってる。ありゃ、いい女だよ。(中略)それに目だってパチッとしてるから、派手るんですよ」とリリーの十八番の「悲しい酒」を歌ってみせる。

「客席はシーンと水を打ったようだよ。皆、聞き入っているからなあ。お客は泣いてますよぉ、リリーの歌は悲しいもんねえ。やがて、歌が終わる。花束、テープ、紙吹雪、ワァーッと割れるような拍手喝采だよ(後略)」。

ここまでくると涙せずにはいられない。

観客に語りかけるような独白(モノローグ)も寅さんの独壇場である。代表的なのが第8作「寅次郎恋歌」(1971年)の「リンドウの花幸福論」や第13作「寅次郎恋やつれ」(1974年)の温泉宿の番頭の話である。一人芝居のようなアリアは、聞いていると眼前に映像が浮かび上がってくる。対するモノローグは居住まいを正して聞きほれる語り。アリアと独白の境界線は曖昧だが、どちらも仕草や表情と相まって、人間国宝級の至芸である。

第5章

昭和・平成を歩いた 寅さんの聖地

寅さんの足跡を追い「日本の心」を再発見しよう!

昭和・平成を歩いた寅さんの聖地

主なロケ地は520カ所!

寅さんの足跡を追い「日本の心」を再発見しよう!

寅さんは縁日や祭りを追いかけながら、全国の津々浦々を旅してきた。どんな思いを胸に秘め寒風の畦道を歩いたのか。航跡のかなたに何を残して連絡船に身を委ねたのか…。第1作から50作まで、寅さんが訪れたロケ地を通観すると、郷土文化の奥深さ、そして懐かしい昭和・平成時代の元気な日本が浮かび上がってくる。

旅は「風まかせ」と言うが、頭の中ではルートが整理されていた!?

「男はつらいよ」シリーズはドメスティックドラマであるだけでなく、一種のロードムービーである。寅さんは縁日や祭り、サクラ前線などを追いかけて、仲間たちと日本中を旅している。鉄道とバスを乗り継ぐ一人旅もあれば、仲間のマイクロバスに便乗することもある。第1作以外に描かれたことはないが、一人旅の場合には旅先で地元の顔役(香具師《やし》の元締)に挨拶し、仕入れを行い仲間と合流するというパターンであろう。

寅さんの気ままな旅のスタイルは、第42作「ぼくの伯父さん」(1989年)の別れのシーンで、泉の叔母・寿子《ひさこ》(マドンナの檀《だん》ふみ)と交わす会話に集約される。

寿子が「これからどちらへ?」と問うと、寅さんは「そうですねぇ、風のやつが東から西へ吹いてますんでね。西のほうへでも行きますか…」「わぁ、あたしもそがん旅がしてみたか~」「ものの例えですよ。早い話が根無し草みたいなもんですからね」と格好をつけて去って行く。

寿司職人と結婚したリリー(マドンナの浅丘《あさおか》ルリ子)は、離婚して地方回りの歌手生活を送っていた。このスチールは、リリーの再登場作となった第15作「寅次郎相合い傘」(1975年)である。一流会社を出奔《しゅっぽん》した兵《ひょう》頭《どう》(船越英二《ふなこしえいじ》)と寅さんが、函館の屋台で食事をしていると、リリーと再会。小樽を目指して珍妙な旅が始まった。ロケ地は道南から道央で、この馬車移動は札幌郊外の農道。北海道ロケ作では、こうした牧歌的なシーンが数多く撮影された。

確かに寅さんは行き先を「風に聞く」風流人だが、無計画な旅ばかりを続けているわけではない。ある程度は旅程に計画性があるようだ。第13作「寅次郎恋やつれ」（1974年）では、その一端が披露される。津和野のバス停で歌子《うたこ》（マドンナの吉永小百合《よしながさゆり》）が、「これから山口へ行って、それからどこへ？」と聞くと、寅さんは「まあ、山陽路。広島、呉、三原、尾道。それからとって返して、下関、小倉、博多、唐津…」などとよどみない見通しを立てていた。

さらに第3作「フーテンの寅」（1970年）では、「こんだ鹿児島へ帰ってくんのは、3月の頭かな。サクラの花もボチボチ咲こうって頃よ。それから熊本、小倉、尾道、ずっと下って4月は関東、5月は東北、6月は北海道（中略）俺たちの旅はサクラの花と一緒よ。花見の旅だい」。これでは風来坊ではなく、まるでルートセールスマンである。もしかしたら「風に聞く」というのは、一種の自己演出なのかもしれない。

「テキ屋殺すにゃ刃物はいらぬ、雨の3日も降ればいいってねぇ」

寅さんが旅先で泊まるのは、商人宿《あきんど》か駅前旅館。何十年も通っているので、主人や女将《おかみ》とはすっかり顔なじみである。時には酒を酌み交わし、忙しいときには女将に代わって営業電話を取ったりもする。

第5作「望郷篇」（1970年）のオープニング。雨がそぼ降る寂れた旅館の縁側で、「テキ屋殺すにゃ刃物はいらぬ、雨の3日も降ればいいってねぇ」と女将に語る。とすると、なじみの宿に1週間くらいの逗留はざらなのだろう。実際、第27作「浪花の恋の寅次郎」（1981年）では、大阪の通天閣ホテル（ホテルという名の商人宿）に逗留し、友達付き合いをしている主人から宿代の催促受ける。主人が「寅やんには1日分し

ロケ地は北海道・長野・静岡が8作品で最多 これに神奈川・長崎・大分と続く

第10作「寅次郎夢枕」（1972年）。けんかをして「とらや」を飛び出した寅さんが、甲斐《かい》駒《こま》ヶ岳《たけ》を背景に山梨の田舎道を歩く。寅さんの寂寥感と風景がシンフォニーを奏でるかのように美しい。山梨は第4作、第8作、第10作でロケ地となった（画像提供／松竹）。

㊧第46作「寅次郎の縁談」（1993年）。寅さんは料理店経営に失敗して郷里に戻っていた葉子《ようこ》（マドンナの松坂慶子《まつざかけいこ》）と香川県高松市の特別名勝・栗林《りつりん》公園でデートする。ロケ時、市内では賑やかな高松まつりが開催されていた（背景に第29回高松まつりの横断幕が見える）。撮影現場も盛況で、「寅さんが来た！」とたくさんの市民が集まり、二重三重の人垣ができた。

か、もろてへんしな」。すると寅さん、「俺が来て1週間になるんか」といった案配。まるで浦島太郎である。

寅さんは東北地方が苦手？ 6県合計でロケ地となったのは8作品

さて、商人宿や駅前旅館を泊まり歩く寅さんの旅。これまで日本のどんな所を訪れたのだろうか。ここからはフィクションではなく、本項のテーマであるロケ地の話である。筆者は旅行作家の岡村直樹氏の本

第38作「知床慕情」（1987年）。りん子（マドンナの竹下景子《たけしたけいこ》）の帰郷を祝い、仲間が知床自然センターでBBQパーティを開いた。北海道でロケした作品は47都道府県中、長野・静岡と共に最も多い。

(『寅さんの「日本」を歩く』(1〜3/天夢人発行)を編集した際、第1作から第50作までを見直してロケ地を一覧化してみた。

その数、330カ所。このロケ地一覧は聖地巡りを楽しむ寅さんファンに好評を博し、同書は現在も版を重ねている。そこで本書の執筆に当たっては、さらにロケ地を細分化して検討し、520カ所に増やしている(122〜144頁の「寅さんの聖地520 DATA FILE」)。

この一覧を通観すると、いろいろなことが分かってくる。東京を除いた日本全体として言えるのは、ロケ地はやや西高東低で、都道府県単位で作品本数の上位を見ると次の通りとなる(丸数字は作品番号)。

サクラ前線を追って北上。冬は暖かい南国、夏は北海道が基本かねぇ

北海道＝⑤⑪⑮㉓㉖㉛㉝㊳(8作品)
長野＝③⑩⑱㉒㉕㉙㉟㊵(同)
静岡＝⑥⑦⑯㉒㉔㉘㊱㊶(同)
神奈川＝④⑥⑧㉙㊲㊼㊾(7作品)
長崎＝⑥⑳㉗㉟㊵㊼(6作品)
大分＝④⑫㉑㉘㉚㊸(同)

最多は8作品タイで北海道・長野・静岡。続くのが7作品の神奈川である。九州は長崎・大分が共に6作品と多いが、南九州は少ない。あとは京都・新潟などが4作品で、他は2〜3作品がほとんど。特に薄いのが東北地方で、青森と秋田が2作品の他は各県1作品である。

一方、埼玉・富山・高知の3県ではロケが行われていない。高知は第49作のロケ地に決定していたが、幻に終わった(「寅次郎花へんろ」)。もっとも、設定としては寅さんは高知に行っている。それは第8作「寅次郎恋歌」(1971年)の終盤、貴子《たかこ》(マドンナの池内《いけうち》淳子《じゅんこ》)との会話で確認できる。旅暮らしの空しさ(受け売りの「りんどうの花幸福論」)を語った後、貴子に「駅前の商人宿か何かの薄い煎餅布団にくるまって寝るとしまさぁ（中略）朝、カラコロ下駄の音で目が覚めて、あれ、俺は今いってえどこにいるんだろう？　ああ、ここは四国の高知か…」と独白しているのだ。

富山と埼玉が選ばれていない理由は定かではないが、同じ東京の隣県なのに神奈川が7作品で埼玉がゼロというのは、埼玉県民の筆者としては納得できない。埼玉西部の秩父は札所巡りや秩父夜祭り、養蚕農家の古民家や雲海など、ロケ地にふさわしい魅力があるだけに残念。ただ、マニアの間では、第14作「寅次郎子守唄」（1974年）の夢に登場する山並みは秩父ロケ、とささやかれている。この真偽は不明である。

こうしたロケ地は次作の準備期間中、山田洋次監督と助監督、脚本家らがシナリオハンティングの旅に出て、心の琴線に触れる場所を探していたという。傾向としては俗化された観光地よりも、ローカルな文化が息づく城下町や港町、温泉、島などが選ばれることが多かった。「日本人の心」「日本の原風景」を感じる場所である。

気になるのは、寅さんが売《ばい》をする神社や寺の選定。シリーズを通して見ると、名刹・名社ばかりではなく、「売の絵になるか」という基準で選ばれていたことが良く分かる。例えば、第10作「寅次郎夢枕」（1972年）の唐土《とうど》神社（下掲）。ここは山梨県北杜《ほくと》市須玉《すたま》町にある小さな村社で、氏子はわずか数百人。田園に社《やしろ》が埋もれそうなたたずまいだが、映画では日本人の心に残る懐かしい鎮守祭りの様子が見事に演出されていた。

これは静岡県島田市の伊太大井《いたおおい》神社や北海道白老《しらおい》町の虎杖浜《こじょうはま》神社しかりである。もちろん著名な寺社よりも撮影隊が入りやすく、雰囲気が作りやすいという狙いはあるのだろうが、いずれもいい絵になっている。

東京のロケ地は城北・城東の下町が中心
山手線周辺エリアも意外と多い

第10作「寅次郎夢枕」（1972年）でロケした山梨県北杜《ほくと》市の唐土《とうど》神社。寅さんは舎弟《しゃてい》の登《のぼる》とともに古本を売った。

葛飾柴又は〝ツバメの巣〟江戸川河川敷は旅と家族の〝結界〟

ロケ地で最も多いのは、寅さんの故郷である葛飾柴又を擁する東京である。次頁の地図に主なロケ地を27カ所記したが、「寅さんの聖地　520 DATA FILE」には50カ所以上も収載している（島嶼の新島《にいじま》村も含む）。中心は城北・城東の下町だが、山手線周辺や山手線内エリアも意外と多い。寅さんのメインテリトリーである台東区や葛飾区は他にもロケ地があり、短いショットを含めるともう少し増えるだろう。

地図では東京のロケ地の筆頭（①②）とし

❶葛飾柴又——葛飾区柴又
❷江戸川河川敷——葛飾区柴又
❸上野駅——台東区上野
❹不忍池——台東区上野公園
❺水元公園——葛飾区水元公園
❻亀戸天神社——江東区亀戸
❼浅草——台東区浅草
❽錦糸町駅——墨田区江東橋
❾小岩——江戸川区南小岩
❿金町——葛飾区金町
⓫関屋——足立区千住曙町
⓬西新井大師——足立区西新井
⓭早稲田大学——新宿区戸塚町
⓮伝通院——文京区小石川
⓯神田神保町——千代田区神田神保町
⓰胸突坂——文京区本郷
⓱とげぬき地蔵尊——豊島区巣鴨
⓲ホテルニューオータニ——千代田区紀尾井町
⓳帝国ホテル——千代田区内幸町
⓴東京駅——千代田区丸の内
㉑八重洲ブックセンター本店——中央区八重洲
㉒ハチ公前——渋谷区道玄坂
㉓五反田——品川区西五反田
㉔蒲田——大田区蒲田
㉕羽田空港——大田区羽田空港
㉖成城大学——世田谷区成城
㉗調布飛行場——調布市西町

て、葛飾柴又（帝釈天題経寺《たいしゃくてんだいきょうじ》、帝釈参道商店街神明会、京成電鉄金町線柴又駅）と江戸川河川敷を挙げている。寅さんにとって、葛飾柴又（特に「とらや」）は〝ツバメの巣〟のようなものである。

初期の第6作「純情篇」（1971年）などでけんか別れの去り際、「夏になったら鳴きながら、必ず帰って来るあの燕《つばくろ》さえも、何かを境にぱったり姿を見せなくなることもあるんだぜぇ」などと、絶縁を告げるかのようなセリフを吐く。だが、寅さんはツバメと同じ〝渡り鳥〟なので、結局は帰って来る。

そしてもう一つ重要なのが、江戸川河川敷である。しばしばタイトルバックでミニコントを演じたり、終盤の旅立ちで家族（主にさくら）に別れを告げる場所となるが、ここは旅と家族の生活空間の〝結界〟。起こるハプニングや別れ際のやりとりは、一種の禊《みそぎ》なのかもしれない。

次頁から144頁まで、聖地巡礼のための完全ガイドを目指し、ロケ地を一覧化しました。

寅さんの聖地520 DATA FILE

※ロケ地は「北海道」「東北」などの7エリアに分け、おおむね都道府県の括りで配列(北海道のみ50音順)。
※本項のデータは、松竹株式会社の公式ホームページ「男はつらいよ」の「ロケーション〈旅〉」データなどを参考に、全50作を見直してまとめています。筆者が編集した『寅さんの「日本」を歩く』(天夢人/岡村直樹)をベースとしていますが、再度検討を加え、収録件数を約520件(後出の細目ロケ地含む)に増やしています。
※ファンが運営する「男はつらいよ 覚書ノート」「男はつらいよ 飛耳長目録」などのウェブサイトも参考にしています。
※ロケ地は可能な限り固有名詞で立項していますが、同一エリアで複数のロケ地がある場合は、「〇〇市内各所」「〇〇市内」などと自治体名で立項。ここに特筆される細目ロケ地がある場合は、太字で示しています。同一エリア内でさらに露出頻度が高い場所は、単独でも立項。また、複数作品に登場する場所は、基本的に作品ごとに立項しています。
※「出来事」欄の俳優名は、寅さんの家族やレギュラー陣は省略しています。
※郡名は略しました。旧市町村名は、合併後の新市町村名で表記しています。
※行間の関係で一覧のルビは省略しました。

北 海 道

ロケ地	所在地	作	出来事
朝里海水浴場	北海道小樽市	5	朝里海水浴場で寅さんが登(秋野太作)と再会する
網走駅	北海道網走市	11	早朝の網走駅。蒸気機関車が操車場で白煙を上げている。リリー(マドンナの浅丘ルリ子)と寅さんが、それぞれ駅から駅前ロータリーへと出て行く(この段階ではまだ知り合っていない)
網走市内各所	北海道網走市	11	網走神社参道入り口で、寅さんがレコードを売。網走橋で寅さんがリリーに声をかけられる。市内の酪農家で働く寅さんだが、三日坊主で終わる。網走市では、ほかに**網走駅**(別項あり)・**網走湖**・**栗原牧場**など
硫黄山売店	北海道弟子屈町	38	売店から出てきた寅さん。「おいちゃん、おばちゃん、見てるかい。おれ今すごく反省してるからな〜」とTV中継に出演。さくら、竜造、つねがびっくり
賽の河原	北海道奥尻町	26	海難犠牲者などを供養する奥尻島北端の賽の河原へ。寅さんはシッピンの常の娘・すみれ(マドンナの伊藤蘭)の案内で墓参り
ウトロ	北海道斜里町	38	**オロンコ岩・ウトロ温泉・ウトロ漁港**(別項あり)など。スナック「はまなす」に寅さんがやってきて、笑いの輪が広がる
ウトロ漁港	北海道斜里町	38	斜里町に腰を落ち着けた寅さん。スナックの馴染みになったり、漁港では地元の漁師たちに溶け込み、寅さんを中心にコミュニティができた
江差町内各所	北海道江差町	26	**第18回江差追分全国大会**で、ポンシュウ(関敬六)らと売をする寅さん。仲間のシッピンの常の死を知る。**江差港・フェリー乗り場**など
大通公園	北海道札幌市	38	寅さんがゴッホの「ひまわり」など、印刷の複製絵画を啖呵売
大通公園	北海道札幌市	15	大通公園で寅さんとリリー(マドンナの浅丘ルリ子)、兵頭(船越英二)の3人が万年筆の「泣き売」をする
大湯沼	北海道登別市	23	登別温泉の大湯沼。ドライブをしていたひとみ(マドンナの桃井かおり)の車が故障して立ち往生してしまう。そこに魔の手が……
奥尻島	北海道奥尻町	26	シッピンの常の墓参りに。常の娘・すみれ(マドンナの伊藤蘭)を訪ねる。島内では**奥尻港・賽の河原**(別項あり)・**川尻水産**など(次頁に写真)
オシンコシンの滝	北海道斜里町	38	日本の滝100選。実家へ帰るりん子(マドンナの竹下景子)を乗せて、タクシーが行く
小樽市内各所	北海道小樽市	15	寅さんとリリー(マドンナの浅丘ルリ子)、兵頭(船越英二)の3人。**小樽運河・外人坂・小樽港・水天宮**などを歩く。兵頭は初恋の人を訪ねる。**蘭島駅**(別項あり)・**塩谷海岸**(別項あり)も舞台となった

第26作「寅次郎かもめ歌」(1980年)。旅先の江差《えさし》で香具師《やし》の仲間からシッピンの常の死を知らされた寅さん。同業者の死を己の境涯と重ね合わせ、しんみりと過ぎ去った日々を回想する。それにしても寅さんには港がよく似合う。

小樽築港機関区	北海道小樽市	5	死の病で入院中の政吉親分（木田三千雄）の息子（松山省二）に会いに小樽築港機関区へ。何とか探し当てて会えるが、機関士の息子はD51-27に乗務して出発してしまう
京極駅	北海道京極町	31	**胆振線**。羊蹄山をバックに胆振線（1986年に廃線）が走る。その後、京極駅から寅さんが出てくる。**京極町**の羊蹄夏祭りの売である
銀山駅	北海道仁木町	5	**函館本線**の小樽～小沢間を驀進するD51形27号機を、寅さんと登（秋野太作）の乗ったタクシーが追いかける。タクシーで先回りした寅さんたちだったが、貨物列車は駅を通過してしまう
小沢駅	北海道共和町	5	**函館本線**。寅さんと登（秋野太作）を乗せて蒸気機関車を追いかけるタクシー。死の病で入院中の政吉親分（木田三千雄）の息子（松山省二／蒸気機関車に乗務している）に追いつく。駅前の旅館に泊まる寅さんと登
虎杖浜神社	北海道白老町	23	太平洋に面した虎杖浜にある虎杖浜神社。寅さんがネクタイを啖呵売
根釧原野	北海道釧路市他	11	タコ社長と大げんか。例によって「とらや」を飛び出した寅さんは、雄大な根釧原野へ。優雅に天空を舞うオオワシや雄大な夕日。バックにリムスキー・コルサコフ作曲の交響組曲「シエラザード」が流れる
札幌市内各所	北海道札幌市	5	**大通公園**（別項あり）・**札幌市電**・**テレビ塔**。寅さんと登（秋野太作）が義理のある政吉親分（木田三千雄）を見舞う
汐見橋	北海道浜中町	33	霧多布へ行く途中、釧路で出会ったフーテンの風子（マドンナの中原理恵）、女房に逃げられた栄作（佐藤B作）とともに寅さんがタクシーに乗って通る
塩谷海岸	北海道小樽市	15	寅さんとリリー（マドンナの浅丘ルリ子）、兵頭（船越英二）の3人が波打ち際で子供のように戯れる
支笏湖	北海道千歳市	23	ひとみ（マドンナの桃井かおり）と寅さんが支笏湖クルージング船「ちどり」に乗船。大自然を満喫する（次頁に写真）
知床自然センター	北海道斜里町	38	世界自然遺産。寅さん、船長（すまけい）やりん子（マドンナの竹下景子）らとバーベキュー
知床斜里駅	北海道斜里町	38	**釧網本線**。りん子（マドンナの竹下景子）が降り立つ
知床岬	北海道斜里町	38	世界自然遺産。寅さんとりん子（マドンナの竹下景子）が知床半島を観光船でクルージング。**フレペの滝**・**カムイワッカの滝**などを望む
石北本線	北海道網走市他	11	**網走駅**（別項あり）に向かう石北本線の夜行列車「大雪」車内。少し離れたボックス席で涙ぐむ歌手のリリー（マドンナの浅丘ルリ子）。心配するような目線で、見つめる寅さん
茶内駅	北海道浜中町	33	**根室本線**。寅さんと理容師のフーテンの風子（マドンナの中原理恵）、逃げられた女房を探しに来た栄作（佐藤B作）が駅に降り立つ
中標津町俣落地区	北海道中標津町	38	寅さん、牛馬を専門に診ているシャイで気難しい獣医師の順吉（三船敏郎）と出会う
釧路市内各所	北海道釧路市	33	理容師をしているフーテンの風子（マドンナの中原理恵）は、寅さんと**弊舞橋**・**弊舞河畔公園**で出会う。ほかには**釧路駅**など
根室市内各所	北海道根室市	33	市役所のそばの公園や**花咲港**など。寅さんとフーテンの風子（マドンナの中原理恵）が親交を深める。オートバイショーのトニー（渡瀬恒彦）も登場
函館市内各所	北海道函館市	15	寅さんがラーメン屋台でリリー（マドンナの浅丘ルリ子）と再会。ひょんなことから寅さんに同道していた兵頭（船越英二）を含め3人は意気投合。旅館に同宿する。**日ノ浜海岸**（別項あり）・**函館港**・**函館山**など
日ノ浜海岸	北海道函館市	15	日ノ浜海岸で海を眺める寅さん。慰安旅行中の函館のキャバレーの女性たちと再会する。そのままマイクロバスで温泉へ
美笛キャンプ場	北海道千歳市	23	支笏湖湖畔のキャンプ場。寅さんが老舗旅館の遊び人の若旦那（湯原昌幸）の魔の手からひとみ（マドンナの桃井かおり）を助ける。若旦那はラストシーンでも再び登場
別寒辺牛湿原	北海道厚岸町	33	ラムサール条約登録湿地。寅さんが根室駅から釧路に向かう。**根室本線**の車窓から美しい湿地が見える

丸駒温泉旅館	北海道千歳市	23	支笏湖のほとりにある丸駒温泉旅館に寅さんとひとみ（マドンナの桃井かおり）が宿泊
養老牛温泉	北海道中標津町	33	ラストシーン。寅さんは風子（マドンナの中原理恵）の結婚式に出るため山越えをするが熊に遭遇。結婚式は**旅館藤や**で行われた
蘭島駅	北海道小樽市	15	**函館本線**。寅さんとリリー（マドンナの浅丘ルリ子）、兵頭（船越英二）の３人が蘭島駅のベンチで野宿
留寿都村	北海道留寿都村	31	仲間の長万部の熊（佐山俊二）をからかう寅さん

東　北

ロケ地	所在地	作	出来事
岩木山	青森県弘前市他	7	日本百名山。ラストシーン。列車の車窓や弘前行きバスの車窓。冠雪した岩木山がところどころに登場し背景を飾る
善知鳥神社	青森県青森市	15	善知鳥神社で易本の売をしている寅さん
青函連絡船「摩周丸」	青森県青森市	15	近代化産業遺産。売を終えた夕暮れ時。寅さんが宿へ戻る途中、振り向くと青森桟橋へ向けて青函連絡船「摩周丸」がゆっくりと入港していくのが見える
千畳敷	青森県深浦町	7	花子（マドンナの榊原るみ）を追って青森に向かった寅さんから不吉な手紙が届く。あわてて花子が戻っていった深浦の田野沢小学校（現在廃校）に向かうさくら。途中のバスの窓から千畳敷を見ると、行方不明者を捜している人々が…。だが、寅さんは温泉三昧の旅を続けていた
驫木駅	青森県深浦町	7	**五能線**。五能線の驫木駅に降り立つさくら。周囲は閑散としていて何もないが、漁師たちに道を聞きながら花子（マドンナの榊原るみ）が働く田野沢小学校を訪ねる
上の橋	岩手県盛岡市	33	**盛岡城跡公園**で、かつて一緒に売を行っていた舎弟・登（秋野太作）と再会。上の橋のたもとの登の家へ招かれる
嶽（岳）温泉バス停	青森県弘前市	7	深浦に向かったさくら。バスの窓から見た千畳敷では、行方不明者を捜している人々がいた。「もしや……」。不安な思いでバスに揺られて嶽（岳）温泉バス停に着くと、にぎやかなお年寄りの一団が乗車してきた。そのなかになんと寅さんがいた！　案じることなどなかったのである
水晶山スキー場	秋田県鹿角市	35	若菜（マドンナの樋口可南子）に振られたと勘違いして茫然自失となった民夫（平田満）。自殺しないかと心配した寅さんと若菜たちが、夏のスキー場で民夫を発見する（下に写真）

ハイライトシーンを秋田県鹿角《かづの》市の水晶山スキー場でロケした第35作「寅次郎恋愛塾」（1985年）。失恋したと勘違いした民夫《たみお》（平田満《ひらたみつる》）は、死地を求めてさまようが、寅さんたちに助けられて恋も成就した。

第23作「翔んでる寅次郎」（1979年）。寅さんに助けられたひとみ（マドンナの桃井《ももい》かおり）は、支笏《しこつ》湖の遊覧船に乗り、北海道の自然を満喫する。

桧木内川堤	秋田県角館市	38	日本さくら名所100選。にぎわう川堤の「さくらまつり」。河川敷では満開のサクラの下、家族や宴会を楽しむ一団が遊んでいた
かみのやま温泉	山形県上山市	16	かみのやま温泉の**水岸山観音寺**（最上三十三観音第十番札所）の祭礼。観音堂付近で寅さんが女学生を相手に鞄を啖呵売。遠くに蔵王の山並みが見える
慈恩寺	山形県寒河江市	16	聖武天皇の勅願で創建された。順子（桜田淳子）の母で、かつてほれたお雪さんの墓参をする寅さん。案内された住職の蘊蓄に深く共感する
深沢の渡船場	山形県大江町	16	鐘を鳴らして対岸の船頭を呼ぶ渡し船。たおやかな**最上川**の流れ。船に乗って寅さんが寒河江に
栗原電鉄	宮城県栗原市他	41	のちのくりはら田園鉄道、2007年に廃線。坂口兵馬（柄本明）が自殺未遂。寅さんが助ける
松島町内各所	宮城県松島町	41	日本三景。タイトルバック。寅さんとポンシュウ（関敬六）が観光船に乗り、**瑞巌寺参道**で啖呵売
圓蔵寺	福島県柳津町	36	日本三虚空蔵のひとつに数えられる柳津虚空蔵を祀る円蔵寺の縁日。ポンシュウ（関敬六）と売の準備をする寅さん
滝谷川鉄橋	福島県柳津町他	36	**只見線**。滝谷川に架かる滝谷川鉄橋を進む国鉄色の気動車
柳津町	福島県柳津町	36	只見川の畔に広がる柳津町。寅さんは柴又の家族へ会津桐下駄を贈ろうとしたが、財布と相談して諦める

関　東

ロケ地	所在地	作	出来事
牛久沼	茨城県牛久市ほか	34	寅さんが富永健吉（米倉斉加年）を誘って上野駅近くの赤提灯へ。酔っ払った寅さんは、牛久沼近くの富永家に泊まる
筑波山神社	茨城県つくば市	34	秋祭り。寅さんが健康サンダルを啖呵売
袋田駅	茨城県大子町	42	**水郡線**。寅さんと列車に乗り合わせたお爺さん（イッセー尾形）が車内で大げんか。袋田駅で列車から降りて乱闘に（次頁に写真）
中妻駅	茨城県常総市	39	**関東鉄道**。夢シーン。取手方面行きホームの待合所で目が覚める
山あげ祭	栃木県那須烏山市	46	タイトルバックで**八雲神社**の山あげ祭（重要無形民俗文化財）。寅さんが参道で啖呵売
浅間山	群馬県嬬恋村	25	日本百名山。タイトルバック。群馬県の北軽井沢方面から見た美しい浅間山。日本を代表する活火山だ
碓氷川	群馬県安中市他	14	冒頭シーン。静かに流れる利根川水系の碓氷川。タイトルバックは上毛三山に数えられる**妙義山**（別項あり）。上州の山並みが美しい
上荷付場停留所	群馬県中之条町	25	草軽交通バスの停留所。ここで寅さんは、マイクロバスに乗っていたリリー（マドンナの浅丘ルリ子）と再会する
妙義山	群馬県下仁田町他	14	冒頭シーン。夢から覚めた寅さん。妙義山を望む田園地帯をのんびり歩く。群馬県西毛地方の美しい風景が心を和ませる
浦安市内各所	千葉県浦安市	5	鉢巻きを締めた寅さん。節子（マドンナの長山藍子）の母が営む豆腐店で働く
浦安フラワー通り商店街	千葉県浦安市	5	豆腐屋で働き始めた寅さんが、豆腐を満載した業務用の自転車に乗ってさっそうと商店街を走り抜ける
谷津遊園	千葉県習志野市	30	谷津遊園で三郎（沢田研二）がチンパンジーの世話をしている
錦糸町駅	東京都墨田区	11	**総武本線**。リリー（マドンナの浅丘ルリ子）が住んでいるアパートを探して、寅さんが駅の周辺を探し回るが、リリーは家を出たあとだった
西新井大師	東京都足立区	17	西新井大師として親しまれている真宗豊山派・総持寺で、寅さんが源公と猿の玩具を啖呵売
京成関屋駅	東京都足立区	14	**京成本線**。コーラスグループの大川（上條恒彦）が、看護師の京子（マドンナの十朱幸代）に愛を告白する

水郡線《すいぐん》が舞台のオープニング

寅さんが老人(イッセー尾形《おがた》)の席を確保しようと、高校生をボックス席から追い出すと、老人は「おら、年寄りでねえ!」と怒りだし、車内で大げんかに発展してしまう(左)。「表へ出ろ!」と袋田駅のホームに降りても意気軒昂な二人だったが(下)、高校生や駅長が仲裁に入って何とか和解。最後は三三七拍子の手打ちで終わった(左下)。第42作「ぼくの伯父さん」(1989年)のオープニングシーンである。

ロケ地は早稲田大学。教授が寅さんに「きみは産業革命を知らないのか?」と聞くと、「知らない」。「あなた、聴講生?」「はい」などと抱腹絶倒のやり取りが続いた。寅さんが天ぷら学生(偽大学生)となったのは、第40作「寅次郎サラダ記念日」(1988年)だけである。

小岩駅	東京都江戸川区	25	**総武本線**。小岩駅前で、博がリリー(マドンナの浅丘ルリ子)と再会する。リリーはだいぶ顔色が悪そうである(沖縄で倒れる)
亀戸天神社	東京都江東区	10	千代(マドンナの八千草薫)と寅さんがデートする。密かに寅さんにほれていた千代が、寅さんに振られる
青戸団地	東京都葛飾区	19	鞠子(マドンナの真野響子)が暮らす青戸団地を寅さんが訪ねる
江戸川縁のアパート	東京都葛飾区	22	早苗(マドンナの大原麗子)の引越を手伝いにアパートへ行くが、そこには寅さんの恋敵となる男(室田日出男)がいた
金町すずらん通り	東京都葛飾区	16	寅さんが詰め襟の学生服姿で文房具を啖呵売。そこへやはり学生服姿の源公がサクラで現れる。「お兄さんはどちらですか?」「東大法学部です」「そお、じゃあ同志だ。頑張ろう!」
中川橋	東京都葛飾区	12	寅さんとりつ子(マドンナの岸惠子)がそぞろ歩く。橋の近くで寅さんがりつ子にパンを買ってやる
水元公園の池の畔	東京都葛飾区	18	昔なじみの綾(マドンナの京マチ子)、源公と池の畔でピクニック
水元公園の池	東京都葛飾区	1	寅さんと冬子(マドンナの光本幸子)がボートに乗る
南葛飾高校	東京都葛飾区	26	定時制で国語を担当する林先生(松村達雄)が、濱口國雄「便所掃除」の詩を講義。そこへすみれ(マドンナの伊藤蘭)の様子を見ようと寅さんがひょっこり。授業に参加して人気者に
浅草公園六区	東京都台東区	23	歓楽街の浅草公園六区。キャバレー新世界ビルの脇道で、寅さんがカーテンを啖呵売
浅草国際劇場	東京都台東区	21	慰労会で朝日印刷の面々が浅草国際劇場へ。さくらは幼なじみのスター踊り子・奈々子(マドンナの木の実ナナ)を楽屋に訪ねる
浅草六区映画街	東京都台東区	21	浅草六区映画街の東京クラブ裏。寅さんが布地を啖呵売
浅草寺雷門前	東京都台東区	11	浅草寺でスリッパなどを啖呵売。源公がサクラで登場
浅草寺五重塔前	東京都台東区	22	浅草寺の境内で、寅さんが易本を啖呵売
上野の飲み屋街	東京都台東区	34	赤提灯でサラリーマンの富永健吉(米倉斉加年)と意気投合
上野ガード下	東京都台東区	24	マイケル(ハーブ・エデルマン)と飲み明かす。駅前のランドマークであった「聚楽」のネオンが映っている
上野駅	東京都台東区	11	**上野駅地下食堂街**にある大衆食堂。寅さんを気遣うさくらがそっと紙幣を何枚か寅さんの財布に入れる。「20時44分発、前橋行急行……」などと構内アナウンスが聞こえる

不忍池	東京都台東区	24	不忍池の畔で易断売。第13作でも同じ易断売のシーンがある
不忍池	東京都台東区	20	ワット君（中村雅俊）と幸子（大竹しのぶ）がデートする
神田神保町	東京都千代田区	17	神田神保町の古書店。寅さんが飲み屋で知り合った日本画家・青観（宇野重吉）の絵を売ろうと持って行く
東京駅	東京都千代田区	46	就職活動がうまくいかない満男が博とけんか。満男は東京駅から寝台特急瀬戸号高松行に飛び乗る
帝国ホテル	東京都千代田区	7	再び上京した寅さんの生母・菊（ミヤコ蝶々）が宿泊。ベッドではしゃぎまくる寅さんを見て、さくらと菊はげんなり
ホテルニューオータニ	東京都千代田区	1	さくらの見合いの舞台。マナーのかけらもない寅さんが縁談をぶち壊す
ホテルニューオータニ	東京都千代田区	23	紀尾井町のホテルニューオータニで、ひとみ（マドンナの桃井かおり）と小柳邦男（布施明）の結婚披露宴が行われる
文化学院	東京都千代田区	36	島崎真知子先生（マドンナの栗原小巻）に結婚を申し込む編集者（川谷拓三）が勤める出版社。そのロシア語辞典編集部として使われた
八重洲ブックセンター	東京都中央区	50	本店店内。小説家となった満男がサイン会を行い、泉と再会する
伝通院	東京都文京区	35	小石川の伝通院境内。寅さんが若菜（マドンナの樋口可南子）にほれた民夫（平田満）に恋の指南を申し出る
東京大学	東京都文京区	10	「とらや」の2階に間借りしている岡倉助教授（米倉斉加年）を訪ね、寅さんが東京大学へ
東京大学	東京都文京区	16	弥生町の農学部へ入っていく礼子（マドンナの樫山文枝）。ここは弥生土器が発見された場所でもある
根津神社	東京都文京区	18	根津神社の縁日で、寅さんがクジラ尺を啖呵売
早稲田大学	東京都新宿区	40	女医の真知子（マドンナの三田佳子）の姪・由紀（三田寛子）が通う早稲田大学。寅さんが訪れて授業をかき回す（前頁に写真）
とげぬき地蔵尊	東京都豊島区	1	舎弟の登（秋野太作）とともに雑誌を啖呵売
ハチ公前	東京都渋谷区	32	**渋谷駅**のハチ公前。ひろみ（杉田かおる）が寺の住職の娘・朋子（マドンナの竹下景子）の弟の一道（中井貴一）を待つ
成城大学	東京都世田谷区	50	国連UNHCR協会の職員となっていた泉が講演を行う
大井オートレース場	東京都品川区	1	寅さんと冬子（マドンナの光本幸子）がオートレースを見物
蒲田西口本通り	東京都大田区	1	寅さんと冬子（マドンナの光本幸子）が赤提灯で焼き鳥を食べる
羽田空港	東京都大田区	4	競馬で大穴を当てた金を旅行代理店の社長に持ち逃げされた寅さん。その金で行く予定だったハワイ家族旅行が白紙に。しかし、近所の人に万歳三唱で見送られたため、いったん羽田空港に向かい、夜、こっそりと「とらや」にとんぼ返り
羽田空港	東京都大田区	25	病気のリリー（マドンナの浅丘ルリ子）を見舞うため、寅さんが羽田空港から沖縄へフライト。博が寅さんをやっとの思いで飛行機に乗せる
調布飛行場	東京都調布市	36	調布飛行場から小型機に乗る真知子先生（マドンナの栗原小巻）を見送る寅さん
式根島各所	東京都新島村	36	**泊海岸・神引展望台・式根島小学校**（別項あり）**・地鉈温泉**（別項あり）など。島崎真知子先生（マドンナの栗原小巻）への愛が深まっていく
式根島小学校	東京都新島村	36	寅さんとあけみが下田から連絡船で式根島へ。旅館の**式根館**に宿泊。寅さんは港で小学校で教える島崎真知子先生（マドンナの栗原小巻）に出会って一目ぼれ
地鉈温泉	東京都新島村	36	岩場に湧き出る野湯。あけみが裸で入浴し、「男はつらいよ」唯一の女性の裸体シーンとなった
川崎大師	神奈川県川崎市	4	関東三大厄除け大師の門前で啖呵売
鶴岡八幡宮	神奈川県鎌倉市	29	かがり（マドンナのいしだあゆみ）とのデート。寅さんは照れくさくて満男を同行。大鳥居の見える参道を歩いて**成就院**（別項あり）へ
成田山横浜別院	神奈川県横浜市	6	本堂の横で瀬戸物を売。見事な啖呵売を披露
江島神社	神奈川県藤沢市	29	神社参道を寅さんと満男、かがり（マドンナのいしだあゆみ）の3人が歩く。寅さんに愛情を感じているかがりの心境は複雑である

江之島亭	神奈川県藤沢市	29	寅さんとかがり（マドンナのいしだあゆみ）が老舗魚料理屋の江之島亭座敷で、夕日を浴びながら会話をする
三崎漁港	神奈川県三浦市	8	オープニングの雨のシーン。旅回り一座の座長の娘・小百合（岡本茉莉）と寅さんの情感あふれる場面の舞台
鎌倉高校前駅	神奈川県鎌倉市	47	滋賀県の長浜で出会った典子（マドンナのかたせ梨乃）のことが気になり、満男の運転で典子の住む鎌倉へ。この後、満男と別れて寅さんは**江ノ島電鉄**の鎌倉高校前駅から旅へ
七里ヶ浜	神奈川県鎌倉市	29	日本の渚100選。七里が浜沿いのレストラン。寅さんと満男、かがり（マドンナのいしだあゆみ）が食事をする
成就院	神奈川県鎌倉市	29	あじさい寺として知られる成就院で、満男を連れて寅さんとかがり（マドンナのいしだあゆみ）がデートをする。咲き誇る満開のあじさいが見事である
芦ノ湖	神奈川県箱根町	37	芦ノ湖遊覧船乗り場で、寅さんが鳩笛を啖呵売
国府津駅	神奈川県小田原市	49	**東海道本線**。「寅次郎ハイビスカスの花 特別篇」のアバンタイトル。出張中の満男が、国府津駅のホームや列車内で寅さんを回想。白日夢のように切ないシーン

北陸・東海・甲信越

ロケ地	所在地	作	出来事
出雲崎港	新潟県出雲崎町	31	佐渡を見ながらぼんやりと物思いにふける大物歌手のはるみ（マドンナの都はるみ）と寅さんが出会う。一緒に漁船に乗って佐渡へ
越後広瀬駅	新潟県魚沼市	7	**只見線**。冒頭シーン。上野駅に向かう集団就職列車。金の卵の子供たちとその親に、寅さんが励ましの言葉をかける。やがて列車は汽笛とともに発車するが、会話に夢中となった寅さんは列車に乗るのを忘れてしまう。あわてた寅さんは、蒸気機関車の後を追ってホームを走る
小木港	新潟県佐渡市	31	**山本屋みやげ店**で寅さんと大物歌手のはるみ（マドンナの都はるみ）が、別れのビールを飲む。はるみは**佐渡汽船カーフェリー**で帰る
春日山神社	新潟県上越市	47	タイトルバック。上杉謙信を祀った春日山神社。謙信公祭で寅さんとポンシュウ（関敬六）たちが易本を売している
沢崎鼻灯台	新潟県佐渡市	31	小木半島の突端にある八角形の灯台。「砂山」「佐渡おけさ」を歌いながら寅さんと散歩する大物歌手のはるみ（マドンナの都はるみ）
宿根木	新潟県佐渡市	31	民宿吾作に寅さんと大物歌手のはるみ（マドンナの都はるみ）が宿泊する。はるみは寅さんの懐の深さに心を開く（次頁に写真）
白根大凧合戦	新潟県新潟市	31	白根大凧合戦の様子が映し出される
上越市各所	新潟県上越市	47	アバンタイトルは**高田本町商店街**。雁木の残る町並みのレコード店。演歌歌手（小林幸子）がキャンペーンをしている。売れないキャンペーンの終了後、近くの郵便局で寅さんと歌手が出会う。寅さんは「大器晩成型だよ」と励ます（次頁に写真）。ほかはタイトルバックの**春日山神社**など
新潟県民会館	新潟県新潟市	31	新潟県民会館「京はるみショー」の会場前で、寅さんがコンパクト・鏡を啖呵売
新潟交通	新潟県新潟市	31	寅さんが食堂で夕食をとっていると、狭い道路の軌道を電車がゴーッと走って行く
萬代橋	新潟県新潟市	31	信濃川河口近くに架かる名橋・萬代橋風景
船岡公園	新潟県小千谷市	31	冒頭シーン。チンドン屋（関敬六）の荷物を枕に昼寝をしている寅さん。関敬六は、ポンシュウ役以外でも登場している
満願寺のはさ木並木	新潟県新潟市	31	1000本以上が立ち並ぶはさ木（稲を干す立木）の道。寅さんが老婆に道を尋ねる
六日町	新潟県南魚沼市	18	ラスト。小学校の清水分校（閉校）で寅さんが雅子（檀ふみ）と再会する
良寛堂	新潟県出雲崎町	31	良寛堂前で寅さんが虫眼鏡を売。ほとんど人は寄りつかない
海野宿	長野県東御市	35	北国街道の宿場・海野宿（重要伝統的建造物群保存地区・日本の道100選）で寅さんが雲水ともめる

第31作「旅と女と寅次郎」(1983年)のロケ地は佐渡島。京《きょう》はるみ(マドンナの都《みやこ》はるみ)と民宿で夕餉を共にする寅さん。しんみりと身の上話をするうちに、はるみは情感豊かに「矢切の渡し」を歌い出す。切々として心に響くシーンである。

第47作「拝啓車寅次郎様」(1994年)。新潟県上越市の高田でロケした冒頭シーンでは、レコードショップの店頭で歌っていた駆け出しの演歌歌手(小林幸子《こばやしさちこ》)を励まし、雁木通りの商店街をさっそうと去って行った(つもりが左の女性にぶつかりずっこける)。

大出吊り橋	長野県白馬村	29	タイトルバック。白馬村の清流・**姫川**にかかる大出吊り橋。白馬三山を望む雄大な景色
大桑村	長野県大桑村	22	寅さんが博の父・颷一郎（志村喬）と一緒に、タクシーで**定勝寺**や**妙覚寺**などの古刹を巡る
木崎湖	長野県大町市	29	タイトルバック。後立山を望む風景のなか、木崎湖畔にたたずむ寅さん
小海線	長野県小諸市他	40	キハ58系に乗車する寅さん。ボックス席でスルメを肴に日本酒を飲む。検札に来た車掌に酒を勧めると、車掌はスルメに鋏を入れた
紅葉館	長野県南木曽町	22	寅さんが博の父・颷一郎（志村喬）と宿泊
小諸市内各所	長野県小諸市	40	**小諸駅・小諸城・懐古園・健速神社**など。寅さんと女医の真知子（マドンナの三田佳子）が親交を深める
塩田平	長野県上田市	18	重要文化財の三重塔で知られる**前山寺**の石段に座り、寅さんがあんぱんを食べている。眼前に広がるのは刈り取りが終わった塩田平の田園風景である。塩田平では、いかにも鎮守様という風情の**塩野入神社**で入浴用品を啖呵売
白糸の滝	長野県軽井沢町	25	タイトルバック。白糸の滝の茶店で寅さんと若いカップルがギャグをかます
傍陽集落	長野県上田市	40	傍陽集落に住むお婆さんと**小諸駅**で知り合う寅さん。バスで一緒に帰り古民家に泊めてもらう
上田電鉄別所線	長野県上田市	18	冒頭シーン。上田電鉄別所線の**中塩田駅**近くの床屋。椅子で寝ていると蒸しタオルを当てられ、「あっち、あっちい」と目覚める。窓の外の駅からは丸窓電車が発車する。寅さんを迎えに行く、さくらも乗車した
奈良井宿	長野県塩尻市	3	重要伝統的建造物群保存地区。冒頭シーン。江戸時代から続く旅館の**ゑちごや**で寅さんが風邪を引いている
奈良井宿	長野県塩尻市	10	重要伝統的建造物群保存地区。**奈良井館**（映画では**かぎや旅館**）に投宿した寅さん、登（秋野太作）と再会する（次頁に写真）
庭田屋旅館	長野県大桑村	22	野尻宿の庭田屋旅館で、博の父・颷一郎（志村喬）から「今昔物語」の話をしみじみと聞く寅さん
日出塩駅	長野県塩尻市	10	**中央本線**。冒頭シーン。日出塩駅の待合室で夢から覚める。ホームを重連のD51形が長大な貨物車両を牽引しながら通過していく
別所温泉	長野県上田市	18	寅さんが坂東鶴八郎一座と再会。北向観世音前で行われた公演を見て、寅さんが一座全員を招いて一席設ける。しかし、金が払えず、さくらに泣きつく。寅さんは留置場へ。**別所温泉駅**も風情がある
舞田駅	長野県上田市	35	**上田交通（現・上田電鉄）別所線**（別項あり）。ホームのベンチで、居眠りをしている寅さんが夢から覚める
明野	山梨県北杜市	10	**甲斐駒ヶ岳**（別項あり）をバックに、寅さんがひとり晩秋の明野を歩く。野道をたどり、清流でたたずみ、やがて長屋門をもつ旧家へ。旧家のお婆さん（田中絹代）と話をする
甲斐駒ヶ岳	山梨県北杜市他	8	日本百名山。ラストシーン。甲斐駒ヶ岳を背景としたのどかな田舎道。寅さんが歩いていると、坂東鶴八郎一座とばったり再会。第10作でも甲斐駒ヶ岳を背景に田舎道を歩くシーンがある
唐土神社	山梨県北杜市	10	小さな神社の縁日で、登（秋野太作）と古本を啖呵売（112頁に写真）
清水橋	山梨県北杜市	10	ラストシーン。登（秋野太作）といっしょに古い木橋を渡る寅さん
道志村	山梨県道志村	4	冒頭シーン。峠の茶屋のお婆さん（村瀬幸子）の孝行な孫のハガキを、郵便局員が読み上げ、寅さんは故郷を思い出す
安弘見神社	岐阜県中津川市	44	安弘見神社の花馬奉納で、寅さんが健康サンダルを啖呵売
奥恵那峡	岐阜県中津川市	44	タイトルバック。奥恵那峡の遊覧船に乗り遅れる寅さんとポンシュウ（関敬六）
下呂温泉	岐阜県下呂市	45	日本三名泉。ラストシーン。飛騨川に架かる橋で啖呵売する寅さん
長良川まつり	岐阜県岐阜市	38	長良川の河畔で寅さんがポンシュウ（関敬六）と花火を啖呵売
猪鼻湖神社	静岡県浜松市	6	ラストシーン。浜名湖と猪鼻湖の間にある猪鼻湖神社。寅さんと源公が幸福の鶴亀を啖呵売

入田浜	静岡県下田市	36	海水浴場の浜に座って、寅さんとあけみが「愛について」語り合う
伊太大井神社	静岡県島田市	22	大井川近くの小さな神社の縁日。寅さんが電子バンドを啖呵売
川根大橋	静岡県川根本町	22	バスの中で博の父・飈一郎（志村喬）と出会う
塩郷ダム	静岡県川根本町	22	塩郷ダムで瞳（泉ピン子）と出会い人生相談に応じる
塩郷駅	静岡県川根本町	22	**大井川鐵道**。ラストシーン。冒頭のシーンで島田市の蓬萊橋ですれ違った雲水（大滝秀治）と再会する
千頭駅	静岡県川根本町	22	**大井川鐵道**。駅前の食堂で、寅さんは塩郷ダムで出会った悩み多き女性・瞳（泉ピン子）の愚痴を聞く
西浦足保	静岡県沼津市	16	ラストシーン。礼子（マドンナの樫山文枝）に振られた寅さんと田所教授（小林桂樹）の失意の旅が続く。第24作のラストシーンにも使われた港で、富士山をバックに船が出て行く
西浦足保	静岡県沼津市	24	ラストシーン。港町をひっそりと見守る天神社の縁日。寅さんが啖呵売。ポンシュウ（小島三児）がかみさんと子供を連れて登場。幸せそうな様子に寅さんは自棄になる
沼津市内各所	静岡県沼津市	7	**沼津駅・駅前交番**など。夜、寅さんがラーメン屋で花子（マドンナの榊原るみ）と出会う。駅前交番で、警官（犬塚弘）と寅さんが花子に切符代を工面する
気多神社	静岡県沼津市	41	ポンシュウ（関敬六）と、オーストリアウィーン製バックを啖呵売
浜名湖舘山寺港	静岡県浜松市	36	ラストシーン。遊覧船乗り場で昼寝をしている寅さん。船が着くと、式根島の分校の生徒と再会する
富士市内各所	静岡県富士市	7	**富士本町商店街**。履き物屋の前で寅さんが下駄を啖呵売。**日本製紙富士工場**の煙突が背景に見えている
蓬萊橋	静岡県島田市	22	世界最長の木橋としてギネス登録。冒頭シーン。大井川に架かる蓬萊橋で、すれ違った雲水から「あなたのお顔に女難の相が出ております」と言われる
みなと橋	静岡県下田市	36	結婚生活に嫌気がさしたあけみ。寅さんは下田の長八（笹野高史）に頼み、みなと橋であけみを見つける
焼津港	静岡県焼津市	28	ラストシーン。焼津港で兄の出航を見送るフーテンの愛子（岸本加世子）と寅さんが再会する

奈良井《ならい》宿は第3作「フーテンの寅」（1970年）と写真の第10作「寅次郎夢枕」（1972年）でロケしている。第10作では旅館の「かぎや」で舎弟《しゃてい》の登《のぼる》と邂逅《かいこう》する。大酒を飲んで旧交を温めた翌日、二人は北杜市の唐土《どうど》神社で啖《たん》呵売《かばい》。その後、寅さんは「地道に暮らせ」と手紙を残して去って行った。

第9作「柴又慕情」（1972年）のロケ地は東尋坊《とうじんぼう》（福井県坂井市）。バスから荒磯を望むカットも含め、ここでのシーンは1分半ほどだが、映画ではその魅力を堪能できる。旅先で知り合った歌子《うたこ》（マドンナの吉永《よしなが》小百《さゆ》合《り》）たちが岩場をジャンプするシーンが印象的で、寅さんと女性たちの笑い声が青空に吸い込まれていった。

高蔵寺町	愛知県春日井市	9	歌子（マドンナの吉永小百合）は陶芸家と結婚。歌子と亭主が窯場で働いている
中京競馬場	愛知県名古屋市	4	中京競馬場でタコ社長とばったり会った寅さん、競馬で100万円を当てる。名古屋からタクシーを飛ばして柴又へ凱旋
名古屋市内各所	愛知県名古屋市	42	満男が泉（マドンナの後藤久美子）の母・礼子（夏木マリ）を訪ねる
金平駅	石川県小松市	9	冒頭シーン。**尾小屋鉄道**（1977年廃止）の金平駅（廃駅）で、寅さんが夢から醒める
兼六園	石川県金沢市	9	特別名勝・日本三名園。兼六園の外で寅さんがメノウを啖呵売。歌子（マドンナの吉永小百合）たちが観光ですれ違う
犀川	石川県金沢市	9	啖呵売に疲れた寅さんが犀川沿いをゆっくり歩く。犀川並びの旅館に投宿し、舎弟の登（秋野太作）と再会。この旅館には歌子（マドンナの吉永小百合）たちも泊まっている
永平寺	福井県永平寺町	9	曹洞宗の大本山。歌子（マドンナの吉永小百合）たちが観光する
京善駅	福井県あわら市	9	**京福電気鉄道永平寺線**（2002年廃線）の京善駅（廃駅）近くの味噌田楽屋。寅さんと歌子（マドンナの吉永小百合）たちが出会って意気投合。一緒に観光することになる。記念撮影で寅さんが「バタァ～」
東尋坊	福井県坂井市	9	国の天然記念物となっている奇勝・東尋坊。寅さんと歌子（マドンナの吉永小百合）たちがバス旅行を楽しむ（上に写真）
東古市駅	福井県永平寺町	9	**京福電気鉄道永平寺線**（2002年廃線）の東古市駅（現・えちぜん鉄道勝山永平寺線の永平寺口駅）で、寅さんと歌子（マドンナの吉永小百合）たちが別れを惜しむ

近畿

ロケ地	所在地	作	出来事
菅浦	滋賀県長浜市	47	日本遺産。琵琶湖のほとり、菅浦の水辺で写真を趣味とする典子（マドンナのかたせ梨乃）と寅さんが出会う
長浜曳山まつり	滋賀県長浜市	47	仕事に嫌気がさした満男が先輩の誘いで**長浜曳山まつり**へ。先輩の妹（牧瀬里穂）の案内で**旧市街・大通寺**などを見学
彦根城	滋賀県彦根市	29	国宝・特別史跡。ラストシーン。埋木舎の近くで啖呵売。寅さんは陶芸家の作次郎（片岡仁左衛門）と再会する
東大寺	奈良県奈良市	1	世界文化遺産・国宝。寅さんが、外国人観光客を案内していたところ、御前様と冬子（マドンナの光本幸子）親子にばったり。**大仏殿・二月堂**などを見学する
奈良公園	奈良県奈良市	1	奈良公園の**鷺池**に浮かぶ**浮見堂**の**蓬莱橋**で記念撮影。寅さんがシャッターを切る瞬間、御前様が「バッタ〜〜」
奈良ホテル	奈良県奈良市	1	奈良ホテルは明治時代の1909年の創業。寅さんが御前様と冬子（マドンナの光本幸子）親子を奈良ホテルに送り届ける
宝山寺	奈良県生駒市	27	**近鉄生駒ケーブル**（日本最初のケーブルカー）に乗って、寅さんとふみ（マドンナの松坂慶子）が宝山寺を参詣
法隆寺	奈良県斑鳩町	1	世界文化遺産・国宝。奈良観光に出かけた御前様と冬子（マドンナの光本幸子）親子が記念撮影をしている
八木屋翠山荘	奈良県吉野町	39	寅さん、隆子（マドンナの秋吉久美子）と出会う
大和上市駅	奈良県吉野町	39	**近鉄吉野線**。隆子（マドンナの秋吉久美子）が寅さんたちを見送る
吉野町内各所	奈良県吉野町	39	**金峯山寺仁王門・蔵王堂、**和菓子の店の**萬松堂**など。寅さんと隆子（マドンナの秋吉久美子）が、身の上を話す
天橋立	京都府宮津市	1	日本三景。ラストシーン。寅さんと舎弟の登（秋野太作）が**智恩寺**の縁日で古本を啖呵売
伊根町内各所	京都府伊根町	29	重要伝統的建造物群保存地区。寅さんが、かがり（マドンナのいしだあゆみ）を訪ねる。**舟屋の町並み・伊根湾**が美しい
鴨川	京都府京都市	29	寅さんが陶芸家・作次郎（片岡仁左衛門）の下駄の鼻緒を直す
京都市内各所	京都府京都市	24	マイケル（ハーブ・エデルマン）がビタミン剤のセールスをする
京都市内各所	京都府京都市	2	恩師・散歩先生（東野英治郎）と娘の夏子（マドンナの佐藤オリエ）が京都見物で寅さんと再会する。、嵐山の**渡月橋**で源公と啖呵売をし、寅さんは生母の菊（ミヤコ蝶々）に会う。**清水寺・哲学の道**なども
三条大橋	京都府京都市	2	ラストシーン。夏子（マドンナの佐藤オリエ）に振られ、再び京都へ。生母の菊（ミヤコ蝶々）と丁々発止の会話をしながら三条大橋を渡る寅さん
下鴨神社	京都府京都市	29	世界文化遺産。左京区下鴨泉川町の下鴨神社で5月に行われる葵祭。寅さんが接着剤のピッタリコンを啖呵売
神馬堂	京都府京都市	29	北区上賀茂御薗口町の神馬堂。寅さんと作次郎（片岡仁左衛門）が、名物の焼餅を食べる
西陣	京都府京都市	24	芝居小屋でマイケル（ハーブ・エデルマン）が、坂東鶴八郎一座「蝶々夫人」を見る
石切劔箭神社	大阪府東大阪市	27	石切劔箭神社の境内で、寅さんが水中花を啖呵売
大阪市内各所	大阪府大阪市	27	**通天閣本通・石切劔箭神社**（別項あり）など。寅さんとふみ（マドンナの松坂慶子）が親交を深める
新世界	大阪府大阪市	27	**通天閣**の近くの繁華街にある**新世界ホテル**に寅さんが逗留
天王寺駅	大阪府大阪市	39	**関西本線**など。駅前交番で秀吉（死去したテキ屋仲間の子）を連れた寅さんが、不審人物と間違われる
賢島	三重県志摩市	39	寅さんと秀吉（死去したテキ屋仲間の子）が、秀吉の母ふで（五月みどり）を訪ねる

御在所ロープウェイ	三重県菰野町	3	寅さんが番頭を務める旅館の女将・志津（マドンナの新珠三千代）の娘を連れ、ロープウェイに乗って**御在所岳**の山上公園へ
柘植駅	三重県伊賀市	2	**関西本線**など。冒頭シーン。柘植駅前の旅館。看板には料理旅館小﨑亭とある。D51が駅構内を走り、寅さんが夢から醒める
二見町	三重県伊勢市	39	正月、寅さんがポンシュウ（関敬六）たちと啖呵売
湯の山温泉	三重県菰野町	3	三嶽寺の**僧兵まつり**。火炎神輿で知られる湯の山温泉の勇壮な伝統行事が圧巻
四日市市コンビナート	三重県四日市市	3	コンビナートが背景に見える染子（香山美子）の家。竜造とつねが湯の山温泉に向かう車窓
加太港	和歌山県和歌山市	24	冒頭シーン。連絡船の上で目を覚ます寅さん
粉河寺	和歌山県紀の川市	24	西国三十三ヵ所の粉河寺（第三番札所）で下駄を啖呵売する寅さん。ポンシュウ（小島三児）は子連れで売をする
根来寺	和歌山県岩出市	24	日本最大の木造多宝塔が国宝。紀州路を歩き、山門の下で柿をほおばる寅さん。寺の鐘が旅情を誘う
和歌浦	和歌山県和歌山市	39	寅さんと秀吉（死去したテキ屋仲間の子）が、秀吉の母ふで（五月みどり）を探す
和歌山駅	和歌山県和歌山市	39	**紀勢本線**など。寅さんと秀吉（死去したテキ屋仲間の子）が、秀吉の母ふで（五月みどり）を探す
菅原市場	兵庫県神戸市	48	阪神・淡路大震災の被災地で、ボランティア活動をする寅さんの様子がテレビの特別番組に映り、柴又の家族がびっくり
龍野市内各所	兵庫県たつの市	17	市内の**梅玉旅館・山崎街道・揖保川・龍野公園・上霞城・武家屋敷跡・龍野橋**（別項あり）など。ここは日本画家の大家・青観（宇野重吉）の郷里という設定。寅さんが青観と再会。青観をねぎらう市主催の宴会で寅さんがぼたん（マドンナの太地喜和子）と出会う
龍野橋	兵庫県たつの市	17	ラストシーン。寅さんが龍野橋の上でアイスキャンディーを食べる。ぼたん（マドンナの太地喜和子）と再会を喜び合う

中国・四国

ロケ地	所在地	作	出来事
勝山町並み保存地区	岡山県真庭市	48	造り酒屋辻本店。寅さんとポンシュウ（関敬六）が日本酒の試飲で酔っぱらってしまう。神橋の上では千鳥足、ノックダウン寸前である
寿覚院	岡山県高梁市	8	重要伝統的建造物群保存地区。高梁川と町並みを望む高台にある。ここでは葬儀の後、家族で記念撮影
高梁市内各所	岡山県高梁市	32	重要伝統的建造物群保存地区。**薬師院・方谷林公園・紺屋町・武家屋敷通り**（博の実家がある）**・油屋旅館・備中高梁駅**（別項あり）**・高梁川**など。住職の娘・朋子（マドンナの竹下景子）と寅さんが出会う
津山国際ホテル	岡山県津山市	48	泉（マドンナの後藤久美子）が結婚衣裳を着ている
津山市内各所	岡山県津山市	48	新郎の実家で記念撮影。武家屋敷町を新婦の車が走る（次頁に写真）
津山まつり	岡山県津山市	48	重要伝統的建造物群保存地区（城東町）。**作州城東屋敷**で消火器の売をする寅さんとポンシュウ（関敬六）
備中国分寺跡	岡山県総社市	32	国指定史跡。冒頭シーン。備中国分寺跡の梅林。寅さんが旅を続ける父娘（父はレオナルド熊）とピクニックに興じる
備中高梁駅	岡山県高梁市	8	**伯備線**。博とさくらが博の母の葬儀のために降り立つ。旧駅舎は趣のある木造駅舎であった。葬儀に寅さんも参列した
水江の渡し	岡山県倉敷市	32	寅さんは高梁川を渡る水江の渡しを使った後、備中高梁の市内へ入る
美作滝尾駅	岡山県津山市	48	**因美線**。1928年竣工の木造駅舎。駅員（桜井センリ）と寅さんによる冒頭シーン。新聞の訪ね人欄に寅さんの名。トンボと遊ぶ寅さん。やがて列車が入線

安部駅	鳥取県八頭町	44	**若桜鉄道**。寅さんが駅の公衆電話で柴又に電話
倉吉市打吹玉川	鳥取県倉吉市	44	倉吉市打吹玉川重要伝統的建造物群保存地区。「打吹玉川白壁土蔵群」の美しい町並みで、泉（マドンナの後藤久美子）と寅さんが再会する
鳥取砂丘	鳥取県鳥取市	44	泉（マドンナの後藤久美子）を探しに来た満男が砂丘で泉を待っている
鳥取市内各所	鳥取県鳥取市	44	**八東川河畔・鳥取駅・鳥取砂丘**（別項あり）・**若桜橋**（別項あり）など。寅さんが昔なじみの聖子（マドンナの吉田日出子）と再会。満男と泉（マドンナの後藤久美子）も市内でデート
御机	鳥取県江府町	32	**伯耆大山南壁**の美しい景観が望める御机で写真を撮影する一道（中井貴一）。一道は寺の住職の娘・朋子（マドンナの竹下景子）の弟という設定である
若桜橋	鳥取県鳥取市	44	若桜橋（国の登録有形文化財）で寅さんが電気スタンドを啖呵売
大日霊神社	島根県益田市	13	寅さんが傘などを啖呵売。神楽「八岐大蛇」が演じられている
琴ヶ浜	島根県大田市	13	鳴り砂で知られる琴ヶ浜が**山陰本線**の車窓に流れる。寅さん、さくら、タコ社長が名物の駅弁（かにめし）を食べる
津和野町内各所	島根県津和野町	13	重要伝統的建造物群保存地区。高津川に架かる歩行者専用の**大吊橋・安富橋**（ともに益田市）を渡る寅さん。寅さんは津和野で、町立図書館で働いている歌子（マドンナの吉永小百合）と再会する。**津和野川・養老館・津和野カトリック教会**など、静かな山間の町並みが映し出される
福光海岸	島根県大田市	13	温泉津駅の隣の石見福光駅近くの海岸で、ぽつねんと日本海を眺める寅さん
持石海岸	島根県益田市	13	ラストシーン。一直線に海岸が延びる持石海岸で、寅さんが**温泉津温泉**（別項あり）でほれた絹代（高田敏江）と再会。絹代のもとに戻ってきた旦那、子供を祝福する
温泉津温泉	島根県大田市	13	世界遺産・重要伝統的建造物群保存地区。寅さん、さくら、タコ社長が、絹代（高田敏江）に会いに**温泉津駅**で下車。窯場で働く絹代にほれた寅さんの独りよがりに、さくらとタコ社長は翻弄される
因島大橋	広島県尾道市	32	因島大橋近く。寅さんが旅を続ける父娘（父はレオナルド熊）に再会する。「祝完成　本四築橋　因島大橋」の看板が見える
大崎下島	広島県呉市	27	みかん栽培で知られる豊町大長の小さな漁港で、寅さんがアッパッパを啖呵売
小野浦	広島県呉市	27	見晴らしのいい豊島の小野浦の高台で、寅さんが牛乳とあんぱんを食べている。ここでお墓参りのふみ（マドンナの松坂慶子）と出会う

第46作「寅次郎の縁談」（1993年）。瀬戸内海の小島で一目ぼれした葉子《ようこ》（マドンナの松坂慶子《まつざかけいこ》）と金刀比羅宮《ことひらぐう》（香川県琴平町）を参拝。生活に疲れた葉子は寅さんから生きる勇気をもらい、しだいに前向きとなっていく。

津山で挙行される泉《いずみ》（マドンナの後藤久美子《ごとうくみこ》）の結婚式に乱入した満男。第48作「寅次郎紅の花」（1995年）のロケ地となった津山の旧市街に満男の愛が爆発した。

赤間神宮	山口県下関市	37	壇ノ浦の戦いで入水した安徳天皇が埋葬されたとされる赤間神宮で、寅さんが鳩笛を啖呵売
萩市内各所	山口県萩市	37	世界文化遺産・重要伝統的建造物群保存地区。**萩城趾・平安橋**など。寅さんは縁日でスポーツシューズを啖呵売
厳島神社	徳島県鳴門市	26	冒頭シーン。池の畔で昼寝をしていた寅さんが目を覚ます。のびをして木に寄りかかると、その木が折れて池へ。釣りをしていた子供から「魚が逃げるで！」と怒られる
鳴門スカイライン	徳島県鳴門市	26	ラストシーン。鳴門スカイライン。寅さんが高台で海を眺めていると、北海道の奥尻島で知り合った水産加工所のおばさん（あき竹城）にばったり
金刀比羅宮	香川県琴平町	46	葉子（マドンナの松坂慶子）と寅さんが、金比羅参りに行く（前頁に写真）
志々島	香川県三豊市	46	志々島（映画では琴島として描かれる）で、寅さんと家出をした満男が再会。葉子（マドンナの松坂慶子）と出会い親交を深める
高見島	香川県多度津町	46	高見島（映画では琴島として描かれる）で、寅さんと家出をした満男が再会。葉子（マドンナの松坂慶子）と出会い親交を深める
富丘八幡神社	香川県土庄町	46	ラストシーン。小豆島の富丘八幡神社で寅さんが犬のぬいぐるみを売
栗林公園	香川県高松市	46	**高松琴平電気鉄道琴平線（琴電）**に乗る葉子（マドンナの松坂慶子）と寅さん。日本庭園で知られる栗林公園（特別名勝）へ
大洲市内各所	愛媛県大洲市	19	**伊予大洲城址・油屋旅館（映画では伊洲屋旅館）・肱川河畔・おはなはん通り**など。寅さんは鞠子（マドンナの真野響子）と出会い、大洲藩16代当主となる殿様（嵐寛壽郎）の知遇を得る。鞠子は音信不通となっていた殿様の義理の娘という設定。第19作はラストも大洲を舞台に、殿様の執事と寅さんのからみで終わる
興居島	愛媛県松山市	19	寅さんが島の神社で長靴を啖呵売
下灘駅	愛媛県伊予市	19	**予讃本線（現・予讃線）**。冒頭シーン。瀬戸内海を望む下灘駅。「青春18きっぷ」ポスターの撮影地として、鉄道ファンの聖地となっている。「上りがきますよ」の声に寅さんは夢から醒める

城下町の面影を残す秋月《あきづき》（福岡県朝倉市）でロケが行われた第28作「寅次郎紙風船」（1981年）。死の床にある同業者の常三郎を見舞った寅さんは、「俺が死んだらあいつを女房にもらってくれ」と告げられ、気持ちは光枝《みつえ》（マドンナの音無美紀子《おとなしみきこ》）に傾いていく。

九州・沖縄

ロケ地	所在地	作	出来事
秋月	福岡県朝倉市	28	重要伝統的建造物群保存地区。城下町秋月へテキ屋仲間の常三郎（小沢昭一）を見舞いに行く寅さん。死期が迫る常から奥さんの光枝（マドンナの音無美紀子）をもらってくれと懇願される（前頁に写真）
秋月目鏡橋	福岡県朝倉市	28	秋月目鏡橋を渡る寅さん。秋月には**寅さん小路**も残る
遠賀川	福岡県小竹町	37	勝野駅に近い沈下橋を渡る寅さん
貝島炭鉱住宅	福岡県宮若市	37	炭鉱住宅に座長の家を訪ね、成長した大空小百合こと美保（マドンナの志穂美悦子）と再会する寅さん
嘉穂劇場	福岡県飯塚市	37	登録有形文化財。木造の威風堂々とした芝居小屋。懐かしくなった寅さんが立ち寄る
水天宮	福岡県久留米市	28	水天宮の総本宮である久留米水天宮の縁日。寅さんがフーテンの愛子（岸本加世子）をサクラにして啖呵売
田川伊田駅	福岡県田川市	37	**日田彦山線**など。田川伊田駅で美保（マドンナの志穂美悦子）が寅さんを見送る
門司港	福岡県北九州市	37	門司港桟橋でテキヤ仲間のキューシュー（不破万作）に会う
小城駅	佐賀県小城市	42	**唐津線**。寅さんが柴又に電話。赤電話に10円玉を次々に投入するが、途中で10円玉がなくなり電話は切れる
小城高校	佐賀県小城市	42	寅さんが泉（マドンナの後藤久美子）が通う高校を訪ねる
嘉瀬川河川敷	佐賀県佐賀市	42	第9回熱気球選手権が開催。満男がバイクで通る
嘉瀬川ダム	佐賀県佐賀市	42	満男と泉（マドンナの後藤久美子）は、畑瀬地区にある泉の母の生家へ。ダムの注水で撮影の後に水没（次頁に写真）
唐津くんち	佐賀県唐津市	14	ユネスコ無形文化遺産に登録されている**唐津神社**の例大祭。町を曳山が練り歩く
唐津神社	佐賀県唐津市	14	寅さんがウサギの人形を啖呵売
佐嘉神社	佐賀県佐賀市	42	五穀豊穣を祈願する**天衝舞浮立**で、寅さんがスカーフや手袋を啖呵売
須賀神社	佐賀県小城市	42	ラストシーン。寺に続く長い石段の途中。寅さんとポンシュウ（関敬六）が啖呵売。寅さんは易本、ポンシュウは1回50円で石段を上るための杖をレンタル売
鳥栖駅	佐賀県鳥栖市	28	**長崎本線**他。冒頭シーン。駅前食堂でとんかつを食べたあと、うたた寝をしていた寅さんが目覚める
古湯温泉	佐賀県佐賀市	42	寅さん、吉野ヶ里遺跡見物の同道者たちと宿泊
松原神社	佐賀県佐賀市	42	キュウシュウ（不破万作）らと啖呵売
馬渡島	佐賀県唐津市	14	寅さんが赤ん坊を連れた男（月亭八方）と呼子の旅館で酒を飲む。寅さんはラストシーンでも再び呼子を訪れる
三瀬峠	佐賀県佐賀市他	42	日本百名峠。佐賀市と福岡市の市境の峠（国道263号）で、満男がバイク事故を起こす
吉野ヶ里遺跡	佐賀県神埼市	42	国の特別史跡。寅さん、泉（マドンナの後藤久美子）の母の妹の嫁ぎ先である奥村家のやっかいになり、ごちそうを振る舞われる。翌日、二日酔いのまま、奥村家の祖父と遺跡見物へ
呼子港	佐賀県唐津市	14	渡し船の船着き場で、寅さんとヌードショーの踊り子（春川ますみ）が言葉を交わす
雲仙バス停	長崎県雲仙市	47	ラストシーンの**雲仙温泉**。島原鉄道バスの雲仙バス停で歌のキャンペーンバスに乗った演歌歌手・小林さち子（小林幸子）と再会する寅さん。寅さんの予言通り歌はヒットしていた
青海の里	長崎県対馬市	27	ラストシーン。棚田が美しい青海の里（長崎県景観遺産）。ここで結婚して寿司屋の女将となったふみ（マドンナの松坂慶子）を寅さんが訪ねる

第42作「ぼくの伯父さん」(1989年)。佐賀県佐賀市の畑瀬地区(現在はダムで水没)。佐賀の高校に通う泉(マドンナの後藤久美子)を訪ねて、満男と寅さんは泉の叔母・寿子《ひさこ》(マドンナの檀《だん》ふみ)の家に泊まった。翌朝、庭で川の流れを見ていると、近づいてきた寿子が、「車さん、お生まれは?」。すると「えっ、どうぞ、寅と呼んでやってください」「じゃあ、寅さん」「はい、私《わたくし》生まれも育ちも東京は葛飾柴又です」と自己紹介。勝手が違ったのか、寿子に魅せられたのか、続く口上は出なかった。

柚木町	長崎県佐世保市	20	ラストシーンに登場する柚木町内の古民家。片隅を借りて昼食をとった寅さん。田舎道を歩いていると、坂東鶴八郎一座に遭遇
島原城	長崎県島原市	40	日本100名城。島原城天守の下で寅さんとポンシュウ（関敬六）がデイパックの売
新上五島町内各所	長崎県新上五島町	35	**中通島・青砂ヶ浦天主堂**などを舞台に若菜（マドンナの樋口可南子）と寅さんが親交を深める
長崎港	長崎県長崎市	6	冒頭シーン。長崎港の大波止。五島行きの最終便が出た後、寅さんは「行こか、戻ろか、思案橋ってなあ」とどこに泊まろうか迷っている。ここで子連れの絹代（宮本信子）と出会う
平戸市内各所	長崎県平戸市	20	寅さんがゴム手袋を啖呵売する**平戸港・濱尾神社・松浦史料博物館・幸橋（オランダ橋）・平戸カトリック教会**などが舞台となる。柴又で女性に振られた「とらや」の下宿人ワット君（中村雅俊）を励まそうと、実家の平戸を訪れるという設定で、寅さんはここでワット君の姉・藤子（マドンナの藤村志保）にほれてしまう
福江島	長崎県五島市	6	3年ぶりに父親（森繁久彌）が一人で暮らす実家の中村旅館に帰る絹代（宮本信子）。長崎港から絹代を励ましてきた寅さんも一緒である。父親の話を聞いて寅さんは柴又を思い出す
和多都美神社	長崎県対馬市	27	冒頭シーン。和多都美神社の境内で昼寝している寅さん。夢から醒める
阿蘇山	熊本県阿蘇市	12	世界ジオパーク・日本百名山。観光バスに乗った「とらや」一家。寅さんが留守中に何かしでかさないか、雄大な車窓を眺めながら心配する。ラストシーンでは寅さんが火口付近で虎絵を啖呵売。横にはりつ子（マドンナの岸惠子）が描いた寅さんの肖像画が、非売品として置かれていた
阿蘇下田駅	熊本県南阿蘇村	21	高森線。現在の南阿蘇鉄道高森線阿蘇下田城駅。阿蘇山麓ののどかな自然を背景に寅さんがホームの木製ベンチで列車を待っていると、ゆっくりと気動車が入線してくる
阿蘇大観峰	熊本県阿蘇市	21	世界ジオパーク・日本百名山。阿蘇北外輪山の最高峰である阿蘇大観峰から阿蘇山を望む大草原を旅する寅さん
阿弥陀杉	熊本県小国町	21	国の天然記念物。樹齢1200年の阿弥陀杉の下で、恋愛下手の青年・留吉（武田鉄矢）を教導。ラストも留吉とのからみで終わる
熊本城公園	熊本県熊本市	12	寅さんのことを心配しすぎて、疲れ果てた竜造とつね。家族旅行を途中で投げ出して柴又に帰る
下城の大イチョウ	熊本県小国町	12	天然記念物。樹齢千年以上の下城大イチョウ。近くを「とらや」一家を乗せた観光バスが通る
田の原温泉	熊本県南小国町	21	寅さん、田の原温泉の大朗館に逗留
通潤橋	熊本県山都町	21	国の重要文化財。通潤橋を渡る寅さん
杖立温泉	熊本県小国町	21	さくらが寅さんの宿賃のツケを払うためバスに乗って到着。寅さんに感化された留吉（武田鉄矢）の出迎えを受ける。留吉のオンボロ四駆で寅さんが投宿する田の原温泉へ
杖立温泉	熊本県小国町	12	「とらや」一家が山間の小さな温泉に宿泊。柴又で留守番をしている寅さんにねぎらいの電話をする
栃木温泉	熊本県南阿蘇村	12	温泉宿の下の渓流で川魚を釣る博と満男
広瀬神社	大分県竹田市	21	竹田市の立志伝中の人物、広瀬武夫海軍中佐（軍神第1号）を祀る広瀬神社。寅さんが運動靴を啖呵売
麻生釣駅	大分県九重町	21	**宮原線**。麻生釣駅は宮原線の廃線（1984年）によって廃駅
アフリカンサファリ	大分県宇佐市	30	アフリカンサファリで寅さん、三郎（沢田研二）、螢子（マドンナの田中裕子）、ゆかり（児島美ゆき）が遊ぶ。三郎は千葉県の動物園でチンパンジーの飼育係を務めている
大分空港	大分県国東市	12	「とらや」一家、九州へ2泊3日の家族旅行。寅さんに嫌みを言われながら出発。「とらや」一家を乗せた全日空機が到着する
鉄輪温泉	大分県別府市	30	ラストシーン。湯煙を盛大に上げる鉄輪温泉で寅さんが正月の飾り物を啖呵売

油津（宮崎県日南市）でロケした第45作「寅次郎の青春」（1992年）。寅さんと理容師の蝶子《ちょうこ》（マドンナの風吹《ふぶき》ジュン）は、堀川橋で会話を交わす。「散髪していかんね」「えっ」「伸びちょるよ」「そうかい」。散髪後、寅さんは居候を決め込んだ。飫肥杉《おびすぎ》の筏《いかだ》を引いたポンポン船が橋下を港に向かう。

城島高原パーク	大分県別府市	30	**酢屋の坂**で三郎（沢田研二）は、螢子（マドンナの田中裕子）たちを誘った。そこへ寅さんも加わって遊園地で遊ぶ
杵築市内各所	大分県杵築市	30	南杵築の**養徳寺**で三郎（沢田研二）が母の供養をする。寅さん、三郎、螢子（マドンナの田中裕子）、ゆかり（児島美ゆき）が、武家屋敷の町並みを観光
亀都起神社	大分県玖珠町	43	神社の縁日のエンディングシーン。亀都起神社でポンシュウ（関敬六）とCDの売をする寅さん
志高湖	大分県別府市	30	**鶴見岳**の南東山麓にある湖。鶴見岳から滑空を繰り返しているハングライダーの青年に声をかける
高崎山自然動物園	大分県大分市	12	ホバークラフトで大分市へ。高崎山自然動物園で猿を見る。寅さんのような猿がいる
馬溪橋	大分県中津市	43	5連のアーチ式石橋、馬溪橋を寅さんが渡る
日田市内各所	大分県日田市	43	泉と一緒に泉（マドンナの後藤久美子）の父（寺尾聰）が暮らす日田市へ。**日田祇園祭り**が行われている
福良天満宮	大分県臼杵市	30	福良天満宮で寅さんとポンシュウ（関敬六）が鏡や色紙を啖呵売
満月寺	大分県臼杵市	30	臼杵磨崖仏（国宝）で知られる満月寺境内。日吉塔近くの野道を歩く寅さん
湯平駅	大分県由布市	30	**久大本線**。湯平駅で螢子（マドンナの田中裕子）、ゆかり（児島美ゆき）と冗談を言いながら列車を待つ寅さん
湯平温泉	大分県由布市	30	寅さんの定宿である湯平荘（ロケは白雲荘）で、三郎（沢田研二）、螢子（マドンナの田中裕子）、ゆかり（児島美ゆき）が出会う
由布岳	大分県由布市	4	ラストシーン。由布岳を背景に**久大本線**を走るD60形蒸気機関車が牽引する列車。客車の中で乗客を笑わせる寅さん
夜明駅	大分県日田市	28	**久大本線**。プラットホームをさびしそうに歩く寅さん。投宿した駅前旅館の相部屋客として、自由奔放なフーテンの愛子（岸本加世子）と出会う
青島神社	宮崎県宮崎市	45	スーパーボールの売をする寅さんとポンシュウ（関敬六）が、警官に取り締まられる
吾平津神社	宮崎県日南市	45	秋の**吾平津神社例大祭**と**油津港まつり**。蝶子（マドンナの風吹ジュン）の弟の竜介（永瀬正敏）がステージで唄う

第25作「寅次郎ハイビスカスの花」(1980年)では沖縄でロケが行われた。飛行機嫌いの寅さんは、「リリー、沖縄で倒れる」の知らせを受けて、すったもんだの末に機上の人となった。しかし、那覇空港に到着すると茫然自失状態。何とかキャビンアテンダントに支えられてタラップを降り、ターミナルビルを車椅子で移動。そのままバスでリリー(マドンナの浅丘《あさおか》ルリ子)が入院する病院へ駆けつけた。

油津	宮崎県日南市	45	**堀川運河**の**堀川橋**。蝶子（マドンナの風吹ジュン）が理髪店から出てくる。喫茶店に寅さんがいる（134頁に写真）
石波海岸	宮崎県串間市	45	日本の渚100選。**南幸島の浜**で寅さんと蝶子（マドンナの風吹ジュン）が「港が見える丘」を唄う
鬼の洗濯板	宮崎県宮崎市	45	国の天然記念物。冒頭シーン。鬼の洗濯板の海岸で昼寝から目覚める寅さん
飫肥城址	宮崎県日南市	45	大手門前で蝶子（マドンナの風吹ジュン）と歩いていた寅さんが泉（マドンナの後藤久美子）と再会
道の駅フェニックス	宮崎県宮崎市	45	空港からバスに乗った満男。泉（マドンナの後藤久美子）は蝶子（マドンナの風吹ジュン）の弟・竜介（永瀬正敏）と一緒に車で追いかけて、ここでようやく合流する
宮崎空港	宮崎県宮崎市	45	満男が到着、バスに乗る
奄美空港	鹿児島県奄美市	48	泉（マドンナの後藤久美子）を乗せた飛行機が到着
伊作駅跡	鹿児島県日置市	34	**鹿児島交通枕崎線**。ラストシーン。1984年に廃止された同線の駅。ポンシュウ（関敬六）と寅さんが列車がいつまでも来ないのを疑問に思うと、駅から延びる線路にはレールがなく枕木だけとなっていた
鰻温泉	鹿児島県指宿市	34	寅さんとふじ子（マドンナの大原麗子）は、ふじ子の夫・富永健吉（米倉斉加年）が中学生の時に訪れた鰻温泉に行く
鹿児島空港	鹿児島県霧島市	34	富永健吉（米倉斉加年）を探しに鹿児島へ。桜島を眼下に見ながら寅さんとふじ子（マドンナの大原麗子）を乗せた飛行機が着陸
鹿児島市内各所	鹿児島県鹿児島市	48	**鹿児島港・城山公園展望台**（別項あり）など。食堂で寅さんが柴又へ電話
霧島神宮	鹿児島県霧島市	3	霧島神宮の大晦日を中継するテレビになんと寅さんが出演。「とらや」一同はびっくり
錦江湾	鹿児島県鹿児島市他	3	ラストシーン。寅さんを乗せた種子島行きの連絡船が海上を進む。船上では寅さんが乗客の前で啖呵売を披露
古仁屋港	鹿児島県瀬戸内町	48	リリー（マドンナの浅丘ルリ子）と満男を乗せた海上タクシーの**「でいご丸」**（現在も運行中）が出航する
薩摩湖	鹿児島県日置市	34	冒頭シーン。食堂で昼寝をしていた寅さんが、怪獣のマスクをかぶった子供に起こされる
諸鈍の浜	鹿児島県瀬戸内町	48	にほんの里100選。**加計呂麻島**。リリー（マドンナの浅丘ルリ子）の家に寅さんが住んでいる
城山公園展望台	鹿児島県鹿児島市	34	鹿児島で一二を争う名所。富永健吉（米倉斉加年）探しが空振りに終わったことを確認する寅さんとふじ子（マドンナの大原麗子）。錦江湾と桜島が美しい
枕崎駅	鹿児島県枕崎市	34	**指宿枕崎線**。失踪した富永健吉（米倉斉加年）の郷里を訪ねて、寅さんとふじ子（マドンナの大原麗子）が枕崎駅に降り立つ。今は新しい駅舎に。
丸木浜	鹿児島県南さつま市	34	厭世観にさいなまれて家出した富永健吉（米倉斉加年）が、幼い時に遊んだ海岸・丸木浜で想いにふける
オクマビーチ	沖縄県国頭村	25	オクマビーチで、イルカ・スタジオのスタッフたちとカチャーシーを楽しむ寅さん
キャンプハンセンゲート	沖縄県金武町	25	キャンプハンセンゲート前の**金武町新開地**で、仕事を探すリリー（マドンナの浅丘ルリ子）
那覇空港	沖縄県那覇市	25	寅さんが病気のリリー（マドンナの浅丘ルリ子）を見舞うため羽田空港から到着。飛行機嫌いの寅さん、乗務員に支えられながらタラップを降りる。歩くのがおぼつかず、空港内は車椅子で移動する（前頁に写真）
那覇市内各所	沖縄県那覇市	25	**たがみ病院**（現・オリブ山病院）へ寅さんがリリーを訪ね、**ホテル入船**（閉館）に宿泊する寅さん。**新天地市場本通り**で啖呵売
本部町	沖縄県本部町	25	沖縄県本部町の健堅。部屋を借りている大家の息子と船に乗るリリー（マドンナの浅丘ルリ子）。寅さんはここでリリーと半同棲生活をしながら、病み上がりのリリーを助けている。寅さんは**海洋博公園**のイルカ・スタジオを見物する

もう一つの物語

第6章

アバンタイトルとラストシーン

夢に遊ぶアバンタイトル、ラストシーンに漲る勇気と力

もう一つの物語 アバンタイトルとラストシーン

50作中36作
夢で始まる！

夢に遊ぶアバンタイトル
ラストシーンに漲《みなぎ》る勇気と力

「男はつらいよ」シリーズのファンが楽しみにしているのが、アバンタイトルの夢とラストシーンである。夢は本編とは異なる時空を舞台にしたショートストーリーで、イントロではなく一種の劇中劇。ラストシーンは本編の失恋や別れをリセットした寅さんが、明日に希望をつなげる重要なパートである。

寅さんが夢から覚めた後、本編までは2パターンの流れがある

一般に物語のプロローグには、内容を暗示させる狙いがあるが、「男はつらいよ」シリーズのアバンタイトル（特に夢）には序章的な意味合いは薄い。50作も続いたシリーズなので、位置づけは前作との間に置かれた、一種の幕間《まくあい》狂言的なイメージである。これは現実世界で進行する夢以外のオープニングでも同じだ。

ただ、夢の場合は異次元的な空間で物語が進行するため、その傾向がより顕著。シリーズ全体を通して見ると、全50作中で夢から始まる作品は合計36作あり（148頁「夢とプロローグ一覧」参照）、夢から覚めて本編が始まるまでの流れは、2パターンに分かれる。これはオープニングタイトルの舞台の違いである。

シリーズの前半の第24作「寅次郎春の夢」（1979年）まではほとんどの作品で、目覚めてしばらくすると、江戸河川敷でオープニングタイトルが始まり、寅さんが「とらや」へ戻ってくる前に終わる。ところが、第25作「寅次郎ハイビスカスの花」（1980年）を境に目覚めた場所でオープニングタイトルが始まるようになる。背景は「ご当地」風景や祭り、出会った人との交歓などだ。ちなみに第25作以降も第26作、第27作、第28作、第30作、第31作は江戸川河川敷を背景とするが、第32作「口笛を吹く寅次郎」（1983年）以降はすべて「ご当地」となり、オープニングで寅さんが江戸川を闊歩する姿は出てこない。

筆者は寅さんが「とらや」に帰ってくるシーンの直前、江戸川を舞台としたミニコ

第32作「口笛を吹く寅次郎」（1983年）の夢の導入部。この夕景は、故郷への憧憬の結晶化である。アバンタイトルの夢には、舞台セットのように非現実的な描写が多い。

シリーズ50作中、夢から始まるのは36作品 〝飛んでる舞台設定〟で寅さんの心根に迫る

㊨第43作「寅次郎の休日」（1990年）の夢。公家“車小路寅麿”が名月を愛でながら歌を詠んでいると、そこに武蔵《むさし》国葛飾郡柴又村の女人・桜式部《さくらしきぶ》が道を尋ねに訪れる。聞くと別れた兄を探して旅をしていると言う。ここで気づいた寅麿。二人は「さくら!」「兄者人《あにじゃひと》」と感動の再会をしたが、鹿威《ししおど》しの音で目が覚めた（㊤）。

ントや堤防の動線が入るほうが、「よお、おいちゃん、おばちゃん。達者でいるか」というセリフが生きる感じがする。ただ、後半作の流れもロケ地の風物が楽しめるので、このあたりの好みは分かれるだろう。

夢の世界から覚醒へ。シームレスな「つなぎ」の部分に注目したい

夢の舞台は古今東西ボーダーレスである。国内が舞台設定の場合でも、平安王朝絵巻・旅芝居的な任侠劇・大戦前の大陸浪漫などと時代を超えている。さらには第二次世界大戦中の北アフリカのカスバ・アメリカの西部開拓時代・カリブの海賊と、かなり〝飛んでる舞台設定〟である。

テーマも「瞼の母」風の第2作「続 男はつらいよ」（1969年）、おいちゃんご臨終の第5作「望郷篇」（1970年）などを除くと、勧善懲悪かコメディタッチの夢が多い。第21作「寅次郎わが道をゆく」（1978年）に至っては寅さんはすでに死んでいて、一家が寅さんだと信じているのは、第三惑星から派遣された宇宙人という「未知との遭遇」風の設定である。夢はほとんどスタジオのセット撮影で、右頁のスチールのようにスモークが焚かれ、背景がホリゾントに投映されるなど、非現実感が〝飛んでる舞台設定〟を増幅させている。

興味深いのは、「まどろむ夢世界→覚醒へのつなぎ（きっかけ）→現実世界」という流れの「つなぎ」の部分。なかなか手が込んでいる。例えば、第34作「寅次郎真実一路」（1984年）に登場する大怪獣ギララの夢では、車博士の御守りから発せられた光線でギララが倒れると、目の前にゴジラが現れて、ギョッと目を覚ます。これは子供がゴジラのゴムマスクを被り、土産物屋で半覚醒状態の寅さんの眼前に近づいただけなのだが、秀逸の場面転換である。

第15作「寅次郎相合い傘」（1975年）では、海賊〝キャプテンタイガー〟の活躍が描かれる。ハッピーエンドのラストで、画面一杯に「THE　END」の文字。寅さ

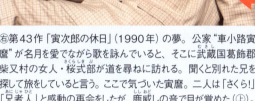

夢とプロローグ一覧

作数	作品名	公開年	エピソード	主なゲスト出演者
第1作	男はつらいよ	69年	寅さん、矢切の渡しから登場。江戸川河川敷のゴルフ場でミニコント	
第2作	続 男はつらいよ	69年	「瞼の母」風。錦秋の山里で探していた実の母に巡り会う	風見章子
第3作	フーテンの寅	70年	奈良井宿のゑちごや。風邪を引いて寝込む寅さんに女中が同情する	悠木千帆
第4作	新 男はつらいよ	70年	バス停がある峠の茶屋。店主のお婆さんと寅さんの心温まる交流	
第5作	望郷篇	70年	おいちゃんの今際の際に寅さんが帰宅。「寅、後のことよろしく頼む」	
第6作	純情篇	71年	揺られる夜汽車のボックス席。缶ビールの泡が飛び散り、隣席にかかる	
第7作	奮闘篇	71年	只見線の越後広瀬駅。集団就職の若者を励ますうちに列車に乗り遅れる	
第8作	寅次郎恋歌	71年	長雨にたたられた坂東鶴八郎一座。大空小百合に5000円！を渡す	吉田義夫、岡本茉莉
第9作	柴又慕情	72年	股旅物風。貧しい漁師の家。渡世人・寅次郎が貧苦の夫婦を救う	吉田義夫
第10作	寅次郎夢枕	72年	昭和初期の大陸浪漫風。マドロスの“マカオの寅”が女給と書生を救う	吉田義夫、河村憲一郎
第11作	寅次郎忘れな草	73年	旅芝居風。“旅烏の寅次郎”が貧しい一家を救う	吉田義夫
第12作	私の寅さん	73年	民衆劇風。寅次郎が飢饉に苦しむ柴又村の庶民を悪徳商人から救う	吉田義夫
第13作	寅次郎恋やつれ	74年	寅さんが花嫁を連れて帰るが、「とらや」夫妻すでに鬼籍に	石原昭子
第14作	寅次郎子守唄	74年	民話風。産土の神の御利益で、若夫婦が子宝を授けられる	
第15作	寅次郎相合い傘	75年	海賊映画風。海賊“キャプテンタイガー”が、妹のチェリーを助け出す	吉田義夫、上條恒彦、米倉斉加年
第16作	葛飾立志篇	75年	西部劇風。賞金首の“タイガーキッド”が妹を救う	吉田義夫、米倉斉加年
第17作	寅次郎夕焼け小焼け	76年	「ジョーズ」「白鯨」風。車船長が人喰いザメと格闘する	
第18作	寅次郎純情詩集	76年	「望郷」のジャン・ギャバン風。“アラビアのトランス”が旧市街カスバに出現	吉田義夫
第19作	寅次郎と殿様	77年	無声映画風。鞍馬天狗が妹さくらと再会後、五条大橋で山嶽党と決闘	吉田義夫
第20作	寅次郎頑張れ！	77年	目覚めると「とらや」一家が大金持ちになっている	吉田義夫、岡本茉莉
第21作	寅次郎わが道をゆく	78年	「未知との遭遇」「猿の惑星」風。宇宙人・寅次郎が第三惑星に帰る	
第22作	噂の寅次郎	78年	民話風。寅地蔵尊が信心深い柴又村に平和をもたらす	吉田義夫
第23作	翔んでる寅次郎	79年	柴又医学研究所の車博士が便秘の特効薬を発明する	
第24作	寅次郎春の夢	79年	“マドロスの寅次郎”がサンフランシスコで妹と再会する	ハーブ・エデルマン
第25作	寅次郎ハイビスカスの花	80年	時代劇風。“鼠小僧寅吉”が妹・おさくの家へ逃げ込む	
第26作	寅次郎かもめ歌	80年	時代劇風。虚無僧・寅次郎が悪代官を退治する	吉田義夫
第27作	浪花の恋の寅次郎	81年	お伽噺風。“浦島寅次郎”が竜宮城から荒廃した柴又村へ戻る	松坂慶子
第28作	寅次郎紙風船	81年	「愛染かつら」風。ノーベル医学賞を受賞した車博士が昔の恋人に再会	音無美紀子、岸本加世子
第29作	寅次郎あじさいの恋	82年	「抜け雀」風。旅人が一夜の宿のお礼として襖に絵を描く	
第30作	花も嵐も寅次郎	82年	ミュージカル風。“ブルックリンの寅”がジュリーと決闘する	沢田研二
第31作	旅と女と寅次郎	83年	歌舞伎風。佐渡金山一揆の首魁“柴又無宿の寅吉”が実家に帰る	
第32作	口笛を吹く寅次郎	83年	寅さんが偽物の寅次郎に見合い相手を奪われる	レオナルド熊
第33作	夜霧にむせぶ寅次郎	84年	ハードボイルド風。復讐に燃える男を昔の恋人が守る	中原理恵、渡瀬恒彦
第34作	寅次郎真実一路	84年	怪獣映画風。隠遁した車博士が大怪獣ギララの危機から日本を救う	
第35作	寅次郎恋愛塾	85年	「楢山節考」風。寅吉がおじいとおばあを泣く泣く姥捨山へ。だが…	谷よしの
第36作	柴又より愛をこめて	85年	寅さんが日本人初の宇宙飛行士に選ばれるが、本人の心は後ろ向き	松居直美
第37作	幸福の青い鳥	86年	幸福の青い鳥を求めて「とらや」一家が旅に出る	イッセー尾形
第38作	知床慕情	87年	角館の桧木内川堤のサクラ祭り。寅さんは江戸川堤のサクラを思い出す	
第39作	寅次郎物語	87年	無声映画風。少年時代の寅さんが父と喧嘩をして家を飛び出す	
第40作	寅次郎サラダ記念日	88年	小海線車中。車窓を肴に酒。車掌に酒を勧めるとスルメに鋏を入れられる	
第41作	寅次郎心の旅路	89年	旅先の旅館。風邪と雨で長逗留。さくらからの手紙に1万円が！	関敬六、谷よしの
第42作	ぼくの伯父さん	89年	水郡線車中。寅さんがお爺さんと大げんか。袋田駅で乱闘に発展	イッセー尾形、じん弘
第43作	寅次郎の休日	90年	王朝絵巻風。公家の“車小路寅麿”が妹の桜式部と再会する	
第44作	寅次郎の告白	91年	中央本線の落合川駅。下車したがバスにも観光船にも乗り遅れる	
第45作	寅次郎の青春	92年	「姿三四郎」風。文豪・車博士が駆け落ちした甥と恋人を助ける	後藤久美子
第46作	寅次郎の縁談	93年	那須烏山のバス停。花嫁行列を見送る。寅さんが祝いの言葉を贈る	関敬六、すまけい
第47作	拝啓車寅次郎様	94年	上越市高田町。雁木の商店街で演歌歌手・小林さちこを励ます	小林幸子
第48作	寅次郎紅の花	95年	因美線の美作滝尾駅。中国勝山駅行きの列車に乗る寅さんとボンシュウ	関敬六、桜井センリ
第49作	寅次郎ハイビスカスの花 特別篇	97年	東海道本線の国府津駅。満男が寅さんの幻影を見て、リリーを思い出す	
第50作	お帰り 寅さん	19年	満男が泉との思い出の夢を見る。うなされて娘のユリに起こされる	後藤久美子

※（網掛け）はアバンタイトルが夢作品。（白地）は夢以外の作品。

んは映画館で寝てしまい、〝キャプテンタイガー〟の活劇が夢に現れ、そのエンドタイトルで目覚めるという筋書きである（上映していたのは「シンドバットの冒険」）。映画館を出るとき、もぎりのおばさんに「ありがとう、面白かったよ」と声を掛けるのも寅さんらしく、覚醒への流れがシームレスで大変心地よい。

夢の最長は第31作の6分35秒
最短は第2作の1分22秒

寅さんは鉄道移動をもっぱらとするので、目覚める場所は駅の待合室や列車内が多い。この場合の「つなぎ（きっかけ）」は、SLの汽笛やレールの擦過音、隣席の乗客（寅さんがもたれかかって嫌がられる）などである。数えてみると鉄道関連は合計13作もある。内訳は駅構内が8作、車内が5作である。次いで多いのが、寺社仏閣で合計8作。香具師《やし》なのでこれもうなずけるところで、あとは連絡船の船内や駅前旅館・駅前食堂。イレギュラーな所では床屋もある。でもよくよく考えてみると、連絡船も駅前旅館も鉄道に関連し、床屋は上田交通（現・上田電鉄）別所線の舞田《まいた》駅のすぐ隣りと、鉄道および周辺関連施設が突出している。やはり山田洋次監督が鉄道ファンだからだろうか。

では夢シーンの長さはどうか。この点では、〝鼠小僧寅吉〟が登場する第31作「旅と女と寅次郎」（1983年）が最も長い6分35秒（白日夢のような第49作は除く）、最短が「瞼の母」風の第2作「続 男はつらいよ」（1969年）の1分22秒。全体としては3〜5分程度が最も多い。

何で夢を見るかって？
それは旅鳥の願望。
帰巣本能のなせる業さ

笑いに包まれた茶の間から「ポンッ」と飛んでラストシーンの舞台へ

次はラストシーンである。終盤、マドンナに振られるか、自分の甲斐性のなさ（定収も定住地もない）をおもんぱかって旅に出ると、決まって「とらや」の茶の間（あるいはさくらの家）の団欒《だんらん》シーンとなる。

寅さんが出て行って間がないので、誰もが心配している。「（失恋して）寅ちゃん、今頃どうしてるんだろね？」（おばちゃん調）、「お兄ちゃん、何やってるのかしら（お金は大丈夫？）」（さくら調）などと話していると、突然マドンナが訪ねて来る（新天地からはがきが届く場合も多い）。

そこから茶の間に笑いが復活すると、ラストシーンに「ポンッ」と飛ぶ。「ポンッ」というのも妙な表現だが、急に舞台は茶の間から寅さんの元に転じるのだ。背景は凧が揚がる初詣の神社や、お囃子《はやし》が聞こえる夏祭りである。飛んだ先では、寅さんは失

㊤第25作「寅次郎ハイビスカスの花」(1980年)。群馬県中之条町のバス停・上荷付場《かみにつけば》で、黄色い派手なワンピースのリリーと再会。
㊨第35作「寅次郎恋愛塾」(1985年)。旅の途中、青砂ヶ浦天主《あおさがうらてんしゅ》堂《どう》に立ち寄ると、悪さをしたポンシュウが罪滅ぼしで働いていた。

恋を忘れたかのように晴れやかで、啖呵売《たんかばい》に励んでいる。場には香具師仲間の交流があり、新しい出会いや懐かしい再会も待っている。そこから感じられる潔さや清々しさ、リセット感は「ポンッ」という言葉で表現する以外にない。ラストシーンは、「男はつらいよ」の大きな魅力なのである。

「啖呵売」のエンディングよりも「再会」「再訪」のほうがずっと多い

ラストシーンの舞台は、左頁の「ラストシーン一覧」を見ると意外である。最も多い展開が「啖呵売」のように思われがちだが、寅さんがマドンナや関わった人と偶然に「再会」する、あるいは近況を確かめに「再訪」する作品のほうが多い。全部で半分以上の27作もある。

対する「啖呵売」は16作で、あとは移動途中のエピソードで幕が下りる「旅の一コマ」(鉄道の走行・連絡船の船上・バス車内・食堂など)が7作品である。例えば再会。夏の盛りの群馬県中之条町のバス停・上《かみ》荷付場《につけば》で、バスを待っている寅さん。近くに止まったマイクロバスから、黄色いワン

「ラストシーン一覧」の見方

◎特徴欄はラストシーンのシチュエーションの分類です。「啖呵売」は啖呵売で終わる作品、「再会」は旅先でマドンナおよびゆかりの人と邂逅する作品、「再訪」は最後にマドンナらに会いに行く作品、「旅の一コマ」はその他の設定作です。仲間がいる場合は、同業者の名前を記しました。「単独」とあるのは、寅さん一人で行われた啖呵売。

◎緑帯(再会・再訪)の括弧内は、会った人物名。赤帯(啖呵売)の括弧内は、啖呵売を誰とやっていたかを記しています。

◎左掲のアルファベットは主な啖呵売の内容区分けで、口上は出だしの部分のみ記述しました。寅さんの啖呵売は二つ以上を組み合わせる複合的なスタイルや状況に応じた言い換えが多く、左の文言(他にもあり)および一覧の区分けは目安となります。特に序数的に口上がたたみ込まれていくⒶパターンは、一部抽出・分割・結合され多くの作で使われています。

Ⓐ「さあ、物の始まりが一ならば…、続いた数字が二つ、兄さん寄ってらっしゃいは吉原のカブ…、続いた数字が三つ、三、三、六歩で引け目がない…、続いた数字が四つ、四谷赤坂麹町ちゃらちゃら流れるお茶の水…」などと少なくとも「八つ」あたりまで続くロングパターン

Ⓑ「けっこう毛だらけ猫灰だらけ、お尻の周りはクソだらけ…」の啖呵売パターン(枕に使われることが多い)

Ⓒ「天に軌道があるごとく、人それぞれの運命を持って…」「巡り会いが人生ならば、素晴らしき相手に巡り会うのも…」などの人相・手相・易断本の啖呵売パターン

Ⓓ「角は一流デパートの赤木屋白木屋黒木屋さんで、紅白粉の…」「神田は音響堂という有名なレコード店がわずか30万の税金で…(履物のポックリ堂や墨田区の麒麟堂などのパターンも)」などの倒産商品、バッタ物パターン

Ⓔ「やけのやんぱち、日焼けのナスビ、色は黒くて…」のパターン(Ⓐの一部/枕に使われることが多い)

Ⓕ「私にだってかかあがいるんですよ」「家に帰りゃ女房子供が腹をすかせて待っている」のお情け頂戴パターン

Ⓖ「鶴は千年、亀は万年。あなた百まで、わしゃ九十九まで。共にシラミの絶えるまで…」のパターン(Ⓐの一部)

以上ですが、口上の分類は複雑で諸説が考えられます。

ラストシーン一覧

作数	作品名	公開年	エピソード	特 徴
第1作	男はつらいよ	69年	京都府宮津市の天橋立の知恩寺で登と一緒に啖呵売	啖呵売（登／Ⓐ Ⓖ）
第2作	続 男はつらいよ（★）	69年	けんか別れしたはずの寅さんと実母・菊。三条大橋を仲良く渡って行く	再訪（菊）
第3作	フーテンの寅	70年	種子島行きフェリーの船上。自衛隊員らの相客を前に香具師の自慢話	長広舌
第4作	新 男はつらいよ	70年	久大本線。由布岳を望み、湯布院近くを驀進するD60形重連機関車	鉄道の走行シーン（SL）
第5作	望郷篇	70年	小樽市郊外の朝里海水浴場。SLが驀進し、寅さんと登が再会する	再会（登）
第6作	純情篇	71年	浜名湖と猪鼻湖をつなぐ猪鼻瀬戸で啖呵売。商品は「幸福を呼ぶ鶴亀」	啖呵売（源公／Ⓐ Ⓖ）
第7作	奮闘篇	71年	岳温泉のバス停に所在不明の寅さんが。安堵するさくら。車窓には岩木山	旅の一コマ
第8作	寅次郎恋歌	71年	山梨県北杜市。坂東鶴八郎一座のトラックに遭遇。寅さんも便乗する	再会（坂東鶴八郎一座）
第9作	柴又慕情	72年	古い木橋で登と再会。通りがかったペプシの配送車に便乗する二人	再会（登）
第10作	寅次郎夢枕	72年	山梨県北杜市。食事をする寅さんと登。ところが食事代が足りない！	旅の一コマ
第11作	寅次郎忘れな草	73年	北海道網走市郊外の酪農家。寅さんは再び手に汗することを決意した	再訪（網走市郊外の酪農家）
第12作	私の寅さん（★）	73年	阿蘇山中岳の噴火口に近い山上身代不動前。虎絵などを啖呵売	啖呵売（単独／Ⓐ Ⓕ）
第13作	寅次郎恋やつれ	74年	鳥取県益田市の持石海水浴場。絹代一家の海水浴。見守る寅さん	再訪（絹代一家）
第14作	寅次郎子守唄	74年	佐賀県唐津市の呼子港。赤ん坊一家の幸せを確認する	再訪（赤ん坊一家）
第15作	寅次郎相合い傘	75年	北海道函館市郊外の日ノ浜海岸。キャバレーの慰安旅行の車に便乗	再会（函館のキャバレー嬢）
第16作	葛飾立志篇	75年	静岡県沼津市の西浦足保。マドンナに振られた寅さんと田所が旅立つ	再会（田所）
第17作	寅次郎夕焼け小焼け	76年	醤油樽の上。東京の方角に向かってかしわ手を打つ寅さんとぼたん	再訪（ぼたん）
第18作	寅次郎純情詩集	76年	マドンナの赴任先の小学校を訪れ、新しい生活を祝福する	再訪（雅子）
第19作	寅次郎と殿様	77年	すっかり大洲の“殿様”に気に入られた寅さん。旅に出たいのだが…	再訪（藤堂久宗）
第20作	寅次郎頑張れ！	77年	長崎県佐世保市。坂東鶴八郎一座のトラックに遭遇。寅さんも便乗する	再会（坂東鶴八郎一座）
第21作	寅次郎わが道をゆく	78年	熊本県南小国町の田の原温泉。留吉と再会。節操のなさに愕然とする	再訪（留吉）
第22作	噂の寅次郎	78年	大井川鐵道。SLが牽引する列車の中で新婚旅行中の瞳と再会	鉄道の走行シーン（SL）
第23作	翔んでる寅次郎	79年	支笏湖湖畔の旅館のドラ息子。女性を口説く節操のなさに愕然とする	再訪（旅館のドラ息子）
第24作	寅次郎春の夢	79年	和歌山市の加太港。香具師仲間の家族を見せつけられやけっぱちで売	啖呵売（単独／Ⓔ Ⓖ）
第25作	寅次郎ハイビスカスの花	80年	群馬県中之条町のバス停・上荷付場。マイクロバスからリリーが降りてきた！	再会（リリー）
第26作	寅次郎かもめ歌	80年	鳴門スカイラインの四方見展望台。イカ加工工場の女性たちと再会	再会（イカ加工工場の女性たち）
第27作	浪花の恋の寅次郎	81年	長崎県対馬市の青海の里。結婚したマドンナを訪ねる	再訪（ふみ）
第28作	寅次郎紙風船	81年	焼津港。愛子の兄の遠洋漁業の船出を見送る寅さんと愛子	再訪（愛子）
第29作	寅次郎あじさいの恋	82年	彦根城で陶器類を啖呵売。陶芸家の加納作次郎と再会する	啖呵売・再会（単独／Ⓓ）
第30作	花も嵐も寅次郎	82年	別府の鉄輪温泉で啖呵売。公衆電話から「とらや」に電話をする	啖呵売（単独／Ⓐ Ⓓ）
第31作	旅と女と寅次郎	83年	胆振線の京極駅近くの夏祭り。長万部の熊をからかい、けんかとなる	旅の一コマ
第32作	口笛を吹く寅次郎	83年	見覚えのある鉢巻き姿の作業員と再会。幸せな家庭をつくっていた	再会（鉢巻きの作業員）
第33作	夜霧にむせぶ寅次郎（★）	84年	北海道中標津町の養老牛温泉。風子の結婚式出席で、ヒグマに追われる	再会（風子）
第34作	寅次郎真実一路	84年	廃線となった鹿児島交通枕崎線の伊作駅。廃線路を歩いて行く	旅の一コマ
第35作	寅次郎恋愛塾	85年	青砂ヶ浦天主堂でポンシュウが下働きをしていることを知る	再訪（神父様・ポンシュウ）
第36作	柴又より愛をこめて（★）	85年	浜名湖湖畔の舘山寺温泉で、式根島小学校の卒業生と再会	再会（式根島小学校の卒業生）
第37作	幸福の青い鳥	86年	芦ノ湖湖畔で、振り袖を着た女性たちに鳩笛を啖呵売	啖呵売（単独／Ⓔ）
第38作	知床慕情	87年	北海道から南下して長良川祭りで花火を啖呵売	啖呵売（ポンシュウ／Ⓐ Ⓕ）
第39作	寅次郎物語	87年	三重県伊勢市の二見ヶ浦で、ふで・秀吉・船長の家族を目撃する	啖呵売・再会（ポンシュウ他／Ⓐ Ⓔ）
第40作	寅次郎サラダ記念日	88年	長崎県島原市の島原城で啖呵売。泥棒にデイパックを盗まれる	啖呵売（ポンシュウ／Ⓔ）
第41作	寅次郎心の旅路	89年	静岡県沼津市の気多神社でウィーン製？ のバッグ類を啖呵売	啖呵売（ポンシュウ／Ⓔ）
第42作	ぼくの伯父さん	89年	佐賀県小城市の須賀神社で易断の売。ポンシュウはレンタル杖で大盛況	啖呵売（単独／Ⓒ Ⓔ）
第43作	寅次郎の休日	90年	大分県杵築市の亀都起神社。「山田楽」の最中、寅さんがCDを啖呵売	啖呵売（ポンシュウ／Ⓓ）
第44作	寅次郎の告白（★）	91年	岐阜県蛭川村の安弘見神社の祭りで啖呵売。昔の弟子のサブと再会	啖呵売・再会（単独／Ⓐ）
第45作	寅次郎の青春	92年	岐阜県下呂市の下呂温泉で啖呵売。マドンナの弟・竜介と再会	啖呵売・再会（単独／Ⓓ）
第46作	寅次郎の縁談	93年	双子浦を望む小豆島の富丘八幡神社で啖呵売。看護師の亜矢と再会	啖呵売・再会（ポンシュウ／Ⓔ）
第47作	拝啓車寅次郎様	94年	雲仙温泉の清七地獄近くのバス停。演歌歌手の小林さちこと再会する	再会（演歌歌手・小林さち子）
第48作	寅次郎紅の花	95年	震災から復興しつつある神戸市長田区を再訪。人々と再会を喜び合う	再訪（長田区・菅原市場の人々）
第49作	寅次郎ハイビスカスの花 特別篇	97年	群馬県中之条町のバス停・上荷付場。マイクロバスからリリーが降りてきた！	再会（リリー）
第50作	お帰り 寅さん	19年	作家となった満男が寅さんを想い、マドンナたちの回想で終わる	マドンナたちの回想

※［薄赤］は啖呵売、［緑］は再会・再訪、［白］は旅の一コマ（鉄道の走行・連絡船の船上・バス車内・食堂など）。
※［赤］は本文で取り上げた三拍子揃った「ラストシーンの黄金律」作品。「★」印は163頁の「寅さん希望を紡ぐ」で解説した5作品。

「ラストシーンの黄金律」に「再会」が加わるとエンディングはマックスパワーとなる

再訪

第48作「寅次郎紅の花」(1995年)。阪神・淡路大震災を乗り越えて、ベーカリーを復活させた苦労人の夫婦に会いに行く。地域は復興のただ中にあったが、明るい笑顔は戻っていた。

ピースを着て日傘を差した派手な女性が降りて来る。ちょっぴり気まずい別れ方をしたリリーと、再び交流が生まれるシーンである。また、第48作「寅次郎紅の花」(1995年)では、阪神・淡路大震災の罹災後に再建なったベーカリーの夫婦を訪ねて終わる。いずれも物語の掉尾を飾るに相応しいハッピーなエンディングである。

寅さんが天に向かって叫んだ「満男、お前はまた振られたぞ~」

だが、見ていてカタルシスを感じるのはやはり「啖呵売」で終わるラストではないだろうか。ここには初詣(もしくは夏祭り)・口上・名所の絶景という三拍子揃った「ラストシーンの黄金律」があるからだ。これに「再会」が加わると、エンディングはマックスパワーとなる。

例えば第46作「寅次郎の縁談」(1993年)。舞台は小豆島の富丘八幡《とみおかはちまん》神社。ここはパワースポットで、初詣の参拝客で賑わっている。寅さんは海をバックにした高台で、ポンシュウと犬のぬいぐるみを売っている(年末公開で明けると戌年)。すると、琴島で満男がほれた看護師の亜矢《あや》(城山美佳子《しろやまみかこ》)が新しい彼氏を連れてやってきた。再会を喜び石段を登っていく二人。「幸せになれよ~」と寅さん。その後、天に向かって「満男、お前はまた振られたぞ~」と叫ぶと啖呵売に拍車が掛かる。「やけのやんぱち、日焼けのナスビ、色は黒くて食いつきたいが、わたしゃ入れ歯で歯が立たないよ…」。

カメラはロングで瀬戸内海の双子浦を捉えて、エンドタイトルとなる。本作は「再会」という人生のスパイスを加えて、力強いラストシーンとなった。ちなみに四拍子そろった「ラストシーンの黄金律」作品は50作品中で5作品と少ない(前頁の表の濃い赤色)。

*

感動したラストシーンはたくさんあるが、163頁の「寅さん希望を紡ぐ」で、筆者のベスト5を紹介しよう(表の★印)。

・第2作「続 男はつらいよ」(1969年)
・第12作「私の寅さん」(1973年)
・第33作「夜霧にむせぶ寅次郎」(1984年)
・第36作「柴又より愛をこめて」(1985年)
・第44作「寅次郎の告白」(1991年)

以上、舞台設定のバリエーションも考慮して選んでみたので参考にされたい。

第10作「寅次郎夢枕」(1972年)。船員姿の"マカオの寅"は、敵《かたき》と追う高利貸しの親分を成敗。妾に取られようとしていたさくらは救われ、恋人の博も勉学に復帰した。

AVANT-TITLE
寅さん 夢を生きる

夢は心を投影する鏡。それ故、儚《はかない》い白日夢のベクトルは葛飾柴又を向く

アバンタイトルで寅さんの夢が描かれる全作品の概要です。末尾の括弧内は、オープニングロゴの終了から寅さんが目覚めるまでの時間となります。

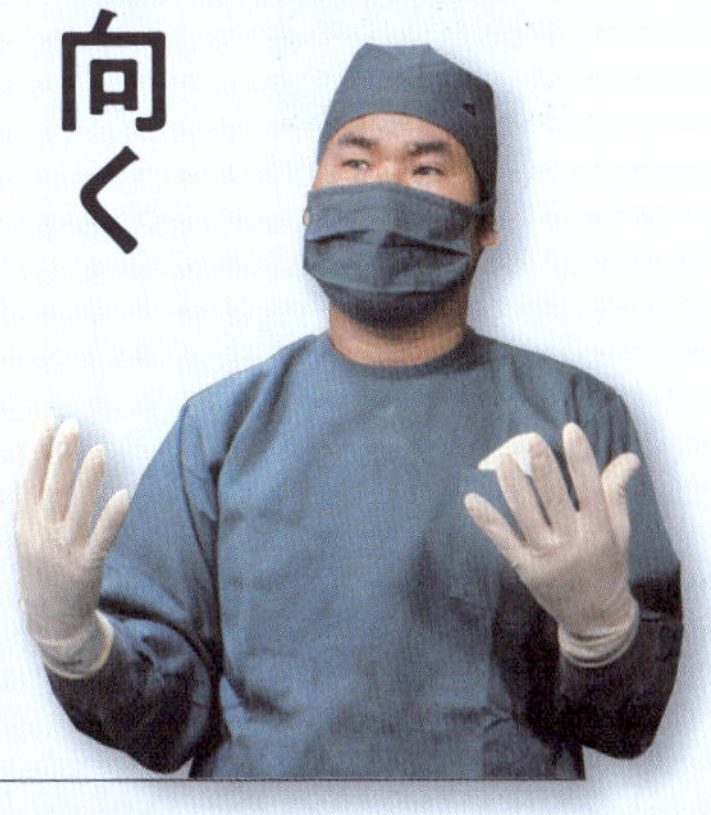

第❷作｜続 男はつらいよ

モミジが真っ赤に色づく里の秋景色。お地蔵様に水を供える優しい眼差しの女性(風見《かざみ》章子《あきこ》)の後ろ姿に寅さんが声をかける。「もし、もし人違いでしたら、ごめんなさいよ。もしやあなたはお菊さんとは申しませんかね」。彼女は果たして寅さんの「瞼の母」なのか…。眠りは蒸気機関車の汽笛で破られた。所は関西本線の柘植《つげ》駅近くの旅館山﨑亭である。寅さんは起きしな、「また夢か」とつぶやき、二度寝の態勢に入るが、布団の中に放屁し、耐えきれずに眠気が吹っ飛んだ。本作は夢とストーリーが対応しており、作中で生き別れになっていた実母・菊(ミヤコ蝶々《ちょうちょう》)と再会を果たすのだが…(1分22秒)。

第❺作｜望郷篇

真っ白な霧の中、急かされるように柴又を目指す寅さん。帰ってみれば、おいちゃんは今まさに息を引き取ろうとしていた。背景は非現実的な虹色のホリゾント。おいちゃんは家族や医者に看取られ、「寅、後のことよろしく頼む…」と息を引き取った。「おいちゃんよ。みんな俺が悪いんだよ」と男泣きする寅さん。やがて「お客さん、お客さん」と言う声で目覚めた。そこは雨で長逗留していた旅館の一室だった。ここでも「あ〜夢か…」(1分43秒)。

第❾作｜柴又慕情

海辺の苫屋《とまや》。貧しい漁師の女房・さくらが岩海苔を掻《か》いていると、非道な借金取り(吉田義夫《よしだよしお》)が現れる。横車に困っていると、長楊枝《ながようじ》をくわえた渡世人・寅次郎が、「無駄な人殺しはしたくはございません」と借金取りの前にポンと札束を投げた。寅次郎は二人にも札束を与え、「その坊やに飴玉の一つも買ってやっておくんなさい」。ここでさくらたちは、行方不明の兄だと気づく。目覚めたのは、尾小屋《おごや》鉄道(1977年廃止)の金平《かなひら》駅の木造駅舎である(3分58秒)。

第❿作｜寅次郎夢枕

戦前の横浜、カフェの店内。さくらに気がある高利貸しの親分(吉田義夫《よしだよしお》)が、書生・博の前でさくらに無体を働こうとしていた。そこへ、颯爽と登場したのが復讐に燃える〝マカオの寅〟。敵《かたき》の親分を殺して縛《ばく》につく。刑事に一言「旦那、〝マカオの寅〟も人の子でござんす」。寅さんの夢を破ったのは、中央本線の日出塩《ひでしお》駅を驀進《ばくしん》するD51形重連の汽笛だった(前頁に写真／4分4秒)。

第11作「寅次郎忘れな草」(1973年)のメイキング写真。剣劇や見得は股旅物の旅芝居そのものである。

第⓫作｜寅次郎忘れな草

江戸時代。葛飾郡柴又村の貧農の娘・おさく(倍賞千恵子《ばいしょうちえこ》)が、女衒《ぜげん》(太宰久雄《だざいひさお》)に連れていかれようとした時、破れ障子から小判が投げ込まれた。〝旅烏の寅次郎〟の登場だ。父親(吉田義夫《よしだよしお》)もおさくも、音信不通となっている寅と分かっていた。寅次郎は、女衒を斬って「お天道さまはお見通しだぜえ」と見得を切り、村の祠《ほこら》で目が覚めた。旅芝居風の演出である(3分52秒)。

第⓬作｜私の寅さん

未曾有《みぞう》の飢饉《ききん》にあえぐ葛飾郡柴又村。貧しい娘・さくらが、御大尽遊び帰りの成金(吉田義夫《よしだよしお》)にののしられ、暴力を振るわれている。すると、そこへ黒装束の寅次郎が登場。「この面体、よもや見忘れではなかろう」「く、車寅次郎！」「悪人ばら、江戸川の露と消えろ！」。成金たちは、寅次郎に拳銃で撃ち殺された。やがて江戸川の対岸に蜂起の火が上がり、燭光《しょっこう》が射した。「見よ、あの東《ひんがし》の空の黎明を。ああ、柴又村についに平和がやってきたのだ！」。目覚めたのは連絡船である(3分31秒)。

第⓭作｜寅次郎恋やつれ

海辺の神社の長い石段を、寅さんやタコ社長たちが登って来る。花嫁行列である。花婿は何と寅さんだ。「さくら、兄ちゃん嫁さんもらったぞ！」と報告するが、おいちゃんたちは流行病《はやりやまい》ですでに鬼籍に入っていた。襖《ふすま》を開けるとそこは墓。墓前にぬかづく寅さんは、長年の不義理を詫びるのだった。目覚めたのは、京成本線の車内。列車は江戸川橋梁を渡り国府台《こうのだい》へ。寅さん「乗り越しちゃった！」（2分40秒）。

第⑭作｜寅次郎子守唄

ある村に子宝に恵まれない夫婦がいた。二人は産土《うぶすな》の神にお百度を踏み続けた。満願の日になると、妙《たえ》なる音《しらべ》とともに産土の神・寅が赤子を授けた。さらに神が降臨すると、「よきかな、よきかな」と小判を与えて赤子を寅次郎と命名。目覚めたのは、妙義山の麓の祠《ほこら》である。寅さんが赤ん坊を預かるという設定と対応している（2分34秒）。

第⑮作｜寅次郎相合い傘

20年前に別れた妹・チェリーを思って海賊〝キャプテンタイガー〟は荒れている。出身は葛飾島で、配下（上條《かみじょう》恒彦《つねひこ》・米倉《よねくら》斉加年《まさかね》）には慕われていた。片や同じ海洋を航行する奴隷船では、奴隷商（吉田義夫《よしだよしお》）がタイガーの妹・チェリーを辱めようとしていた。

ある時は西部の賞金首、またある時は大海賊

そこへタイガーが乗り込んで全員を救出。葛飾島へ凱旋する。寅さんが目覚めたのは、場末の映画館である（6分20秒）。

第⑯作｜葛飾立志篇

開拓時代の西部。酒場で兄への思いを歌う歌姫。店の客（上條《かみじょう》恒彦《つねひこ》・米倉《よねくら》斉加年《まさかね》）たちは涙を流す。だが、無法者たちは、歌姫に無体を働こうとする。すると、1万ドルの賞金首〝タイガーキッド〟が現れて、無法者たちを撃ち殺した。一目で歌姫は兄だと分かり、バージニアへ帰ろうとすがる。しかしキッドは、「親もねえ、兄妹もねえ、人殺しのお尋ね者よ」と旅立つ。目覚めたのは荷馬車の上だった（5分40秒）。

第⑰作｜寅次郎夕焼け小焼け

「とらや」一家を呑み込んだ人喰いザメを追い求めて海をさすらう車船長とさくら。燃料と食料が尽きた頃。ようやく獲物が掛かったが、さくらも餌食になってしまう。怒りに燃え、鬼気迫る表情で鮫を釣り上げんとする船長だったが、あと一息で力尽きた。目が覚めるとそこは海辺の堤防。「おっちゃん。引いとるで」。小さな小魚が釣れた（2分58秒）。

第⑱作｜寅次郎純情詩集

北アフリカの酒場。兄を探しに日本からやってきたさくら。〝アラビアのトランス〟に兄のことを尋ねる。すると、「アレキサンドリアの星、寅次郎は多くの人たちに慕われて死んでいった」。しかし、実はトランスこそ寅次郎。そこに追っ手が迫るがこれを撃退。波止場を静かに去って行く。夢から覚めると、そこは上田交通（現・上田電鉄）別所線の舞田《まいた》駅近くの床屋。散髪中にうたた寝していたのである（3分44秒）。

第⑲作｜寅次郎と殿様

幕末の京都。三条大橋。鞍馬天狗は、杉作を助けてくれた女性（倍賞千恵子《ばいしょうちえこ》）に礼を述べた。すると、「もしや、あなたは兄上？」「さくら！」。しかし、兄弟の再会も束の間、敵の山嶽党に囲まれた。果たして血路を開けるのか？　夢から覚めたのは、予讃《よさん》線長浜回りの下灘《しもなだ》駅。本編で大洲《おおず》の殿様に扮している嵐寛寿郎《あらしかんじゅうろう》は、当たり役の鞍馬天狗役で一世を風靡《ふうび》した。音声も活弁師風に演出されている。これは重鎮へのオマージュである（3分34秒）。

第⑳作｜寅次郎頑張れ！

若い女中（岡本茉莉《おかもとまり》）が世話を

焼く白亜の大邸宅で目覚める寅。苦労が実って、「とらや」一家は大金持ちになっていた。タコ社長は朝日印刷のビルを建て、博は副社長。貧乏人を見下すような態度で、執事（吉田義夫《よしだよしお》）に汚いトランクと帽子を捨てるように命じた。寅さんは戸惑う。「俺はあの家《うち》が好きだったんだ！」。目覚めたのは田園地帯の祠で、帽子と鞄がない。「こら！ 待て」と泥棒を追いかけた（2分59秒）。

第㉑作｜寅次郎わが道をゆく

茶の間のテレビで、「怪しい飛行物体が、柴又に接近！」との緊急速報が流れた。「柴又に接近？」のニュースに慌てる「とらや」一家は、庭に出て夜空を見上げた。すると店内では、2階から銀色のスーツを着て神妙な顔をした宇宙人姿の寅さんが降りて来た。妙な声音で第三惑星から迎えが来たと打ち明け、「心はいつも皆さんと一緒です」と言い残してUFOで宇宙へ帰った。目覚めると、高校生のラジカセからピンクレディの「UFO」が流れている。宮原線の麻生釣《あそづる》駅のベンチで寝ていたのである（4分27秒）。

第24作「寅次郎春の夢」（1979年）。FBIの捜査官に追われる“マドロス寅次郎”。だが、「動くと焼きそばにするぞ」と訳の分からないことを叫ぶ捜査官は、サーキュレーターが頭に当たって自滅。寅次郎とさくらは、博が操船する船に乗り込んで日本を目指すことができた。

第㉒作｜噂の寅次郎

葛飾郡柴又村のおさく（倍賞《ばいしょう》千恵子《ちえこ》）は、毎日のように南無観世音・寅次郎尊に供え物をしていた。願うのは家族の幸せと柴又村の平和である。しかし、自身は不当な借金の形に代官の妾になることを強要され、今まさに手下のタコ兵衛（太宰久雄《だざいひさお》）に連れ去られようとしていた。そこに寅次郎尊が出現すると、眼病の父（吉田義夫《よしだよしお》）は快癒し、小判や米俵を授けられた。これでおさくは救われ、平和が訪れた。寅さんが目覚めたのは、寺の本堂の縁側であった（4分57秒）。

第㉓作｜翔んでる寅次郎

昭和初期、便秘薬の研究に命

竜宮城帰りの浦島寅次郎、亀に噛まれる!?

を捧げる柴又医学研究所の車博士。99％完成しているが、何かが足りない。強欲な借金取り（太宰《だざい》久雄《ひさお》）も押しかけ、すでに心身共に消耗していた。そこへ、妹・さくらが兄の大好物である芋の煮物を差し入れると閃いた。「理論が分かった。このお芋の繊維が・・・テイマだ！」。さっそく合成にかかるが、研究室は大爆発。博士はボロボロの姿に…。「車さん、便秘の薬」の声で目が覚めると、薬剤師から便秘の薬を手渡された。病院の待合室で寝てしまっていたのである（4分28秒）。

第㉔作｜寅次郎春の夢

恐慌下のサンフランシスコ。下町のチャイナタウンに銃声が轟いた。〝マドロス寅次郎〟は左腕を撃たれ、酒場に飛び込んだ。助けた女給は日本人。寅次郎は「もし、日本に帰ることがあったら妹に渡してくれ」とお守りを差し出した。実はこの女給こそ妹のさくら。そこにFBIの追っ手（ハーブ・エデルマン）が現れるが、何とか逃げて日本行きの船に乗ることができた。船上、「おお！今、東《ひんがし》に日が昇る…」。気分最高潮の状態で目覚める。寝ぼけ眼の寅さんは「着いたか日本へ？」。だが、そこは小さな連絡船の船上だった（4分54秒）。

第㉕作｜寅次郎ハイビスカスの花

捕り方の笛の音が夜空に響き渡る。義賊〝鼠小僧寅吉〟は、貧しい家に逃げ込んだ。一家が柴又の出と聞いた寅吉は、小判を置いて去る。捕り方に追いつめられると一世一代の大見得を切る。「定め悲しい柴又の、たった一人の妹にせえ、我が名を明かさねえこの俺が、置き土産代わりに名乗ってやらあ…」。ここで見物人が大喝采。いい調子の夢だが、村の土蔵で目が覚めた（5分50秒）。

第㉖作｜寅次郎かもめ歌

小さな祠《ほこら》。天災に苦しむ村人が集まって泣いていた。代官（吉《よし》田《だ》義夫《よしお》）が「筑波山に住む天狗様のたたりじゃ。美しい娘を差し出せ！」と命じたのである。おさく（倍賞千恵子《ばいしょうちえこ》）目当ての大嘘だが、おさくは犠牲になる覚悟を決めた。そこに通りかかったのが旅の虚無僧《こむそう》。代官の悪巧みを見抜いて見事に村人を救った。最後に虚無僧は、自分は寅次郎だと明かす。目が覚めたのは、池の畔の神社である（5分13秒）。

第㉗作｜浪花の恋の寅次郎

柴又村の〝浦島寅次郎〟は、助けた亀吉（佐藤蛾次郎《さとうがじろう》）に連れられて竜宮へ。乙姫（松坂慶子《まつざかけいこ》）の歓待を受けて夢のような時を過ごして村に帰る。だが、戻ると故郷は荒れ果てていた。妹と瓜二つの女（倍賞千恵子《ばいしょうちえこ》）に聞くと、村を出てから十数年が経過していると言う。失望した寅次郎は、思い余って玉手箱を開いてしまう。すると白煙が亀吉にかかり、爺さん亀に…。目が覚めると、対馬《つしま》の和多都美《わたつみ》神社。子供たちが亀をいじめている。夢が夢である。寅さんは亀を助けるが、逆に噛みつかれてしまった（4分42秒）。

第㉘作｜寅次郎紙風船

車寅次郎博士がノーベル医学賞を受賞した。博士は車総合病院の経営者で、病院にはたくさんの報道陣が押しかけていた。そこへ、貧しい母子（母は音無美紀子《おとなしみきこ》）が子供を診療して欲しいと頼みに来るが、助手（太宰久雄《だざいひさお》）は

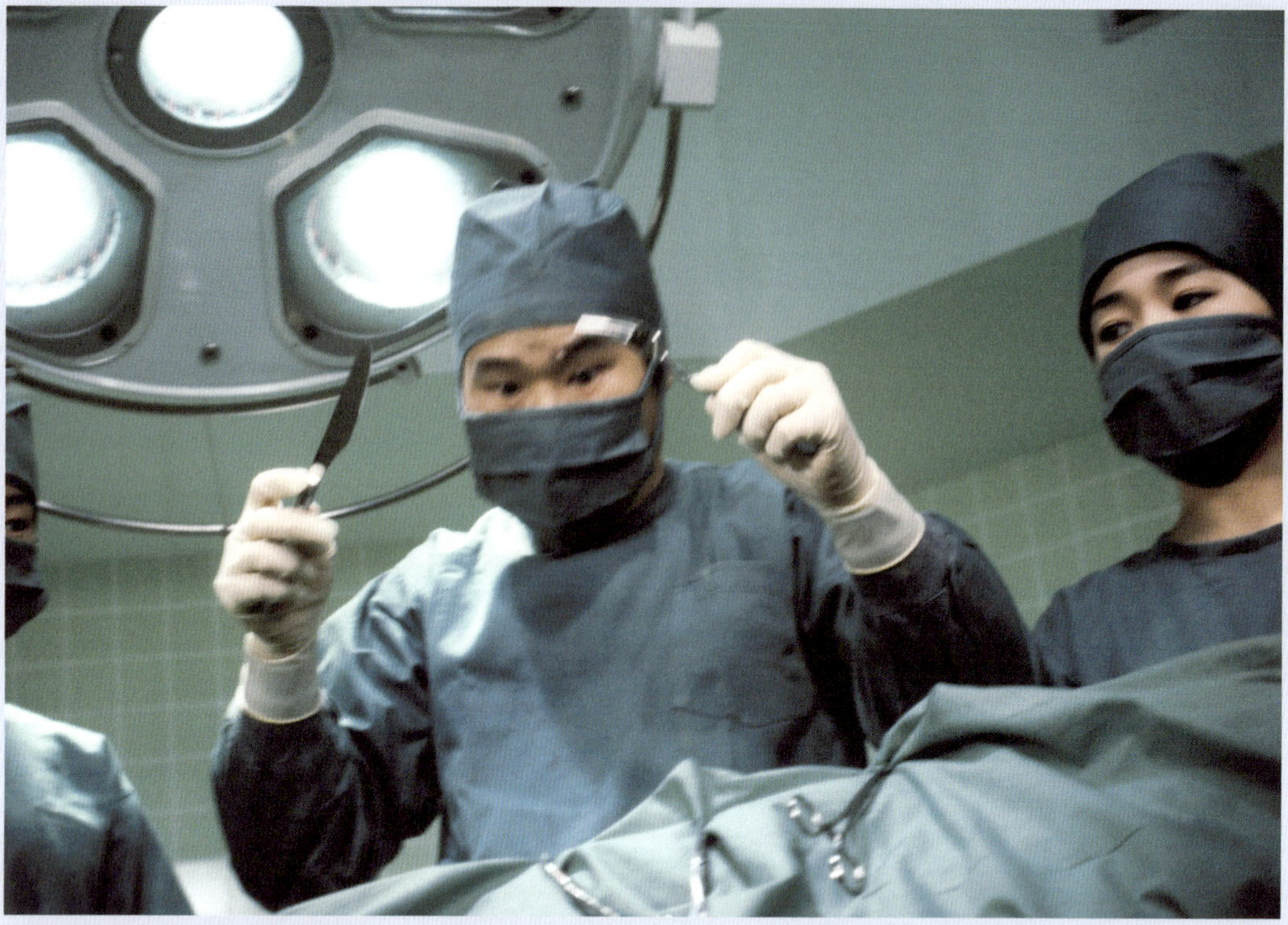

第28作「寅次郎紙風船」(1981年)。ノーベル医学書を受賞した車博士は、かつての恋人の息子の執刀にかかった。天才外科医の眼差しは鋭いが、両手に持つのはナイフとフォーク。この後、腹の上で器用にトンカツを切る博士であった。

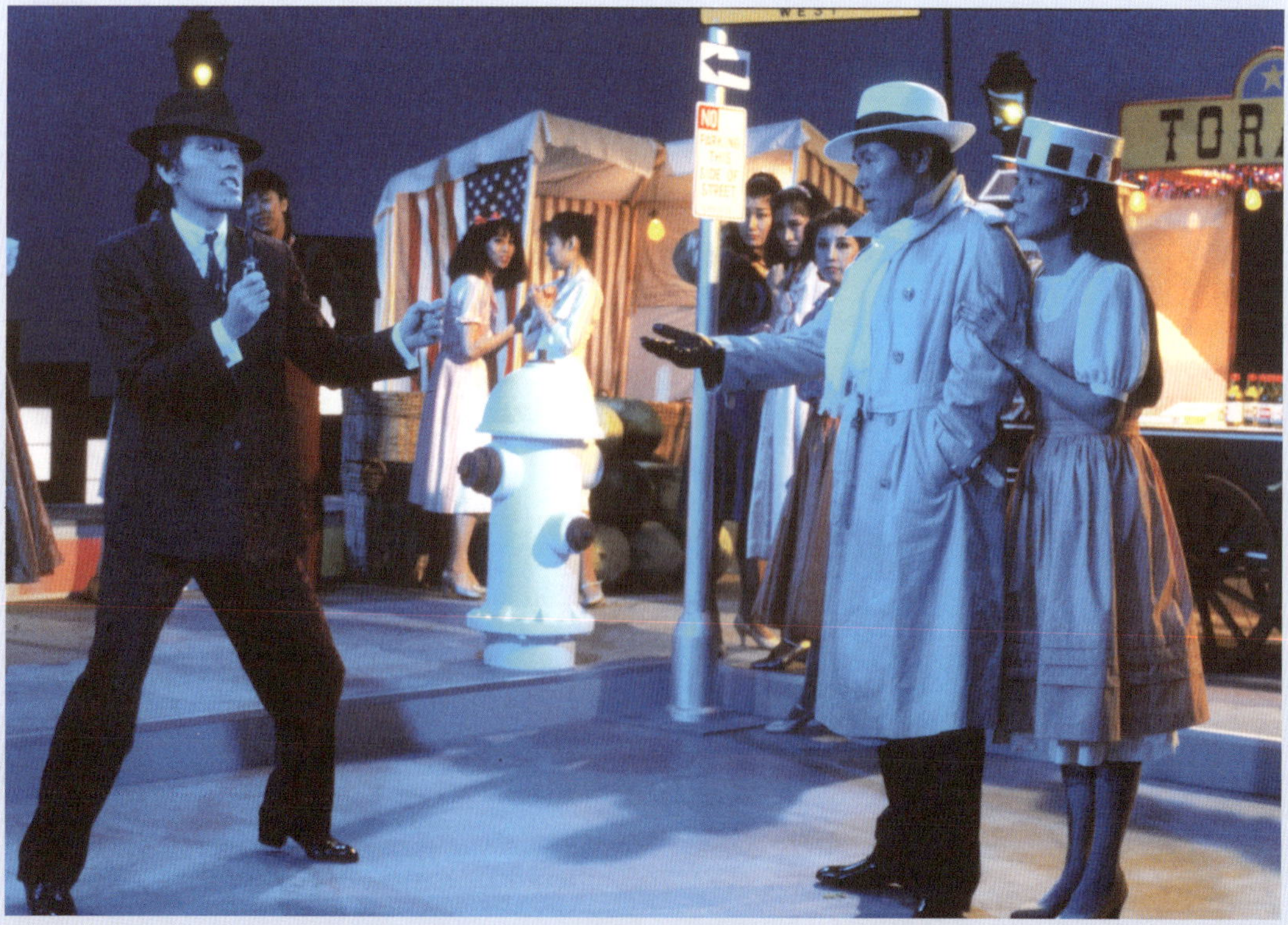

第30作「花も嵐も寅次郎」(1982年)。チンピラ・ジュリーは色男だが、腕力はからっきしである。ナイフを手に“ブルックリンの寅”を牽制するが、まるで大人と子供。寅の貫禄の前に手も足も出ない。そのままナイフを投げ捨て逃げ去った。

「貧乏人は診れない」と追い払ってしまう。だが、車博士は一喝。「大丈夫、この子の命はきっと私が救います」。実は博士と母はかつて、将来を誓い合った仲であった。さっそく博士は手術を始めたが、なぜか切るのはトンカツ。目が覚めると、そこは佐賀県の鳥栖《とす》駅前の食堂「東京屋」。トンカツを食いながら寝てしまっていたのである（4分22秒）。

第㉙作｜寅次郎あじさいの恋

信濃《しなの》国の貧しい農民一家。ある晩、老いた旅人に、なけなしの飯を恵んだ。ふだんは口にすることもない銀シャリである。老人の咀嚼音を聞くと、一家のお腹はぐうぐうと鳴るばかりである。気づいた老人は、お礼に貼り替えたばかりの襖《ふすま》にスズメの絵を描いた。一夜明けると、絵のスズメが抜けだして大評判に。一家は家を宿に改装。大いに繁栄した。ここには目覚めのシーンはない。夢がアイリスアウトすると、木崎湖の畔を大糸線の列車が走り、メインタイトルが始まった。湖の桟橋にいるのは寅さんである（5分34秒）。

第㉚作｜花も嵐も寅次郎

マフィアの暴力が支配するブルックリン。色男のチンピラ・ジュリー（沢田研二《さわだけんじ》）が、歌と踊りを披露して、〝ブルックリンの寅〟の妹・さくらに声をかける。そこへ現れた寅。マフィアも恐れる男である。ジュリーはナイフを手に寅に迫るが、「色男、そんな腰つきで俺が刺せるのか？」。ジュリーは「悔しいけど貫禄負けじゃ」と立ち去った。町に平和が戻る。みんなで「桜咲く国」を合唱し、ミュージカルのエンディング風に盛り上がっていく。目覚めた所は田舎の小さな社である（5分40秒）。

第㉛作｜旅と女と寅次郎

天保《てんぽう》年間、佐渡金山一揆の首《しゅ》魁《かい》は〝柴又無宿の寅吉〟だった。寅吉は逃亡生活を続けて2年後、江戸へ戻った。柴又の岡っ引・博吉（前田吟《まえだぎん》）は失態を親分（太宰久雄《だざいひさお》）に責め立てられていた。女房のおさく（倍賞千恵子《ばいしょうちえこ》）も案じたが、どうにもならない。それを知った寅吉は、博吉に手柄を立てさせるため自ら縛《ばく》についた。チンドン屋（関敬六《せきけいろく》）の荷物を枕に目覚めたのは、小千谷《おじや》市の船岡公園。本作は佐渡が舞台。夢と本編が対応している（6分35秒）。

第㉜作｜口笛を吹く寅次郎

「とらや」では、寅さんの結婚式の日取りが決まったところだ。だが、寅さんは暖簾の後ろから傍観することしかできない。まるで白日夢のようだ。そこに「さくら、元気だったかい」と帰ってきたのは、偽の寅次郎（レオナルド熊《くま》）である。パニックとなった寅さんが、「違う。騙されてるよ。俺が車寅次郎！」と必死に叫ぶと、吉備《きび》線を走る列車の中で目が覚めた（2分41秒）。

第㉝作｜夜霧にむせぶ寅次郎

寅さんが肉親の復讐に燃えて帰ってきた。一帯のボス（渡瀬《わたせ》恒《つね》彦《ひこ》）が経営する港町のキャバレーである。店内は凍りつく。「生きてたの？」と、ボスの女となったマリー（中原理恵《なかはらりえ》）が寅さんへ駆け寄ると乱闘となる。寅さんの敵ではないが、卑怯なボスは階段の上から拳銃で寅さんを狙った。銃口が火を噴き倒れたのはマリー。身を挺してかつての恋人・寅さんを守ったのである。霧の中、マリーを抱いて波止場を去るが、

偽寅次郎が結婚？パニックで体が動かない！

第36作「柴又より愛をこめて」(1985年)。高いところが苦手な寅さん。なぜか日本人宇宙飛行士第1号に選ばれた。

霧にむせると目が覚めた。所は寺の鐘楼である(5分27秒)。

第㉞作｜寅次郎真実一路

東京は大怪獣ギララに蹂躙《じゅうりん》されていた。近代兵器も役に立たない。そこで政府は、ギララ誕生を予言した車博士に協力を依頼する。首相(太宰久雄《だざいひさお》)と車博士は旧知の仲だが、今は断交していた。しかし、もう一刻の猶予もない。迫るギララ。車博士はギララを倒す苦渋の決断をする。懐から御守りを出してギララに向けると、強力光線が発射された。ギララは退治されたが、今度はゴジラの頭部が迫る。目覚めると、ゴジラマスクを被った子供が目の前に。所は薩摩湖湖畔の食堂のベンチである(6分15秒)。

第㉟作｜寅次郎恋愛塾

柴又国には無慈悲な定めがあった。姥捨《うばす》てである。いよいよ、おいちゃんとおばちゃんにその時が迫り、一家は泣き崩れた。寅次郎も悲しみに耐えながら、心を鬼にしておばちゃんを背負った。だが、あまりの重さにひっくり返ってしまう。目覚めると、そこは上田電鉄別所線の舞田《まいた》駅。行商のおばちゃん(谷《たに》よしの)の大きな荷物(姥捨てを想起させる)を枕に寝ていたのである(2分41秒)。

第㊱作｜柴又より愛をこめて

日本人の宇宙飛行士第1号が決まった。車寅次郎である。時の人となった寅次郎は、NASAで打ち上げを待っているものの、大の乗り物嫌いで高所嫌い。逃げようと試みたが無駄だった。宇宙船内に入れられて、カウントダウンが始まると小便を我慢できなくなってしまう…。目覚めたのは、只見線の会津高田駅。寅さんはトイレに駆け込み、売《ばい》をする円蔵寺へ向かった(4分30秒)。

第㊲作｜幸福の青い鳥

険しい山中、鳥籠を持ちながら幸福の青い鳥を探す「とらや」一家。「もう歩けない」とさくらは博に泣き崩れる。博も帰ろうと発案者の寅さんを説得するが、妄執にとらわれた寅さんは、「幸せになりたくないのか！」と叱咤するばかり。と、そこに青い鳥が姿を現した。捕まえて鳥籠に入れると、先には絵に描いたような桃源郷が待っていた。そこに電車の車掌(イッセー尾形《おがた》)が現れて夢から覚める。山陰本線の車内である(4分26秒)。

第㊴作｜寅次郎物語

親父に折檻された苦い思い出。「他人様の物に手をつけるとは息子じゃねえ」と庭木に縛り付けられた。凍えそうになるが、謝らずに家出を決意した。ディック・ミネの歌「人生の並木道」が流れる中、少女時代のさくらが寅さんの後を追い、「お兄ちゃん」と呼ぶが…。現実の声はさくらではない。知らない少女の声。「お兄ちゃん、お母ちゃんが呼んでるよ」。そこで寅さんは目が覚

車小路寅麿「して、そなたの生国は?」

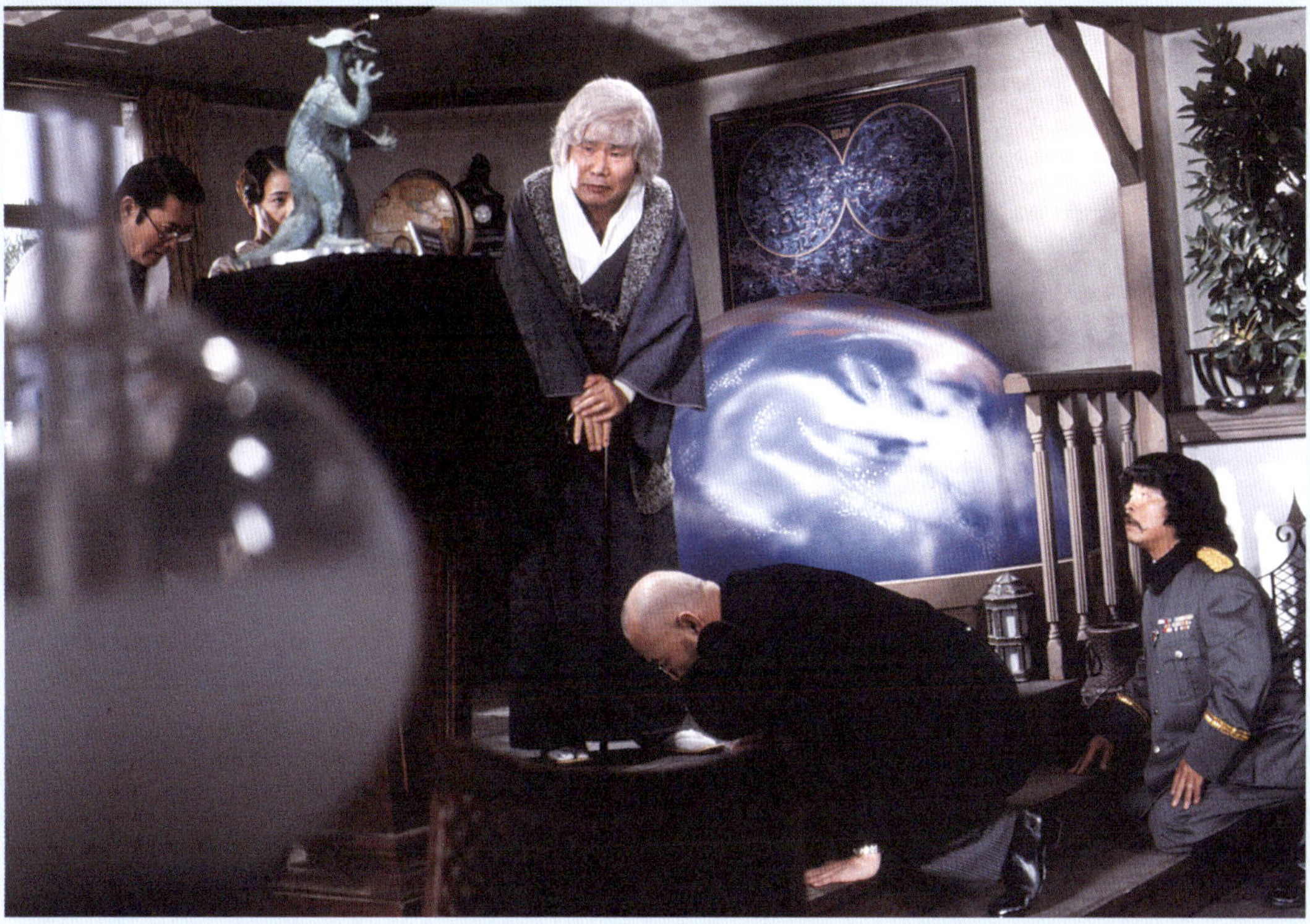

第34作「寅次郎真実一路」(1984年)。土下座してギララ撃退を懇願する首相をよそに、博士は人間のエゴで怪獣となったギララに同情を寄せる。「わしが本当に憎むのは、お前をそのようにしてしまった愚かな文明だ」。だが、博士はギララを倒す苦渋の決断をした。

めた。関東鉄道常総《じょうそう》線の中妻《なかつま》駅の待合室である（1分59秒）。

第㊸作｜寅次郎の休日

平安の昔。やんごとない公家の〝車小路寅麿〟は、美しい月を愛でながら風雅に歌を詠んでいた。「名月や池を巡りて夜もすがら」（これは芭蕉の俳句！）。そこへ、道を尋ねにきた美しい女人（倍賞《ばいしょう》千恵子《ちえこ》）が、一夜の宿を借りることになった。女は幼い頃に別れたきりの兄を探しているという…。「して、そなたの生国は？」「あい、関東にてござります」「関東と申してもいささか広うござんす」「武蔵国は葛飾郡柴又村」「柴又とな」「もしやそなた名は？」「あい、桜式部と申します」。二人は月下で涙の再会を果たした。目覚めたのは、窯元の縁側である。（4分46秒）。

第㊺作｜寅次郎の青春

花の上野は不忍池《しのばずのいけ》の畔《ほとり》。夜桜が見頃である。夜更、「いかん、

第46作「寅次郎の休日」(1992年)。雅な平安時代の装束もよく似合う。まさに寅さんは百面相である。

筆が走りすぎる」などと文豪・車博士がシェイクスピアの翻訳に打ち込んでいると、結婚式から逃げ出した泉と満男が駆け落ちしてきた。泉は強欲な父親によって、無理やり結婚させられそうになっていたのである。やがて追っ手が二人に迫る。だが、文武両道の博士は柔道の達人で、何と講道館八段。用心棒は次々と不忍池へ投げ込まれた。ここでポンシュウ(関敬六《せきけいろく》)の声で目覚める。寅さんは宮崎県青島の鬼の洗濯板を前に、フェニックスの樹に体をあずけて居眠りをしていたのである(4分21秒)。

第㊾作 寅次郎ハイビスカスの花 特別篇

セールスの出張中。仕事に疲れた満男は東海道本線国府津《こうず》駅で嘆息する。缶ビールを片手に「あー、会いたいなぁ、伯父さんに」。すると、寅さんが反対側ホームから手を振っているのが見えた。幻影である。さらに電車に乗り込むと、半覚醒の状態で寅さんが愛したリリーを思い出す。啖呵《たんか》売《ばい》の夢も見て、トンネルに入るとタイトルとなる(8分18秒/満男の夢。覚醒している時間が多いが、全体を通して白日夢のようにフワフワした感じである。あえて夢として取り上げた)。

第㊿作 お帰り 寅さん

満男は泉の夢を見た。泉が就職に失敗して家出した時の記憶である(第44作「寅次郎の告白」)。泉は鳥取県の倉吉で、偶然寅さんと出会う。泉は満男にはがきを出し、満男も鳥取へ。鳥取砂丘で再会を喜ぶ二人。砂丘を転げ回って、お互いの思いを確認し合った。満男にとっては、いつまでも忘れられない切ない思い出である。だが、泉と別れた苦い過去もよみがえる。苦しそうにうなされていると、「パパ、どうかしたの? 大丈夫」と娘のユリに起こされた(1分33秒)

第45作「寅次郎の青春」(1992年)。文豪の車博士は、何を隠そう講道館柔道八段のつかい手。三日月を背に静かに羽織を脱ぐと、表情も変えず4人の追っ手に対峙した。刹那、気合いもろとも残らず不忍池に投げ込んでしまった。

第2作「続 男はつらいよ」（1969年）。三条大橋の袂《たもと》で雪駄《せった》を直した寅さん。菊《きく》に小銭を無心するが、取り合わない。二人は仲良く肩を並べて橋を渡って行った。

LAST SCENE

寅さん 希望を紡ぐ

冬は初詣、夏は縁日や納涼祭 恋に破れた寅さんは、明日に向かって売を続ける

失恋にくじけることなく、明日に希望をつなぐラストシーンは、いずれの作品も心に残る。ここではとりわけ筆者の心に響いたベスト5（152頁参照）を紹介しよう。取り上げたのは第2作・第12作・第33作・第36作・第44作である。

第❷作｜続 男はつらいよ

恩師・散歩先生（東野英治郎《とうのえいじろう》）とその娘・夏子《なつこ》（佐藤《さとう》オリエ）に京都で再会した寅さん。4人（源公も一緒）ですき焼きを食べている時、実母の菊《きく》（ミヤコ蝶々《ちょうちょう》）が京都のホテルに勤めていると打ち明ける。夏子は「すぐ会ってらっしゃい！」と興奮するが、寅さんは煮え切らない。「会ったって、あなたがおっかあかい？ とそんなとこだいね」とはぐらかすと、散歩先生に「ネバー、ネバー（散歩先生は英語の教師）、それは絶対に違うぞ。寅、これは大事なことだからよく聞けよ。老病死別というてな、人間には4つの悲しみがある…」などと諭された。

結局、夏子に付き添われて菊に会うことに。場所は東山区のグランドホテル。たいそうな名前だが、そこはいわゆるラブホテルである。最初、優しそうな下働きの女性（アバンタイトルの夢に出てきた風見章子《かざみあきこ》）を母と勘違いし、その女性に「お菊はんはこの人どす」と紹介されたのが怪訝《けげん》な表情の菊。勤めていたのではなく経営者であった。

「瞼の母」との再会であったが、菊はのっけから「今頃、なんの用事やねん。ああー銭か。銭はあかんねん。親子でも銭は関係あらへ

ラストシーンの啖呵売は青空がよく似合う

ん」とけんもほろろの応対。

この菊の態度に傷付けられた寅さんは、「てめえが産みの親？　誰がてめえに産んでくれと頼んだ」などとと大げんかを始め、泣きながら菊の元を去った。菊も激高したが、二人が去った後、「何しに来やった、あのアホほんまに…」と悲しそうにつぶやいた。菊も言い過ぎたと反省したのである。

ラストシーン。医者の藤村（山《やま》崎《ざき》努《つとむ》）と結婚した夏子が新婚旅行で京都を訪れる。すると、鴨川に架かる三条大橋で、連れ添って歩く寅さんと菊を見かけた。けんか別れしたはずなのにどうして？　声は掛けずに見守っていると、寅さんが菊に小遣いを無心している様子。親子の仲はむつまじそうだが、ここでも「金の話はまたべつじゃ」と菊。どうやら菊は吝嗇《りんしょく》というのではなく、「金に筋目を通す」人物らしい。

藤村が「声を掛けなくていいのか」と言うと、夏子は「いいのよ、いいの」と安堵した表情。結局、けんか別れの後、寅さんは再度菊に会いに行ったのだろう。

このラストシーン。淡々とした印象でインパクトは強くない。しかし、菊との再会が観客に強烈な印象を与え、泣き別れという無情な結果に終わっただけに、寅さんの屈託のない笑顔に救われる。菊の表情も柔らかで心が温かくなってくる。筆者には泉下《せんか》の人となった散歩先生の顔が、京都の青空に浮かんで見えた。

第⑫作｜私の寅さん

寅さんに絵心は皆無で、展覧会など見たこともない。絵を論じることなど終《つい》ぞない。それが小学校の級友・柳（前田武彦《まえだたけひこ》／渾名は「でべそ」）の妹で画家のりつ子（岸恵子《きしけいこ》）にほれた。

第12作「私の寅さん」（1973年）。阿蘇山火口近くの啖呵売。非売品の似顔絵が、りつ子への変わらぬ思いを代弁している。

最初は寅さんがりつ子の描きかけの油絵を汚して大げんかとなるが、翌日、りつ子が「とらや」に謝りに訪れると急接近。気を許した寅さんはパトロン気分でアトリエに押しかけた。実際、財布を忘れたりつ子がパンをおごられると、冗談で「寅さん、私のパトロンね」と言うシーンがある。そうこうするうちに、りつ子は寅さんを「人間として」好きになり、「私だって寅さんのこと大好きなんだもん。ずっと友達でいてほしい」と寅さんに告げた。

この時、りつ子は失恋（実は片思い）したばかりで、将来にも不安があった。絵もなかなか売れない。そこで寅さんに勇気をもらったりつ子は一大決心をし、絵の勉強をし直すためにスペインのトレドへ旅立った。

ラストシーンは、阿蘇山の噴火口近くに鎮座する山上身代不動《さんじょうみがわりふどう》の前。高所でさすがに寒いのか、寅さんはウインドブレーカーを着ている。売《ばい》しているのは、張り子の虎や虎絵（年末公開で明けると寅年）。「非売品」と貼られた自分の似顔絵もある。これはりつ子が描いたものらしく、「MON TORA（私の寅さん）」と記され、「R

ITZU」のサインが見える。ここで、りつ子から届いた絵葉書のナレーションが入る。「…私は元気で絵の勉強を続けていますからご安心ください。寅さん。私の寅さん、まだ旅先でしょうか」。

りつ子はよほど寅さんのことが好きなのだろう。寅さんもりつ子のことが忘れられない。啖《たん》呵売《かばい》もいつになく変調子である。「虎は死して皮を残す。人は死んで名を残す」はいいとして、「私とて絵心のない人間ではない。自分の一番好きな絵は誰にも売り渡したくない、ましてや気に入らない絵は売りたい訳がない…」。これは完全にりつ子の受け売りだ。だが、青空に向かって盛大に噴煙を上げる阿蘇山を背景に啖呵売のエンジンがかかると、いつもの寅さんの独壇場となっていった。

第33作「夜霧にむせぶ寅次郎」(1984年)。ヒグマに追われながらも、何とか結婚式場前の空き地に逃げ込む寅さん。心配した風子《ふうこ》が駆けつけ、慌てた博はなぜか棍棒を持って警戒している。

第㉝作｜夜霧にむせぶ寅次郎

本作は道東の釧路《くしろ》・根室《ねむろ》・霧《きり》多布《たっぷ》湿原などが舞台。マドンナの風子《ふうこ》(中原理恵《なかはらりえ》)は理髪師で、サーカス団員のトニー(渡瀬恒彦《わたせつねひこ》)と同棲するようになっていたが、寅さんはトニーと風子の仲を危ぶみ、兄のように心配していた。

というのも寅さんは風子から「もう少し若かったら結婚するのに」と言われるほど、厚い信頼を寄せられていたからである。物語の終盤、寅さんの意を汲んだのか、風子は真面目な理髪師を選び、結婚式は中標津《なかしべつ》町の養老《ようろう》牛《うし》温泉で挙行された。

ここには諏訪家も招かれ、寅さんも式場を目指した。ところが、式場の目前で熊に襲われてしまう。騒ぎを聞きつけたさくら夫婦、満男がハンターを伴い駆けつけると、けがを負っている様子はない。「博、足あるかな？がぶっとやられたような気がする」と気弱な寅さんは、草履《ぞうり》が半分食いちぎられているのを見て気を失った。かなり危ないところだったようだ。

本作も啖呵売《たんかばい》はないが、さくらたちが中標津空港に着いてからエンドマークまで約8分。山あり谷ありの見応えあるエンディングであった。

第㊱作｜柴又より愛をこめて

下田で行方不明のタコ社長(太《だ》宰《ざい》久《ひさ》雄《お》)の娘・あけみ(美保純《みほじゅん》)を探し出した後、寅さんは二人で伊豆諸島の式根《しきね》島に渡ることになった。夫婦生活に疲れたあけみ

が息抜きしたいというのである。寅さんは船中で、小学校の同窓会へ出席するという島の小学校の卒業生12人と意気投合。港で卒業生を迎えた女性教師・真知子《まちこ》（栗原小巻《くりはらこまき》）にほれた。

終盤の調布飛行場。真知子から結婚話が持ち上がっていると相

第36作「柴又より愛をこめて」（1985年）。式根島で知り合った同窓会青年は観光船の船長をやっていた。出航アナウンスで目覚める寅さん。二人は再会を喜び合った。

談を受けた寅さんは、幸せを願い心の中で別れを告げた。

ラストシーンは浜名湖の畔にある舘山寺《かんざんじ》温泉。参拝客相手の売《ばい》に疲れて船着場のベンチで寝ていると、式根島の卒業生とバッタリ。「お前、ここで船長やってるのか」。ここで真知子が結婚したことを告げられると、「めでたい話だ」と平静を装い、夜一献を傾けることを約束して売を再開した。祭り・啖呵売・再会・名所の絶景という「ラストシーンの黄金律」すべて揃った作品である。

「段ボールに嫁さんか。一人前になったんだ」

第44作｜寅次郎の告白

シリーズでも一、二を争うエンディングだろう。「ラストシーンの黄金律」に、「再会」という劇的要素が加わった最強のラストである。明日への希望と清涼感が強烈に放射されている。

第44作「寅次郎の告白」（1991年）。売《ばい》も一段落。寅さんとポンシュウは一息ついた。商品は健康器具「ラクラクトントン」である。

旧知の聖子《せいこ》（マドンナの吉田日《よしだひ》出子《でこ》）と寅さんの大人の恋、満男と泉の初々しい恋が物語の両輪となり、寅さんは後ろ髪を引かれる思いで聖子の元を去る。ラストシーンは岐阜県蛭川《ひるかわ》村（現・中津《なかつ》川《がわ》市）の安弘見《あびろみ》神社。伝統行事の杵《きね》振《ふ》り花馬《はなうま》祭りでの売《ばい》である。

寅さんとポンシュウ（関敬六《せきけいろく》）が参道で屋台を広げていると、祭り開催の花火が、ボン、ボンと上がった。寅さんは健康器具を売っているが、売はまだ序盤である。カメラが大きな花で飾られた花馬と仮装した村人の「杵振り踊り」を映し、安弘見神社の参道の階段を花馬が一気に駆け上がると、啖呵売《たんかばい》の時間である。

と、そこへ最近まで香具師《やし》見習いをしていたサブが、婚約者を連れて会いに来た。ここ蛭川はサブの生地で、今は段ボール工場で働いているという。寅さんは「段ボールに嫁さんか。一人前になったんだ。いや良かったよ」と励まし、啖呵売のギアを上げた。

「四谷赤坂麴町ちゃらちゃら流れるお茶の水、いきな姉ちゃん立ちションベン…」。いつしかカメラはズームバックしていく。ロングになると蛭川村の里山景色が大きく広がり、観客は故郷の山河を思い出すという演出である。

渥美清 68年の軌跡

不良時代は飲む・打つ・買うに明け暮れた

成績は「いつも四十二人中、四十一番」

昭和3(1928)年、東京都台東区上野(当時は東京市下谷《したや》区車坂《くるまざか》)に一人の男が生を受けた。本名・田所康雄《たどころやすお》、長じて不世出の喜劇役者となった渥美清《あつみきよし》である。

育ったのは板橋の志村で、志村第一尋常小学校に入学。成績は「いつも四十二人中、四十一番」(自伝『渥美清わがフーテン人生』渥美清著/毎日新聞出版より)という成績だったが、それでも旧制巣鴨中学校に進学した。しかし、渥美は上野界隈を拠点に遊んでいた不良仲間のリーダー格となり、学業は二の次になってしまう。もっとも時代は太平洋戦争のまっただ中で、学業よりも学徒動員優先。もっぱら寮から巣鴨の軍需工場に通って軍用機の部品を作っていたという。

ある日、空襲警報の発令下、どんなに待っても敵機来襲がないので、不良仲間を引き連れて寮に帰ってしまった。これがその後、問題となり、憲兵隊に出頭するはめに陥った。「兵隊ならば銃殺だ!」と脅されたが、罰は憲兵隊営舎の窓ガラス拭きで済んだ。すったもんだの末に旧制中学を卒業したのは、終戦の年であった。

戦後の混乱期にはヤミ米を運んで稼いだ

渥美の父・友次郎は元地方紙の記者、母・タツは会津出身の元教師であった。渥美には6歳違いの兄・健一郎がいた。兄は会社勤めのかたわら、九鬼幽太郎のペンネームでエッセイなどを書いていたというから、貧しいながらも教育環境は整っていたのだろう。その兄は25歳の時、結核で早世している。

渥美は戦後の混乱期にはかつぎ屋となり、上野と仙台の間を2日がかりで往復してヤミ米を東京に運んでいた。相変わらずテリトリーは上野界隈にあったが、終戦後の上野の治安はすこぶる悪かった。不良グループにでも入っていないと、身が危ぶまれるほどだった。

何とか日銭は稼げたので、この時期、遊郭通い、賭場通いを続け、「三度の食事どきに、メシ食わないでヤキトリと酒ですませていた」(同自伝)ほど大酒を飲んでいた。ちなみに不良グループ時代の格好は、白黒コンビの靴を履き、頭髪はリーゼントだったという。

初舞台は「阿部サダ一代記」の刑事役

この時代、渥美は上野や浅草の大道で品物を並べる、香具師《やし》に興味を持った。畳みかけるような口上のキレ、その立ち振る舞い、周囲を劇場化してしまう自己演出力にほれ込んだのである。このあたりのいきさつは、自伝の「テキ屋立志篇」の章に詳しい。寅さんの口上の原点を感じ取れるので、ご一読いただきたい。

もう一つ、熱を入れたのが軽演劇の劇団員である。最初は知り合いの劇団で、幕引きのような裏方を務めた。役者としての初舞台は、埼玉県大宮市の「日活館」。「阿部サダ一代記」の刑事役であった。パッとしないちょい役だったが、その後、赤羽のストリップ劇場「公楽」、渥美清の芸名で浅草の「百万ドル劇場」、「川崎セントラル」を経て、昭和28（１９５３）年に名門ストリップ劇場「フランス座」に入団。専属コメディアンとなった。

専属と言ってもまだ貧しかった。渥美はほぼ同期の関敬六《せきけいろく》が借りていた瀬戸物屋の物置に転がり込んだが、三食もままならない状態。まともな食い物は、仲間の谷幹一《たにかんいち》の実家で食べさせてもらった粗食だけだった。三人は舞台がはねると、安酒を飲んで演劇論を戦わせ、毎日のようにけんかを繰り返した。こうした生活は、芸の肥やしになったようで、「お互いに貧乏しながら、三人仲よく芸を磨いていた」（同自伝）と述懐している。

病魔に打ち勝ち、テレビの世界へ

「フランス座」を中心として回っていた生活は享楽的で、渥美は昭和29（１９５４）年、結核を患い、埼玉県春《かす》日部《かべ》市の朝倉病院に入院。右肺摘出の大手術を受ける。フランス座に復帰したのは、２年後の昭和31（１９５６）年のことであった。

肺結核による片肺切除で刻苦勉励

しかし、２年のブランクは大きかった。仲間たちに遅れをとっていることを自覚した渥美は、一大決心をする。実は入院中、ベッドの下に隠した一升瓶を飲んでいたほどの酒好きだったが、復帰してからは酒とタバコを一切断ったのである。仲間と飲みに行っても酒は一滴も飲まず、早めに切り上げて刻苦勉励する毎日を過ごした。

そんな中、電通から誘いがかかる。担当者曰く、「芝居を見ました。あんなにおかしい。不思議な、しかも妖しい芝居を見たのは初めて。テレビドラマに出る気はありませんか（抄録）」（同自伝）。すぐにこれに飛びついた渥美は、早くも復帰の翌年、日本テレビ「すいれん夫人とバラ娘」でお茶の間デビュー。ほぼ同時に映画デビューも果たし、古巣の「フランス座」を退団している。

「拝啓天皇陛下様」で高い評価を受ける

昭和33（１９５８）年、「フランス座」の盟友である関敬六と谷幹一と組んで、お笑いトリオのスリーポケッツを結成したが、長くは続かなかった。

それぞれ独自の道を歩み始めると、渥美の元にはテレビ出演のオファーが舞い込んできた。同36（１９６１）年にＮＨＫ「夢であいましょう」にレギュラー出演して、タレントとして知られるようになり、同年のＮＨＫ「若い季節」、翌年のフジテレビ「大番」に次々と出演。俳

強烈な思い出を残したアフリカの大地

優としても認知されるようになる。同じ年、酒井欣也《さかいきんや》監督「あいつばかりが何故もてる」(松竹)で映画初主演。続く昭和38(1963)年、野村芳太郎《のむらよしたろう》監督「拝啓天皇陛下様」(同)で、評価は決定的なものとなった。

昭和40(1965)年、オールアフリカロケの羽仁進《はにすすむ》監督「ブワナ・トシの歌」に主演して、渥美はケニア・タンザニアなどで4カ月間を過ごした。このロケは「胸に強烈な思い出を残してくれた旅」(同自伝)となり、以後、アフリカの大地と動物たちに魅せられ、何回もアフリカに出かけることになった。

70年代以降の活動は「寅さん」に傾注

アフリカロケの後、東映で瀬川昌治《せがわまさはる》監督の「喜劇急行列車」に主演。この列車シリーズは、今でも鉄道ファンの間で人気が高い。テレビ界では映画「男はつらいよ」の濫觴《らんしょう》ともいえるTBS「泣いてたまるか」(66~68年)が放映され、フジテレビでテレビ版「男はつらいよ」(68~69年)の企画も実現した。そして昭和44(1969)年に山田洋次監督の映画「男はつらいよ」が公開された。このあたりのいきさつは、本書の012~016頁をご参照いただきたい。この第1作の公開年、渥美は正子夫人と結婚している(71年に長男、73年に長女が誕生)。

映画「男はつらいよ」公開以降は、「喜劇・男は愛敬」(70年)、「あ、声なき友」(72年)、「八つ墓村」(77年/いずれも松竹)などに主演しただけで、ほぼ「男はつらいよ」に活動を集約していった。すると、昭和47(1972)年に芸術選奨・文部大臣賞を受賞し、昭和58(1983)年にはシリーズがギネスに登録。昭和63(1988)年に紫綬褒章受章の栄誉に輝き、平成元(1989)年に浅草芸能大賞を受賞した。映画賞では、昭和58(1983)年にブルーリボン主演男優賞を受賞している。

没年に国民栄誉賞が追贈された

平成3(1991)年に肺がん宣告を受ける。晩年はがんと闘いながら寅さんを演じ続けたが、スタッフの間でも渥美の病気のことを知る人は少なかった。遺作となった第48作「寅次郎紅の花」(1995年)の公開前、次回作「寅次郎花へんろ」の製作が予定されていたが、体調を考慮してクランクインは見送られた。

平成8(1996)年に転移性肺がんで死去。渥美の死は、荼毘に付された後に発表され日本中を驚かせた。

同年、日本政府は渥美に国民栄誉賞を追贈した(俳優では現在までに、長谷川一夫・渥美清・森光子・森繁久彌が受賞)。平成9(1997)年には、葛飾区観光文化センター内に「葛飾柴又寅さん記念館」が開館。現在、柴又の観光名所として多くのファンでにぎわっている。

渥美清の出世作となった野村芳太郎監督「拝啓天皇陛下様」(1963年)のポスター(筆者蔵)。翌年には「続 拝啓天皇陛下様」も製作され、「拝啓」三部作の掉尾を飾る「拝啓総理大臣様」も好評を博した。いずれも野村芳太郎監督作である。

おわりに

「男はつらいよ」シリーズとの出会いは衝撃的であった。高校2年の夏のことである。映研（映画研究会）に所属していた筆者は、その頃、アメリカをはじめとした各国で興隆していた実験映画（アンダーグラウンドシネマ）や個人映画（インディペンデントシネマ）に夢中だった。当時、この世界の映像作家には、「リトアニアへの旅の追憶」のジョナス・メカス、キネカリグラフィーのスタン・ブラッケージ、「スコピオ・ライジング」のケネス・アンガー、実験アニメの巨匠ノーマン・マクラレンら多士済々がいた。日本でも松本俊夫《まつもととしお》、飯村隆彦《いいむらたかひこ》、金坂健二《かねさかけんじ》、萩原朔美《はぎわらさくみ》（萩原朔太郎《はぎわらさくたろう》の孫）、出光真子《いでみつまこ》（出光興産創業者の娘）、イメージフォーラムの「かわなかのぶひろ」らが、新しい映画表現の可能性を模索していた。

そんな時代、頭でっかちの大ばか野郎ばかりの映研内では、商業映画のことを話すのは禁句に近かった。仲間内の言葉で言えば、「商業映画は映画芸術の冒涜、映像の堕落」である。

当時の夏休み。筆者は前橋オリオン座で映画看板を白く塗りつぶしたり、大きなフィルムケースを風呂敷に包み、前橋と高崎のオリオン座の間を往復するアルバイトをしていた。あるとき前橋オリオン座の支配人が、「町っちゃん、寅さんやってるから見てけば」と声を掛けてくれた。だが、「男はつらいよ」を商業映画の権化のように感じていた筆者は、「寅さんか～」と食指は動かなかった。それでも「笑えるよ。夏の暑さなんかふっとぶさ」としきりに勧めるので、「まあ、見てみるか」と軽い気持ちでフィルムが回り始めた客席に座った。掛かっていたのは、シリーズの第9作「柴又慕情」（1972年）である。

すると、すぐに普通ではない館内の熱気を感じた。銀幕に刺さるような視線が注がれているのである。やがて物語が進むうちにあちこちで笑いが起こり、それがトルネードのように広がっていく。次第に筆者も寅さんの一挙手一投足から目が離せなくなり、作品の中盤、京福電鉄沿線で歌子（マドンナの吉永小百《よしながさゆ》合《り》）に豆腐田楽を振る舞うくだりでは、大爆笑で息が苦しくなってしまった。

映画館を出ても興奮冷めやらず、翌日に再び見直した。夏休み中、都合5回くらいは見ただろうか。

小遣いの少ない高校生なのになぜ何回も鑑賞できたのかというと、映画館の支配人に「アルバイト、助かってるからさ、映画はただでいいよ」と顔パスのお墨付きをもらっていたのである。

それからというもの、盆暮れの公開を一日千秋の思いで待ち続けた。寅さん初の海外ロケ作となった第41作「寅次郎心の旅路」(1989年)の公開前。「寅さんが外国へ行く！　何をやらかしてくれるんだ」と胸躍る思いをしたが、見た後に次作以降の公開が年1回の正月だけとなると知り、愕然としたことを覚えている(当時、渥美清の体調不良は公にされていなかった)。

もちろん、寅さんを好きになっても実験映画への情熱は持ち続けたが、映画に対するスタンスは完全に変わった。ハナ肇とクレージーキャッツの喜劇やハナ肇の馬鹿シリーズ、森繁久彌の駅前シリーズ・社長シリーズなどを好んで鑑賞するようになったのである。実験映画と商業映画は別物。スパイスに凝った専門店のカレーは確かにうまいが、オーソドックスなそば屋のカレーも絶品、というわけだ。どちらも映画の感動を届けてくれる素晴らしい世界なのである。

「柴又慕情」から50余年、シリーズ終了後も「とらや」一家と寅さんは、いつも近くに存在して筆者を勇気づけてくれた。世の中にはたくさんのトラキアン(寅さんフリーク)がいるが、諸氏に負けずに今でも繰り返し見続けている。「いつも心に寅さんを！」。寅さんは永遠に不滅なのである。

＊

執筆に当たっては、ご尽力・アドバイスいただいた松竹株式会社の飯田桂介・岡崎匡の両氏に御礼申し上げる。編集に際しては、イカロス出版の北村光・林要介の両氏に感謝する次第である。

最後に、これまで一緒に6冊の「男はつらいよ」関連本を世に送り出し、多大なる薫陶を受けた旅行作家の故・岡村直樹氏に心から謝意を表する。

2024年秋

町田てつ

町田てつ◉Tetsu Machida
1955年、群馬県前橋市生まれ。本名：町田哲。日本大学芸術学部卒。編集者・エディトリアルデザイナー・著述家。歴史を中心とした学芸書、ウィークリーマガジン、旅・釣り・猫・鉄道・日本刀・書・美術・カメラなどの趣味書編集を担当し、多くの書籍や雑誌の装丁も手掛ける。『Goody』『いいとこ見つけた！』『鉄道ひとり旅ふたり旅』『旅と鉄道』『SINRA』などの副編集長・編集長を歴任。大の猫好きで、これまで７匹の猫と生活を共にしてきた。2023年9月、24年近く生きた黒兵衛が安らかに大往生（推定猫年齢は112歳！）。猫に関連した聖地探訪がライフワークで、趣味はフライフィッシング・金属カメラ収集（とくにダブル８撮影機）・佐藤垢石研究・切手収集など。高校時代からの「寅さん」ファンで、松竹の協力を得てこれまで６冊の寅さん本を企画・編集している。著書に『刀之怪 神刀・霊刀・妖刀──世にも不思議な名刀伝説』『ビジュアル刀剣・刀工年表』『怪猫絵巻 浮世絵から映画まで猫づくし』『恋猫パラダイス　浮世絵から映画、切手まで猫三昧』がある。

いつも心に寅さんを！
「男はつらいよ」を100倍楽しむ完全DATA FILE

2024年11月15日　初版第１刷発行

著　者　町田てつ
発行人　山手章弘
発行所　イカロス出版株式会社
〒101-0051 東京都千代田区神田神保町1-105
contact@ikaros.jp（内容に関するお問合わせ）
sales@ikaros.co.jp（乱丁、落丁、書店・取次様からのお問合わせ）
印刷・製本　株式会社シナノパブリッシングプレス

Printed in Japan　ISBN 978-4-8022-1530-5